跟着名师学历史

主　编　李芳

副主编　丁彦平　方　正　毛德聚　李子男
　　　　李宝闻　姚见娣　徐晓明

山东大学出版社

图书在版编目(CIP)数据

跟着名师学历史/李芳主编．—济南：山东大学出版社，2016.2
ISBN 978-7-5607-5510-6

Ⅰ.①跟… Ⅱ.①李… Ⅲ.①中学历史课－高中－教学参考资料
Ⅳ.①G634.513

中国版本图书馆 CIP 数据核字(2016)第 049649 号

责任编辑：王桂琴
封面设计：牛　钧

出版发行：山东大学出版社
社　址　山东省济南市山大南路 20 号
邮　编　250100
电　话　市场部(0531)88364466
经　销：山东省新华书店
印　刷：济南新科印务有限公司
规　格：720 毫米×1000 毫米　1/16
21.25 印张　365 千字
版　次：2016 年 2 月第 1 版
印　次：2016 年 2 月第 1 次印刷
定　价：58.00 元

前言

本书由山东省青岛市高中历史李芳名师工作室全体成员集体编写。根据高中历史新课标和新的高中课程方案，本书旨在促进学生历史学科核心素养的形成与发展。

历史学科核心素养是以全新的视野和视角，从史学、史料、史观等方面入手，培养和发展学生的历史时空观念，使学生的历史思维能够在时空框架下运作。培养和发展学生运用史料进行实证的能力，使学生能够学会如何搜集、辨别、选择和使用各种历史资料，并运用相关史料形成新的问题视野，构建属于自己的历史叙述。培养和发展学生对历史的理解、考察和认识，提升学生的历史思维能力并进而形成正确的历史观念，使学生形成对个人、国家和世界的正确看法。培养和发展学生对历史的解释能力，帮助学生在正确的历史观指导下，对历史进行实事求是地阐释和评判，反思历史，汲取历史的经验教训，使学生形成自己对历史的正确评判。培养学生求真、求通、立德的历史价值观，使学生能够从历史的角度养成求真求实的意识和精神，对历史和现实中的社会问题作出正确的价值判断。

本书按编年体通史编写，共由五部分构成。第一部分帮助学生梳理整合记忆高中历史的主干知识，包括阶段特征、主干知识、重点难点、易错易混、历史概念等。第二部分指导学生认识高中历史史学研究的基本方法及高考命题规律，包括历史学基础知识和史学研究的方法规律等。第三部分重在引导学生掌握高考历史的多种史学观点和高考真题的答题技巧。第四部分对学生分类指导高考历史各种题型的审题、答题方法，包括选择题各类题型解析及分类指导，非选择题题型解析及分类指导。第五部分帮助学生记忆易混淆的古今中外重大历史事件。

本书适用于高中三个年级学生使用。希望通过此书学习方法的引导，助同学们一臂之力，使同学们学习历史达到事半功倍的目的。同时祝各位同学学习进步，考取理想大学！

青岛市高中历史李芳名师工作室
2016 年 4 月

目 录

第一单元
高中历史主干知识整合

第二单元
高中历史史学研究的基本方法及命题规律

第三单元
高考历史史学观点与真题例析

第四单元
高考历史题型解析与分类指导

第五单元
中外历史大事年表

第一单元　高中历史主干知识整合

历史主干知识是指能形成一个系统并能说明一个问题的体系，它包括历史时间、历史人物、历史现象、历史概念、历史基本线索、不同时期的基本特征和基本规律等。其中，前三个属于显性知识，后三个属于隐性知识。要学好历史，不仅要关注显性知识，隐性知识亦非常重要，要能够灵活理解和运用这些知识。掌握历史主干知识是提高历史学科能力和素养的重要基础。

第一章　中国古代史

第一节　先秦时期(距今约170万年前～前221年)

阶段特征

先秦包括原始社会、夏、商、西周和东周(春秋、战国),经历了三种社会形态(社会制度)。涉及原始社会的出现、发展及解体,奴隶社会的形成(夏)、发展(商)、鼎盛(西周)和瓦解(春秋)以及封建社会的确立(战国)时期,奴隶制向封建制过渡。生产力的发展是社会形态(社会制度)演变的根本原因。

主干知识

一、政治方面:社会制度不断进步

(一)从禅让制到王位世袭制

1. 约公元前2070年,禹建立夏,我国开始有了早期国家政治制度。禹死后,其子启即位,原始社会的禅让制为王位世袭制所取代。王位世袭制的方式:或父死子继,或兄终弟及。

2. 夏商时期的行政管理制度:中央设相、卿士等,地方设侯、伯;商代采用内外服的地方管理制度。

(二)等级森严的分封制(周)

1. 目的:巩固周王室政权,进行有效统治("封建亲戚,以藩屏周")。

2. 内容:(1)分封对象(同姓或异姓)——王族、功臣、古代帝王的后代等。(2)被封诸侯的义务:要服从周王的命令,镇守疆土,随从作战,缴纳贡赋,朝觐述职。(3)被封诸侯的权利:职位世袭,对卿大夫再分封,设置官员,建立武装,征派赋役。

3. 作用:(1)加强了周天子对地方的管辖。(2)扩大了统治区域。(3)形成对周王室众星捧月一般的政治格局。(4)周成为一个延续数百年的强国。(5)为春秋战国诸侯争霸埋下隐患。

4. 瓦解:西周后期,王权衰弱。春秋时期,分封制受到破坏(根本原因在于封建经济生产方式的产生,这一生产方式使诸侯势力日益壮大)。

(三)血缘关系维系的宗法制

1. 定义:用父系血缘来维系政治等级,巩固国家统治的政治制度。

2. 目的:巩固分封制所形成的政治秩序,解决贵族间在权力、财产和土地继承上的矛盾。

3. 核心特点:嫡长子继承制。

4. 宗法制与分封制的关系:分封制和宗法制是西周政治制度的两大支柱,互为表里;分封制是建立在宗法制基础上的,宗法制在政治制度上的体现就是分封制。

5. 影响:宗法制保证了贵族在政治上的垄断和特权地位,也有利于统治集团内部的稳定和团结,使我国古代政治制度(包括封建制度)具有浓厚的宗法色彩。

(四)商鞅变法

1. 春秋战国时期改革变法的背景

(1)经济:铁农具和牛耕的使用,推动了生产力的提高和社会经济的发展;

(2)政治:分封宗法制遭破坏,由奴隶社会向封建社会转型;

(3)军事:富国强兵成为改革的动力;

(4)文化:思想领域出现"百家争鸣",开阔了人们的视野,促进了文化的觉醒。

2. 春秋战国时期各国的社会改革

(1)改革原因:春秋战国时期各诸侯国,适应封建土地所有制的出现,为进一步改革残存的奴隶制,运用政权的力量,进行一系列政治改革和经济改革。

(2)春秋时期主要的改革运动:春秋时期:鲁国的"初税亩",齐国管仲的"相地而衰征";战国时期:李悝在魏国的变法,吴起在楚国的变法,成效最大的是商鞅在秦国的变法。春秋时期改革的实质是逐步承认土地私有。

(3)战国时期改革的内容:政治上废除奴隶主贵族的特权,强化中央集权;经济上废除奴隶制土地制度,确立封建土地所有制,发展生产;军事上奖励军功,提高军队战斗力。

(4)效果:不同程度上打击了奴隶主贵族,废除了奴隶制政治经济制度,大大促进了封建制的建立和发展,巩固和发展了封建制的政治经济制度。因此,战国时期变法运动实质上是一场新兴地主阶级的封建化运动。

3. 秦国的历史机遇(商鞅变法的历史背景)

(1)基础:①秦穆公称霸西戎;②秦献公改革。

(2)主观因素:秦国国君权力较集中,旧势力相对薄弱;秦国比较认同注重实用、讲求功利的法家学说;秦国充斥尚武精神;秦孝公奋发图强并受到商鞅的辅佐。

(3)客观因素:公元前4世纪长期扼制秦国的晋国分三家,力量大大削弱;中原士人追求建功立业为秦国变法提供了可能性。

4. 商鞅变法的内容

(1)经济措施:①废井田、开阡陌;②重农抑商、奖励耕织;③统一度量衡。

(2)政治措施:①奖励军功,实行二十等爵制;②废除世卿世禄制,鼓励宗室贵族建立军功;③改革户籍制度,实行连坐法;④废分封,行县制;⑤定秦律,“燔诗书而明法令”。

5. 对商鞅变法的评价

(1)历史作用:①经济上:从根本上确立了土地私有制,为秦国农业生产带来生机。②政治上:使封建国家机器的职能更加健全,中央集权制度的建设从此开始。③军事上:极大地提高了秦军的战斗力,秦国在对外兼并战争中掌握了主动权。总之,商鞅变法是战国时期最彻底的一次变法。变法为秦国的富国强兵和后来秦的统一全国奠定了基础。对秦国以至于中国历史的发展起了重要作用。

(2)历史局限性:变法轻视教化,鼓吹轻罪重罚,在一定程度上加重了广大人民所受的剥削与压迫。变法也未与旧制度文化、习俗彻底划清界限。

6. 商鞅变法成功的原因

(1)商鞅顺应了奴隶制崩溃、封建制发展的历史趋势;

(2)商鞅本着“治世不一道,便国不法古”的指导思想,提出一系列具体的行之有效的措施;

(3)秦孝公信任、重用商鞅;

(4)商鞅有能力,敢于同旧势力斗争等。

二、经济方面:社会生产力不断提高

(一)从刀耕火种到铁犁牛耕——耕作方式不断进步

1. 原始农业采用先是简单模仿后是“刀耕火种”的耕作方式。

2. 在距今七八千年前,耒耜的出现和普遍使用,标志着我国农业进入“耜耕”或“石器锄耕”阶段。

3. 商周时期，出现少量青铜农具，进入金(铜)石并用时代，主要耕作方式为“千耦其耘”。当时掌握了开沟排灌、除草培土、治虫灭害技术，农业生产得到发展。

4. 春秋时期，铁器农具、牛耕出现；战国时期推广。此后铁犁牛耕精耕细作成为中国传统农业的主要耕作方式。

(二)土地制度的演变

1. 原始社会：氏族公社所有制，公社成员集体耕种，平均消费。

2. 奴隶社会(夏商周)：井田制。

(1)发展过程：开始实行(商)——盛行(西周)——瓦解(春秋)——废除(战国)。

(2)瓦解及原因：春秋时期，铁农具和牛耕的使用(根本原因)，生产力的发展，井田制这种生产方式不能适应生产力发展的需要；许多私田出现；战争频繁，劳动力减少；鲁国、齐国等进行税制改革(直接原因)，促使土地逐步由国有向私有转变，逐步形成了封建土地所有制的剥削方式，井田制逐步瓦解。

(3)性质：土地国有制名义下的奴隶主贵族土地所有制。

3. 封建社会的土地私有制：

(1)封建土地私有制的形成。战国时期，各诸侯国先后进行了变法运动，封建制度最终在各国确立起来。其中，秦国的商鞅变法最为彻底，废除井田制，以法律形式确立封建土地所有制。

(2)封建土地所有制特点。封建土地所有制在中国存在两千多年；封建地主依靠政治经济特权，大量兼并农民土地；广大农民只有很少土地或完全没有土地，受封建地主和国家的剥削和压迫，生活贫困。

(三)小农经济的艰难成长

1. 小农经济的形成条件：铁犁牛耕的出现和逐步普及，封建土地所有制的确立。

2. 小农经济的特点：以家庭为单位、耕织结合、精耕细作、自给自足。

3. 小农经济得以发展的原因：(1)社会生产力的进步和发展，铁农具和牛耕的使用和逐渐普及；(2)农民不同程度地有一定土地、农具、耕畜等生产资料，具有生产积极性；(3)为了求得生存，农民努力提高耕作技术，尽可能地提高单位面积产量；(4)历代统治者采取重农抑商政策，注意减轻农民负担，扶植小农经济等。

4. 阻碍小农经济发展的原因：(1)农民经营规模小，生产条件简陋，缺乏必要的积累和储备能力；(2)封建王朝统治集团腐朽，封建剥削严重；(3)抵御天灾人祸的能力薄弱。

5．小农经济的地位(影响)：自给自足的自然经济始终是在中国封建经济中占主导地位；成为中国古代封建社会赋税收入的主要来源；在较长时期内推动了社会的发展和经济的进步；自然经济的牢固存在是中国封建社会发展缓慢和长期延续的重要原因。

(四)发达的古代手工业

原始社会晚期：手工业从农业中脱离出来。

夏商周时期：手工业有了较大发展，由官府垄断(西周：工商食官)。

春秋战国时期：官营手工业、私营手工业、家庭手工业三种主要经营形态并存。

1．高超的冶金技术

(1)冶铜技术

夏：开始铸造。

商周：繁荣(如司母戊鼎)。

春秋至秦汉：广泛采用鎏金、镶嵌工艺。

(2)冶铁技术

西周：已有铁器。

春秋：铁农具已经出现。

战国：铁农具推广。

(3)炼钢技术

春秋晚期：已能制造钢剑。

魏晋南北朝：有了灌钢法。

2．享誉世界的制瓷业

(1)中国是世界上最早发明瓷器的国家。

(2)商代烧制出了原始瓷器。

3．异彩纷呈的丝织业

(1)中国是世界上最早养蚕织绸的国家。

(2)商代出现平纹织物和斜纹提花织物。

(3)战国时期：锦、绢、罗、纱等丝织品产量大，质量高。

(五)先秦商业产生

商朝时期："商人"(商朝人善于经商，名称由此而来)出现，货币为贝壳，商业由官府控制。

春秋战国：由官府控制商业的局面被打破，出现许多商品市场和商人，其中，著名商人陶朱公和范蠡被后世商人尊为祖师。

三、思想文化方面：思想活跃，"百家争鸣"

(一)"百家争鸣"局面的出现

1. 原因：春秋战国时期社会大变革(根本原因)

(1)经济：生产力的发展，井田制的崩溃。

(2)政治：周王室的衰微。

(3)阶级关系：士的活跃，受重用。

(4)思想文化：学在民间(学术下移，私学兴起)。

诸子百家针对各种问题展开争论，春秋战国时期形成"百家争鸣"的局面。

2. 主要代表

道家：代表人物是老子、庄子；主张无为而治。

儒家：代表人物是孔子、孟子、荀子；(主张见后)。

墨家：代表人物是墨子；主张兼爱、非攻、节俭、尚贤。

法家：代表人物是商鞅、韩非子；主张以法治国、建立专制主义中央集权国家(为统治阶级所重视)。

3. 意义

(1)"百家争鸣"时期是中国学术文化、思想道德发展史上的重要阶段，奠定了中国思想文化发展的基础。

(2)"百家争鸣"是中国历史上第一次思想解放运动，对当时和日后社会的发展有深远影响。

(二)孔子和早期儒学

1. 春秋——孔子

(1)主张：①核心是"仁"和"礼"，主要内容是"仁者爱人"和"克己复礼"。提倡待人宽容，"己所不欲，勿施于人"。"克己复礼"维护周朝的礼乐制度(保守性的体现)。②政治思想：孔子主张"为政以德"，(以德治国)反对苛政，包含民本思想。③教育思想：兴办私学，"因材施教"，主张"有教无类"(意义：打破贵族垄断文化教育的局面，体现教育公平)。

(2)贡献：整理"六经"(《诗》《书》《礼》《易》《春秋》《乐》)等古籍。

2. 战国——孟子、荀子(贡献：总结改造儒家思想，体系更完整，成为诸子百家之大宗)。

(1)孟子：战国时期，亚圣。主张：①发展了仁的学说，提出"仁政"思想；②民本思想：提出"民为贵，社稷次之，君为轻"，即"民贵君轻"；③伦理观：主张"性本善"，要用仁政来恢复和扩充人的善性，即"性善论"；④价值观，人格精神。

(2)荀子:战国末期,改造儒家思想,综合法道思想的积极成分,使之更能适应社会需要。主张:①施政用“仁义”和“王道”,“以德服人”;礼法并施。②提出“水能载舟,亦能覆舟”,即“君舟民水”关系。③伦理观:主张“性恶论”,但可以通过后天礼仪法治改造成为君子圣人。④朴素唯物思想。

重点难点

1. 分封制和宗法制

	项目	分封制	宗法制
不同点	实行目的	保证周王室强大,巩固统治	确立和巩固父系家长在本宗族内的地位,保证王权的稳定
	核心内容	广建诸侯,服务于周	嫡长子继承制
	权利义务	诸侯在封国内世袭统治权,但也要向周天子朝贡并提供军赋和力役	下级贵族臣服从于上级贵族,全体贵族服从于周天子
	双方关系	周王是“天下共主”,诸侯是周王的臣属,必须服从周王的命令	嫡长子与分封下去的众子有双重关系,在血缘上是兄弟关系,在政治上是隶属关系(大宗与小宗关系)
	历史作用	统治效果得到巩固,周朝势力范围扩大	有利于凝聚宗族,防止内部纷争,强化王权
相同点		①都形成森严的等级制 ②分封的诸侯或众子在封国内都享有世袭特权 ③都是中国早期政治制度的重要组成部分 ④都对中国社会产生了深远的影响	

2. 先秦的政治制度与经济、思想文化间的关系

(1)分封制与井田制:分封制是国家强盛的政治保证,井田制是政治统治的经济基础。两者是西周奴隶制国家的支柱。

(2)分封制与礼乐制:礼乐制度是维护宗法分封制的工具。春秋时期,礼崩乐坏,“克己复礼”成为孔子主要的政治诉求。

3. 中国古代的农耕经济

(1)正确区分小农经济和自然经济

①小农经济以家庭为生产、生活的基本单位,精耕细作;自然经济是相

对于商品经济而言的，生产分散，规模小，技术落后。

②小农经济产生于春秋战国时期，自然经济产生于原始社会。随着商品经济的发展、资本主义萌芽的出现，在1840年鸦片战争后，由于外国资本主义的入侵，小农经济开始瓦解。

(2)评价重农抑商政策

①在封建社会初期——重农抑商政策有利于促进农业的发展，维护社会稳定，巩固新兴的封建地主阶级政权。如战国时期，秦国商鞅变法中重农抑商政策的规定，促进了经济的发展，壮大了秦国实力，为其统一中国奠定了基础。

②在封建社会中期——重农抑商政策有利于增加国家收入，减轻农民负担，有利于保障国家安全、社会稳定和中华文明的传承与发展。

③在封建社会晚期——重农抑商政策不仅阻碍了工商业的发展，而且还强化了农业和手工业相结合的自然经济，阻碍了资本主义萌芽的发展，导致了中国的落后。

注意：重农始终有积极作用，抑商要分阶段评价。

4. 比较认识孔孟与苏格拉底思想的异同

	孔孟	苏格拉底
社会环境	处于社会变革时期，社会环境宽松，士阶层兴起	城邦奴隶制民主政治发展到顶峰，工商业发展，公民社会地位提高，社会繁荣
思想特点	提倡“礼仪”“仁政”，重点强调人的道德修养，人与人、人与社会的和谐	提出“认识你自己”“知识即美德”，重点强调人的独立与精神修养
主要影响	奠定了中国传统文化体系的基础	使哲学真正成为一门研究“人”的学问
对君主态度	维护君主权威	反对君主权威
相同	都重视道德、教育的作用，肯定人的价值，强调知识的作用	

易错易混

1. 西周的分封制不仅分封王族，还分封异族功臣和先代贵族等。功臣和先代贵族与周天子并无血缘关系。

2. 大宗和小宗不是绝对而言的，而是相对而言的。具体来说，周天子是天下的君主，是所有姬姓贵族的大宗；诸侯对周天子而言是小宗。在封国内，诸侯对卿大夫而言是大宗，而卿大夫对诸侯而言是小宗。在卿大夫的封地内，对于士而言，卿大夫又成为士的大宗。

3. 比较西周分封制和秦朝郡县制：

	西周分封制	秦朝郡县制
实行条件	与宗法制相连	在国家大一统的条件下实行
传承制度	世袭	官吏由皇帝任免调迁，不得世袭
官吏权利	拥有封地和相应的爵位	官吏只有俸禄，无封地
与中央关系	诸侯国有很强的地方独立性	郡县是地方行政机构，地方绝对服从中央
官员职责范围	封地内有行政权，拥有对土地的管理权	辖区内只行使行政管理权，对土地无管理权
历史作用	西周分封制有利于稳定当时的政治秩序，但也容易发展为割据势力	有利于中央集权的加强和国家的统一

4. 小农经济是我国封建社会农业生产的基本模式而不是唯一模式。

5. 春秋时期私田不是归国王所有，而是归私田主人控制，因为税制改革承认了土地的私有权。

6. 标志着中国传统步犁基本定型的事件不是牛耕的出现，而是曲辕犁的发明，因为曲辕犁可以调节犁耕深浅，适应各种土地的精耕细作。

7. 西周时期，青铜铸造业等是由官府垄断，即所谓的工商食官。

8. 后世将经商的人称为“商人”。“商人”不是由商人的国名而来，而是源于商人擅长经商。

9.“柜坊”的职能不是兼营旅店、货栈和交易场所，而是专营货币的存放和借贷，是我国最早的银行雏形。

10. 原始社会后期，手工业与农业分离；夏商周，商业由官府垄断；春秋战国时期，官营、民营、家庭手工业三种形态出现并成为中国手工业的三大主要经营形态。

11. 老子是道家学派的创始人，但不是道教的创始人，道教兴起于东汉。

12. 孟子的“仁政”不是对孔子“仁”的简单继承，从纵向来说，孟子的政治思想是对孔子“为政以德”思想的继承与发展。孔子的“仁”是一种含义极广的伦理道德观念，其最基本的精神即是“爱人”。孟子从孔子的“仁学”思想出发，把它扩充发展成包括思想、政治、经济、文化等各个方面的施政纲领，即是“仁政”。

13. 墨家学派因为代表小生产者的利益，所以不为统治者重视。

14. 孟子的“民本”思想与社会主义民主的比较。

(1)古代民本思想以“君”为本,维护君主专制统治。

(2)社会主义民主政治以维护和实现人民群众的根本利益为出发点和目的。

历史概念

1. 禅让制:传说远古社会,黄帝以后黄河流域的部落联盟采用民主的方式推举部落联盟首领的制度。

2. 王位世袭制:指王位在一家一姓中传承,父子相传或兄终弟及。

3. 赋役:赋税和徭役的合称。“赋税”指历代统治阶级用强制方法向人民征收的实物、银钱等;徭役即历代统治者强迫人民从事的无偿劳役,包括军役、力役、杂役等。

4. 郡国并行制:又称“郡国制”,汉朝时在推行郡县制的同时又推行封国制。

5. 自然经济:简单地讲就是自给自足的经济,没有商品交换。它指生产是为了直接满足生产者个人或经济单位的需要,而不是为了交换的经济形式。

6. 小农经济:以家庭为生产生活单位,农业和家庭手工业相结合,“男耕女织”,基本自给自足。它是我国封建专制主义中央集权的经济基础。

7. 商品经济:是商品的生产、交换、出售的总和,或以交换为目的的一种经济形态的总和,是自然经济的对称。

8. 井田制:是商周时期占主导地位的一种土地制度,其性质是土地国有制度,即国王所有的贵族土地所有制。井田属国王所有,分配给臣下使用,耕种井田的领主对国王承担义务和责任。

9. 百家争鸣:指春秋战国时期知识分子中涌现的不同学派及各种流派争芳斗艳的局面。

10. 平民:本谓平善之人,后泛指普通老百姓。古代平民的别称有黎民、布衣、黔首、庶民、庶人、仓生、丁口等。

11. 士:中国古代社会中有一定身份地位的特定社会阶层,后演变为对知识分子的泛称。

12. 儒:在古代原指术士,后指那些传授知识的学者。

13. 王道:是指君主以仁义治天下,以德政安抚臣民的统治方法。

14. 六艺:指中国古代儒家要求学生掌握的六种基本才能:礼、乐、射、御、书、数。礼指礼节;乐指音乐;射指射箭技术;御指驾驭马车的技术;书指书法(书写,识字,文字);数指算法(计数)。

15. 罗盘针:是我国古代发明的利用磁石指极性制成的指南仪器,这一仪器装在罗盘上,故称“罗盘针”。

第二节 秦汉时期(前 221～220 年)

阶段特征

秦汉时期是结束春秋战国诸侯混战局面的“大一统”时期。这一时期是封建社会形成和初步发展的历史时期,也是当时社会政治上从天下大乱到天下大治,社会经济上从停滞倒退状态到初步恢复发展的时期。

主干知识

一、政治方面

(一)秦朝中央集权制度的形成

1. 中央集权制度形成的背景——秦的统一

公元前 221 年秦王嬴政建立了中国历史上第一个统一的、封建专制主义中央集权的国家——秦朝。

2. 中央集权制度形成的过程

(1)采用皇帝称号,创建皇帝独尊、皇权至上、皇位世袭的皇帝制度。

(2)从中央机构的三公九卿(丞相、御史大夫和太尉)到地方郡县官吏(由皇帝直接任免),建立了一整套官僚体系。

(3)在全国范围内推行郡县制,从而奠定了中央集权制度的基础。

3. 专制主义中央集权制度的影响

(1)对秦朝的影响:一方面,有利于封建经济文化的发展,对祖国疆域的初步奠定、巩固国家统一及形成中华民族起了重要作用。另一方面,秦朝依靠皇帝的专制权威,加强对人民的压榨,造成阶级矛盾迅速激化。

(2)对后世的影响:奠定了中国两千多年封建社会政治制度的基本格局,为历代封建王朝所沿用,且不断得到加强和完善。

(二)汉朝政治制度的演变

1. 中央集权制度的发展

(1)汉初沿袭秦的郡县制,同时分封诸侯王,实行郡国并行制。

(2)汉武帝颁布“推恩令”,列侯归郡管辖,加强了中央集权。后期分全国为13州(监察区),设刺史,负责监察诸侯和地方高官。东汉时刺史权力日增,至东汉末年发展为州、郡、县三级。

2. 君主专制制度的演进

(1)汉武帝时重用身边侍从、亲信等,削弱相权,形成“中朝”——决策机构。

(2)以丞相为首的三公九卿组成的机构称为“外朝”——执行机构。

东汉光武帝扩大尚书权力,使尚书台成为决策和发号施令的中枢机构。

(三)选官、用官制度的变化

秦和汉初实行军功爵制度;汉武帝时期实行察举和征辟制;东汉末年,以官举士。

二、经济方面

(一)土地制度的演变:屯田制(东汉末)

1. 原因:东汉末年,曹操为筹措军粮,推行屯田。

2. 做法:招募流农耕种田地;在军事频繁地区,让士兵屯田。

3. 作用:屯田制是封建制的土地国有制,屯田制的推行,安置了大批流亡农民,使流民有田耕种,有利于稳定社会秩序,缓和社会矛盾;保证了军粮供应;促进了北方农业生产的恢复和发展。

(二)精耕细作技术的成熟

春秋战国和秦汉时期:垄作法、《氾胜之书》、耧车、犁壁、耦犁、代田法、区田法、耕作制度以连年种植为主,开始出现两年三熟制。

(三)冶铁技术

西汉:用煤做燃料冶铁;广泛使用铁农具。

东汉:杜诗发明水排,用水力鼓风冶铁。

(四)享誉世界的制瓷业

东汉瓷器的生产技术达到成熟阶段,早期生产的是青瓷,后来又烧制出白瓷。

(五)异彩纷呈的丝织业

汉代丝绸之路开通(陆上和海上两条)。

(六)秦汉商业初步发展

1. 原因:秦始皇统一货币、度量衡,修建驰道;汉初社会经济的恢复和发展,是商业繁荣的主要原因;汉文帝下令“开关梁,弛山泽之禁”,两汉开通了陆上和海上丝绸之路。

2. 表现:西汉富商大贾周游天下,对外贸易发展,出现了许多商业中心,如长安、洛阳、邯郸等。每个城市都有专供贸易的“市”，它与住宅区严格分开。

三、文化方面

(一)董仲舒的新儒学思想

1. 董仲舒地位：汉朝儒家代表，使儒家思想成为中国传统文化主流思想的关键人物。著有《春秋繁露》一书。

2. 董仲舒的思想主张

(1)新儒学思想的特点：糅合道家、法家和阴阳五行思想改造儒家思想，形成具有时代特色的新儒学体系。

(2)思想主张：①针对中央集权需要，提出“春秋大一统”和“罢黜百家，独尊儒术”主张(以思想上的统一来维护政治上的统一)。②针对加强君权需要，大力宣扬“君权神授”，提出“天人合一”“天人感应”学说。③针对为人处世标准，提出“三纲五常”，提倡孝道。“三纲五常”即“君为臣纲，父为子纲，夫为妻纲”和“仁义礼智信”。

(二)儒学成为正统

1. 汉武帝尊儒的措施

(1)思想方面：肯定董仲舒的新儒学思想，罢黜百家，独尊儒术。

(2)政治方面：用儒生参与国家大政。

(3)教育方面：兴办太学，立博士，传五经，使天下文士都学儒家经典；全国各郡设学校，推广儒学，初步建立地方教育系统。

2. 独尊儒术的结果

西汉后期，儒家思想逐渐成为历代统治者所推崇的正统思想，也逐渐成为中国传统文化的主流思想。

3. 西汉的儒学教育状况

(1)教育为儒家所垄断。汉武帝规定儒家经典为教科书，定《诗》《书》《礼》《易》《春秋》为“五经”。立教官为“博士”。

(2)儒学地位大大提高。兴办太学，太学生员为博士弟子，考试合格后即可以做官。打破了以往由贵族官僚时代为官的规矩，提高儒学的地位。

(3)初步建立地方教育系统。汉武帝下令全国郡县设置学校，使儒学在民间处于独尊地位。

重点难点

1. 秦朝专制主义中央集权制度产生的原因

(1)经济根源：维护封建经济基础的需求。春秋战国时期自给自足的小农经济产生,需要一个强有力的国家政权,以维护国家的统一和社会的安定,保证小农经济的生产和再生产。

(2)政治根源:新兴的地主阶级维护自身利益的需要。通过该制度来巩固统治地位,维护其政治、经济利益。

(3)社会根源:巩固、统一国家的需要。吸取分封制的教训,以消除地方割据势力,维护国家统一。

(4)思想根源:法家思想奠定理论基础,秦自商鞅变法后一直以法家思想为统治思想。

2. 专制主义与中央集权

专制主义和中央集权,不是古代中国的"特产",也不是封建社会所独有的。它们不仅在古代世界普遍存在,而且在近代的不少国家也得以实行,如近代的法兰西帝国、日本,是典型的资本主义性质的专制主义中央集权国家。进入现代社会,随着世界性民主化潮流的发展,专制主义国家越来越少(有些国家虽有君主,但不代表专制),中央集权也变革为中央集权与地方分权相结合的政治体制,如美国。

3. 秦始皇创立的专制主义中央集权制度对中国社会的发展影响深远

积极作用:(1)有利于多民族封建国家的建立、巩固和发展,有利于维护国家统一与领土完整。

(2)能有效地组织人力、物力和财力,从事大规模的生产活动和经济建设,有利于社会经济的发展,有利于科技文化的繁荣。

(3)统一的环境有利于各民族的融合和各地区经济文化的交流,也有利于中外经济文化的交流。

消极影响:明清以后其消极作用是主要的。

(1)在政治上表现为皇帝既是立法者,又是最高行政长官,在决策上具有独断性、随意性,易出现失误;使官吏唯上是从,助长因循守旧之风;官僚机构膨胀,导致贪污腐化。

(2)在思想上表现为独尊一家,钳制了人们的思想。

(3)在经济上表现为阻碍了资本主义萌芽的发展,与当时世界资本主义发展的潮流背道而驰,使中国逐渐落后于西方。

4. 中国古代手工业发展的特点

(1)生产部门不断增加,劳动分工越来越细。

(2)生产技术不断进步。

(3)生产规模不断扩大,明清时期出现工场手工业。

(4)官营、民营、家庭手工业三种经营形态并存。官营手工业发达,民营手工业经营艰难，家庭手工业处于从属地位。

(5)手工业生产布局随着经济重心南移发生相应变化。

(6)生产技术长期领先于世界，产品远销海外。

易错易混

1. 专制主义与中央集权是两个不同的概念，专制主义是一种决策方式，而中央集权是一种相对于地方分权的制度。

2. 柳宗元曾说："周之失，失之于制，不在于政；秦之失，失之于政，不在于制。"这是说秦亡是因为暴政，而不是因为实行郡县制。

3."汉承秦制"，并非汉代完全照搬秦朝的制度，而是基本上沿袭秦朝制度，并有所损益变化。

4."罢黜百家，独尊儒术"并不意味着仅仅是儒家思想得到继承与发扬，因为在这一时期还汲取了法家、道家、阴阳家等各家思想。

5. 中国古代的四大发明在我国古代并没有发挥太大的作用，主要说明了任何重大科技发明创造，只有在它适应社会发展需要的时候，才能发挥改造社会的巨大作用。

6. 中国文人画的突出特点不是画景而是写意。

历史概念

1. 禁军：帝王封建时代，帝王直辖，担任护卫帝王或皇宫、首都警备任务的军队。因时代、文化与地域的不同，有其他异名同义的名称，如禁卫、亲卫、近卫、御林军等不同称呼。

2. 宰相："宰"是主宰，"相"是辅助之。它是国君之下辅助国君处理政务的最高官职。夏商是巫史，西周春秋是公卿，宰相起源于春秋战国。秦朝时，宰相的正式官名为丞相。

3. 大一统：大，重视、尊重；一统，指天下诸侯皆统系于周天子。后世因称封建王朝统治全国为"大一统"。

4. 君主专制：指以古代君王为核心的中央集权的政治体制，它脱胎于原始社会后期的父权制。

5. 丝绸之路：是自张骞通西域以来，从东亚开始，经中亚、西亚进而联结欧洲及北非的东西方交通线路的总称。汉武帝以后，西汉的商人还常出海贸易，开辟了东西方交流的海上交通要道，被称为"海上丝绸之路"。

第三节　三国两晋南北朝时期(220～589 年)

阶段特征

三国两晋南北朝上承秦汉的强盛,下为隋唐的全面繁荣奠定了基础,因此是两大鼎盛时期的过渡阶段。这一时期是封建国家大分裂、民族大融合时期,也是江南经济大开发并开始赶上北方的历史时期。

主干知识

一、政治方面

(一)政权更替频繁,政治上长期处于分裂的状态

先后经历了三国(魏、蜀、吴)鼎立、西晋的短期统一、东晋十六国的对峙、南朝(宋、齐、梁、陈)和北朝(北魏、东魏、西魏、北齐、北周)的对峙。最终由北周统一北方,为隋的统一创造了条件。

(二)政治制度

1. 中央政治制度:掌握实权的先是尚书省,继而是中书省、门下省,逐步形成三省体制。

2. 选官、用官制度的变化:九品中正制,家世门第的高低成为选官的标准。

(三)政治改革——北魏孝文帝改革

1. 改革背景

(1)北魏的崛起与统一黄河流域

①北魏的崛起:

a. 兴起:源于东北鲜卑族拓跋部,魏晋之际游牧于山西、内蒙古,315 年建立代国。

b. 发展:386 年拓跋珪建立北魏;398 年拓跋珪迁都平城,399 年拓跋珪称道武帝,巩固新生政权;对外武力征服;对内参照汉族政权统治方式,经济上实行编户;授田劝农;政治上仿汉官制,重用儒生(如崔浩);思想文化上兴办太学。

②北魏的统一:

a. 标志:439 年拓跋焘统一黄河流域。

b. 影响:初步结束了北方分裂割据局面,创造了一个较为安定的社会环

境，促进了生产发展和民族融合。

(2)社会改革迫在眉睫

①阶级矛盾激化：基层统治方式实行宗主督护制；赋役制度纵富督贫，避强侵弱。

②民族矛盾激化：实行民族歧视和压迫。

③社会动荡不安，各地起义不断。

(3)改革的推动力——统治者因素

①冯太后：

a. 出身汉家，以强硬手段掌握政权，推动北魏学习汉族先进文化。——思想动员

b. 精心培养孝文帝拓拔宏学习汉族先进文化。——人才培养

c. 临朝听政，推行初步改革。——奠基作用

②孝文帝：

a. 孝文帝即位：471年拓拔宏通过禅让即位。——权力保证

b. 在冯太后培养下，精通汉文化，通过比较鲜卑文化，坚定改革信念。

c. 勤于政事，关心民生。

d. 孝文帝认识到改革的必要性，即要巩固统治(改革目的)，就必须学习汉族先进文化，借鉴汉族封建国家的统治经验，改革鲜卑族落后的统治方式。——主观条件

2. 改革措施

(1)卓有成效的新制

①特点：在冯太后的主持下进行，建立新制度取代旧制度。

②措施：

a. 俸禄制

原因：吏治黑暗，贪污成风，影响财政收入，加深矛盾。

目的：整顿吏治，巩固统治。

内容：由国家征收统一租调，筹集禄银，按级别高低发放，不许官吏自筹。

影响：吏治好转，农民安心从事生产，北方农业生产得到迅速发展。

b. 均田制

前提：政府掌握大量无主荒地。

内容：按一定的标准，将国家控制的土地分配给农民耕种，土地不得买卖。

性质：封建土地国有制。均田制的实行，从经济发展的角度看，促进了

农耕化；从社会发展的角度看，加速封建化。

影响：一定程度上遏制了土地兼并和使无地农民获得了无主的荒地，提高了生产积极性和粮食产量，有利于国家征收赋税和徭役，促进了北方地区社会经济的恢复和发展。

c. 三长制

内容：设邻长、里长、党长，直属州郡。

影响：许多农户成为国家直接掌握的编户，地方政权掌握在国家手中，有利于中央集权，有利于国家征收赋税和徭役。健全了从中央到地方的行政体制，保证了国家对人民的有效控制，有利于国家对人民推行均田制。

d. 租调制

目的：发展生产，缓和矛盾，巩固新生政权。

内容：一对夫妇每年向政府缴纳一定量的租（粮食，如粟二石）和调（绢帛或布一匹）。

作用：改变赋税混乱，使农民负担大为减轻，许多受庇于豪强的农民纷纷转向政府，成为国家的编户齐民，增加了政府的租调收入。

意义：发展了生产，缓和了矛盾，形成了以均田制为中心的一套政治经济制度，巩固了北魏的政权，为后期改革奠定了基础。

③意义：推动北方经济的恢复和发展；促进北魏政权的巩固；奠定了孝文帝后期改革的基础。

(2)迁都洛阳

①原因：政治上旧都保守势力强大，阻挠改革；经济上旧都经济落后，粮食供应困难；军事上旧都受到北方柔然的骚扰和威胁；地理上旧都偏居塞上，控制中原困难。

②直接目的：接受汉族先进文化，减少改革阻力。

③根本目的：加强对黄河流域的统治。

④迁都过程：以“南伐”为借口（策略），493～495 年由平城迁到洛阳。

(3)移风易俗

①特点：孝文帝亲自主持，改变鲜卑族原有的风俗习惯，进一步学习汉族的典章制度和生活方式，促进鲜卑族积极接受汉文化。

②内容：易服装：下令鲜卑贵族一律改穿汉装；讲汉话：要求朝臣讲汉话，30 岁以下严格执行；改汉姓：将鲜卑姓改为汉姓，按门第高低选拔人才；通婚姻：提倡鲜卑人同汉人通婚；改籍贯：凡迁到洛阳的鲜卑人一律以洛阳为原籍。

③意义：促进了北魏社会的发展，加速了少数民族封建化进程；促进鲜

卑族和汉族文化的融合；得到了汉族地主的支持；推动了政权向汉族王朝统治模式的转化。

3. 改革的影响

(1)经济的复苏和繁荣

①农业发展：生产工具的改进；耕作技术的提高；兴修水利使得大量荒地得以开垦，粮食产量增多；人口增多；经济作物发展；畜牧业发展。

②手工业：丝织业和制瓷业繁盛。

③商业：洛阳多市场，货源充足，交易活跃；货币贸易恢复；对外贸易长足发展。

(2)政权封建化的加速：尊儒崇经，兴办学校；恢复汉族礼乐制度；采纳汉族封建统治制度。

(3)民族的交流和融合：

①表现：鲜卑族学习汉族；汉族学习鲜卑族。

②意义：缓和了民族矛盾；巩固了封建统治；促进了民族融合，为结束分裂走向统一奠定基础。

二、经济方面

(一)封建社会土地所有制的发展

均田制是北魏至唐中期实行的一种按人口分配土地的制度。

(1)目的：保证国家的赋税收入和徭役征发。

(2)主要内容：北魏时，国家将掌握的土地实行分配，给农民一定数量的田地；百姓缴纳一定数量的租税，服徭役和兵役。隋代和唐代前期推迟了服役的年龄，甚至可输绢代役。

(3)意义：均田制是中国古代一项比较完备重要的封建土地制度；保证了国家的赋税收入和徭役征发；北方农民的生产和生活相对稳定，开垦的荒地增多，有利于社会经济的恢复和发展；保证了农民的生产时间，促进了农业的发展。

(4)瓦解原因：封建经济的发展，土地兼并严重和土地买卖的频繁。

(二)精耕细作技术的成熟

《齐民要术》是世界上现存最早的农书，轮作和绿肥种植比欧洲早1000多年。江南和成都平原农业的发展。

(三)魏晋南北朝时期商业发展相对缓慢

三、文化方面

1. 儒学在魏晋南北朝时期面临严重挑战的原因：①佛教盛行。②道教在民间的传播。③儒学本身的问题和缺陷。

2. 儒、佛、道三家的相互影响和融合情况：魏晋时，儒家的政治伦理思想和道家哲学思想有机地结合在一起，形成了一种不同于先秦西汉的新道家学说即玄学。佛教也逐步走上了中国化的道路。佛教调整了与世俗王权的关系，调整了与儒学的关系，调整了与民俗的关系，特别是调整了与儒学的关系。许多佛教徒竭力调和佛、儒两家，“内(儒)外(佛)兼修”，道教也受到儒学的影响，主张“贵儒”又“尊道”。

重点难点

1. 儒家思想在古代中国的演变

时代	思想内容	地位	原因
春秋	仁、礼、中庸、为政以德	不被重视	要求恢复周礼，有保守性
战国	仁政、王道、舍生取义	不被重视	强调仁义。不被重视
秦朝		受到压制	国家初建，崇尚法家
西汉	大一统、君权神授	确立正统地位	社会稳定，国家统一。改造后适应了统治者加强中央集权的需要
宋朝	“存天理，灭人欲”；“心即理也”	理学兴起，重塑正统	理学更适应统治阶级的需要
明末清初	君主是天下之大害、“工商皆本”“经世致用”	在批判、继承中发展	儒学呈现守旧、迂腐习气；封建专制统治加强；商品经济的发展

2. 理解时代变迁与古代书法艺术发展的关系

时期	发展过程或特点	原因
秦汉	小篆和汉隶有书法的美感，是实用性文字	国家统一，文字统一
魏晋南北朝	汉字发展为书法艺术	①社会的变迁影响了人的心理；②士人群体逐渐形成，书法成为士人表达自我对意境、神韵、风骨追求的理想形式；③笔墨纸张等文具的改进，为书法技巧创新提供了条件

续表

时期	发展过程或特点	原因
隋唐	书法艺术达到了新的高峰	国家统一，经济发达，文化繁荣，思想开放，整个社会充满活力，激荡着一种进取精神，同时法度和规范成为社会发展的需要
宋代	崇尚意趣、忽略法度	①市民阶层兴起，社会生活丰富多样；②理学的发展，使人们在文艺审美上也出现了新的特点——强调表现心境和意趣；③重文风气的形成
明代	平民化、世俗化、个性化	商品经济的发展

易错易混

古代中国文学艺术具有鲜明的时代特征。

1. 春秋战国时期，中国社会处于变革的时代，思想领域出现“百家争鸣”局面，孔子编订整理《诗经》作为德行教化文本，屈原创作《离骚》抒发爱国情怀。

2. 秦汉时期，大一统局面形成，汉赋以华丽的辞藻描绘气势恢弘的时代。

3. 魏晋南北朝时期，社会动荡不安，建安文学一扫浮丽文风，陶渊明的田园诗表达了对黑暗现实的不满和对理想生活的向往。

4. 唐朝，经济的繁盛与科举制度的最终形成，促成了唐诗的繁荣；唐朝以来，商品经济的发展与市民阶层的形成，使传奇小说、词、戏剧、风俗画等世俗文学艺术得到发展。

5. 明清时期，封建制度的衰落与资本主义萌芽的出现，使得反封建的小说、戏剧走向繁盛。

历史概念

1. 经济基础：即社会的经济结构，是指一定社会中占统治地位的生产关系各方面的总和。历史唯物主义认为，一定社会的经济基础是该社会的经济关系的体系，即生产关系的总和，主要包括生产资料所有制、生产过程中人与人之间的相互关系和产品分配关系三个方面。其中生产资料所有制是首要的、决定的部分，经济基础和上层建筑是互相联系、互相作用的。经济基础派生和决定上层建筑，上层建筑又反作用于经济基础。两者的这种相互作用关系表现为上层建筑适合经济基础发展状况的规律。经济基础是划分不同社会形态的直接的客观依据。按照经济基础的性质，通常把人类社会划分为原始社会、奴隶社会、封建社会、资本主义社会和共产主义社会（社会主义社会是它的低级阶段）五种基本形态。在新旧社会更迭的过程中，常常出现解体着的经济基础和形成中的经济基础相互并存和斗争的局面。

2. 上层建筑：指建立在一定经济基础之上的社会意识形态以及相应的政治法律制度、组织和设施的总和。上层建筑与经济基础既对立又统一。上层建筑包括政治上层建筑和思想上层建筑。政治上层建筑是指人们在一定经济基础上建立起的政治、法律制度以及建立的军队、警察、法庭、监狱、政府部门、党派等国家机器和政治组织。思想上层建筑是指适应经济基础的社会意识形态，包括政治思想、法律思想、道德、艺术、哲学、美学、宗教、文化传媒等。

3. 写意画：即用简练的笔法描绘景物的画作。写意画多画在生宣上，纵笔挥洒，墨彩飞扬，较工笔画更能体现所描绘景物的神韵，也更能直接地抒发作者的感情。

第四节　隋唐时期（581～907年）

阶段特征

隋唐时期是我国封建社会的繁荣时期，这一时期的阶段特征是：国家统一，政局相对稳定；封建经济继续发展，显现繁荣景象；各民族联系加强，统一的多民族国家进一步发展；对外开放，中外经济文化交流频繁；科技文化世界领先，全面辉煌。

主干知识

一、政治方面

（一）中央集权制度的发展

隋初，隋文帝废郡级，形成州县两级。唐地方行政制度与隋朝相同，唐太宗依山河形势，分全国为10道，作为监察区；唐肃宗时，道在一定程度上成为州县之上的行政实体。

唐中后期，地方军镇长官节度使的权力越来越大，发展成为藩镇割据局面。

（二）君主专制制度的演进

1. 隋朝以尚书省、内史省、门下省为中央政府最高统治机构。

2. 唐朝三省分工明确，中书省掌决策，负责草拟和颁布皇帝诏令；门下掌审议，负责审核政令；尚书省“事无不总”，负责执行政令。三省长官都是宰相，相权一分为三。隋唐时期，在尚书下设吏、户、礼、兵、刑、工六部。

3. 意义：确立并完善了三省六部的管理措施，三省相互监督与牵制，保证了君权的独尊，是中国古代政治制度的重大创举。

（三）选官、用官制度的变化

隋朝：隋文帝时分科选拔，隋炀帝时设进士科，科举制形成。科举制是封建选官制度的一大进步。它把读书、考试与做官紧密联系起来，有利于打破特权垄断、扩大官吏人才来源、提高官员文化素质，把选拔人才和任命官吏的权力从世家大族的手里集中到中央政府，大大加强了中央集权。

二、经济方面

（一）精耕细作技术的成熟

隋唐时期：水稻种植普遍采用育秧移栽等技术；使用曲辕犁，中国耕犁已相当完善。

（二）享誉世界的制瓷业

唐朝形成南青北白两大系统。

（三）隋唐商业进一步发展（魏晋南北朝时期商业发展相对缓慢）

1. 原因：农业发展，手工业进步，大运河开通，柜坊（银行雏形）和飞钱出现等。

2. 表现：金融方面：柜坊和飞钱出现；城市繁荣：长安、洛阳、益州、扬州等；市场发展：城市中“市”“坊”分开，农村集市发展；对外贸易：广州成为对外贸易的港口，唐设市舶使。

三、文化方面：隋唐时期，文化发展进入繁荣时期

1. 原因：国家统一、强盛，经济繁荣；政府重视文化事业；文化交流频繁；继承传统文化等。

2. 概况：科技、宗教、哲学、教育、文学艺术（诗歌、绘画、书法、乐舞）等。

3. 儒学发展：儒学家提出“三教合归儒”的主张，又称“三教合一”。儒学进一步吸收佛道精神，得到新发展。唐朝统治者实行三教并行政策，推动儒学的发展。

重点难点

三省六部制是怎样完善中央集权体制的。

形式上三省为中央最高权力机构，分工合作，掌管朝政。中书省负责起草诏令；门下省负责审核政令；尚书省负责执行政令，下辖六部处理日常军事政务。凡军国大事，必由中书省起草（皇帝决策），门下省审议，然后由尚书省颁布执行。（按照决策流程分割相权，加强皇权）

这种完整严密的封建官僚体系，有利于提高行政效率，减少决策失误，防止个人权力过分膨胀，加强了皇权。

三省的分工，使宰相的权力一分为三，这就削弱了相权，加强了皇权。三省六部制的确立和完备，使封建中央集权制度更加完善，此后，历朝基本沿袭。

易错易混

比较三公九卿制、三省六部制：

	三公九卿制	三省六部制
时期	确立于秦，盛行于汉	确立于隋，盛行于唐
丞相职权地位	丞相协助皇帝处理全国政务，有相对独立的决策权，审议权，执行权	三省长官均为宰相，相权一分为三
作用	使专制主义中央集权制趋向巩固	使专制主义中央集权制趋向完善

历史概念

1. 朝贡贸易：朝贡就是朝拜和进贡的简称，是两国或两个政府之间的一种承认尊卑地位的礼节性外交关系。在唐朝以后，这种朝贡关系又发展成朝贡贸易，成为中国与其他国家贸易往来的主要形式。

2. 生产力：其内涵是人类改造自然和征服自然的能力（人类生存和生产的能力），外延是人类改造自然的物质和精神（科技）力量。生产力的主要内容包括劳动者、生产工具和劳动对象。劳动者和生产工具统称为生产资料。劳动者是生产工具的制造者和使用者，在改造自然的活动中，随着劳动者生产经验的积累、劳动技能的提高、科学技术的发明及应用，总要改进和创造新的生产工具，扩大劳动对象的范围，使生产力发展到一个新水平。因此劳动者在生产中起主导作用。生产工具是生产力发展水平的重要标志。劳动对象的扩展程度也反映了人类改造自然的能力。

3. 科举制：是从隋唐开始历代封建王朝通过考试选拔官吏的一种制度，1905 年废除。

4. 书院：起源于唐代，兴盛于宋代，是中国古代教育史、学术史上具有重要地位的教育组织形式，从唐中叶到清末，经历了千年之久的办学历史，并形成了一套独具特色的办学形式、教授方法、管理制度等教育模式，使源远流长的传统私学趋于成熟和完善。

第五节　五代辽宋夏金元时期(907～1368 年)

阶段特征

五代辽宋夏金元时期，在政治上由多个民族政权并立逐步走向统一；封建经济的继续发展和民族融合的进一步加强；科学技术的突出发展推动了世界文明的进步；理学的产生、宋词的繁荣等是这一时期文化领域的新特点。

主干知识

一、政治方面

(一)中央集权制度的发展

1. 北宋

①目的：加强中央集权，巩固统治。

②措施：在军事上杯酒释兵权，同时抽调各地精兵充实禁军；行政上，由中央派文臣做地方官，同时设通判负责监督地方。宋朝地方政权分州县两级，又将唐的“道”改为“路”，设在州县之上；财政上，通过转运使，地方税收大部分由中央掌控。

2. 元朝

①内容：在地方实行行省制度，行省之下，分别为路府州县，边远民族地区设宣慰司进行管理。

②意义：行省制度的创立，是地方行政制度的重大变革，是中国地方省制的开端。进一步加强了中央集权。

(二)君主专制制度的演进

1. 宋：实行二府三司制。中书门下是最高行政机构，最高长官们任宰相职权，枢密院是最高军政机构，长官为枢密使，地位略低于宰相，这两个机构合称“二府”。为了进一步制约宰相，后来又增设参知政事为副相，分割宰相的行政权，设三司（盐铁、户部、度支）管理财政，分割宰相的财权。（按照权力类别分割相权，进一步加强皇权）

2. 元：元世祖健全了中央官制，在加强皇权制度方面有了新发展，在中央设立最高行政机关中书省和最高军事管理机构枢密院，同时设立宣政院，统领宗教事务和管辖西藏地区。

（三）王安石变法

1. 王安石变法的历史背景

（1）北宋中期面临严重的社会危机

①阶级矛盾尖锐。北宋初年，对兼并土地采取放任态度，大部分土地被地主占有。政府不断增加赋税，中小农户的赋税沉重。在地租、高利贷和官府赋役重重盘剥下，农民生活困苦，社会阶级矛盾尖锐。

②积贫积弱局面形成。北宋建国后，为加强专制集权，在“权”“钱”“兵”方面采取了一系列措施。到北宋中期，这些措施的负面影响逐渐显露出来。首先，削弱了军队的战斗力。北宋在与辽和西夏的战争中败多胜少，形成了“积弱”局面。其次，由于机构重叠、官职冗滥、军队数量激增，形成了冗官、冗兵、冗费“三冗”问题，从而导致北宋财政日益入不敷出，逐渐形成了“积贫”局面。即“三冗两积”。

（2）庆历新政

1043年，宋仁宗庆历三年，任用范仲淹等人进行改革，施行新政。这次改革发生在庆历年间，故称“庆历新政”。新政的措施触犯了大官僚、大地主的利益，遭到了他们的强烈反对。新政仅推行了一年多就夭折了。

2. 王安石变法的主要内容

（1）富国之法

①青苗法：每年青黄不接时，政府贷款或借谷物给农民，收获后偿还，加收20%的利息，这样既能使农民免受高利贷盘剥，又能增加政府的收入。

②农田水利法：政府鼓励开垦荒地和兴修水利工程。

③免役法：又称“募役法”。政府向应服役而不愿服役的，按贫富等第收取免役钱，雇人服役。不服役的官僚、地主也要出钱，相应减轻了农民的差役负担，保证了生产时间。

④市易法：政府在东京设置市易务，出钱收购滞销货物，市场短缺时再卖出。

⑤方田均税法：政府重新丈量土地，核实每户占有土地的数量，按照土地

的多少和肥瘠收取赋税。官僚、地主也不例外。这就增加了国家的田赋收入。

⑥均输法:要求转运使依照“徙贵就贱,用近易远”的原则,采购物资。即转移贵的(商品)到便宜的(地方),用本处的(丰富物产)去换取远处的(匮乏的物资)。这是调节物资供求平衡、稳定商品价格的政策。

(2)强兵之法

①保甲法:政府把农民组织起来,编为保甲,十户为一保。保丁农闲时练兵,平时参与维持地方治安,战时编入军队作战。还实行连坐法,同保人要互相监督、检举。

②保马法:规定百姓可自愿申请养马。每户一匹,富户两匹,由政府拨给官马或给钱自购。

③将兵法:在北方各路设100多“将”,每将置正将一人。“将”成为军队编制基本单位。

④设军器监。监督制造兵器,严格监管武器质量。

(3)取士之法

①改革科举制度:废除明经诸科,规定进士科不考诗赋,专考经义和时务策。设明法科,专考律令、断案等。

②整顿太学,重新编纂教科书,内容为儒家经典。太学生成绩优异者不经科举考试可直接为官。

③王安石十分重视对中下级官员的提拔和任用,使许多低级官员和下层士大夫得到了发挥才干的机会。

3. 王安石变法的结局

王安石变法触犯了大地主、大官僚和富商的既得利益,一开始就遭到了守旧派的激烈反对。他们采用各种办法阻止改革。1085年,宋神宗去世,年幼的宋哲宗继位,由太皇太后高氏临朝听政。她执政后,立即起用司马光等反对新法者。在高氏的支持下,司马光等逐步废除了王安石的全部新法。

4. 王安石变法的历史作用

(1)积贫局面改善

王安石变法虽然没有完全成功,但在一定程度上改善了北宋积贫局面。而有些变法的措施也加重了人民的负担。

(2)积弱局面改善

王安石变法也使北宋的国力得到增强,积弱局面有所改观。

5. 王安石变法最终失败的原因及教训

(1)失败的原因

①王安石变法触犯了大地主、大官僚的利益,遭到他们的阻挠和破坏。

宋神宗在变法后期也产生动摇。②宋神宗死后，司马光任宰相，废除了新法。③在变法过程中，由于用人不当，出现了新法危害百姓的现象。

(2)教训

改革是艰辛的，必然会充满阻力，改革者必须要有坚定的信念，毫不动摇，才能成功，而且还要注意用人得当。

6. 对王安石变法的认识(评价)

(1)局限性

①王安石变法是封建地主阶级针对北宋统治危机进行的改革运动，它不可能从根本上摆脱封建统治危机。

②变法以维护地主阶级的统治为出发点，农民的处境没有得到根本的改善，负担依然沉重。

(2)进步性

①变法措施的推行，增加了政府的财政收入，加强了国家的军事力量，在一定程度上改变了北宋积贫积弱的局面。

②王安石变法促进了经济发展，客观上有利于社会进步。

③王安石能够针对北宋统治错综复杂的积弊大刀阔斧地进行改革，这种勇于改革和敢于斗争的精神值得肯定。

(3)性质

王安石变法是封建地主阶级挽救统治危机、富国强兵的改革。

二、经济方面

(一)精耕细作技术的成熟

宋元时期：精耕细作技术进入全面成熟时期。耧锄，水旱轮作的稻麦复种制，标志着我国精耕细作水平上升到一个新的高度；农作物品种交流非常广泛；南宋时江浙地区成为全国经济中心，东北、西北地区得到发展。

(二)享誉世界的制瓷业

1. 宋代我国制瓷技艺大放异彩，涌现出一批名窑(五大名窑：定窑、汝窑、哥窑、官窑、钧窑)。

2. 元朝景德镇窑成为全国的制瓷中心，烧制出白底蓝花的青花瓷。

(三)宋元商业繁荣

1. 宋朝商业繁荣的表现

(1)城市繁荣，彻底打破"市""坊"界限，商业活动不受时间、地域限制，开封和临安是当时著名的城市。

(2)商业交换品种迅速增加，许多农副产品和手工业品开始转向市场。

(3)世界上最早纸币交子出现并推广。

(4)各族政权之间的边境贸易(榷场)发达。

(5)海外贸易发达。

2. 宋朝商业繁荣的原因

(1)结束分裂走向统一,为经济发展奠定基础。

(2)农业、手工业的高度发展,为商业的兴盛提供了坚实的物质基础。

(3)政府逐渐放松对商品交易地域和时间的限制(打破市、坊界限,有早市、夜市等)。

(4)水陆交通的便利有利于对外贸易的发展。

(5)纸币的出现和应用促进了商业的繁荣。

3. 元代商业繁荣的表现

(1)元代的大都是政治文化中心,也是繁华的国际商业大都会。

(2)杭州是南方最大的商业和手工业中心,“贸易之巨,无人能言其数”。

(3)泉州是元代对外贸易的重要港口,经常有百艘以上的海船在此停泊,外国旅行家誉之为世界第一大港。

4. 元代商业繁荣的原因

元朝实现了国家的空前统一,重新疏浚了大运河,开辟了海运。

三、文化方面(理学)

(一)程朱理学

1. 理学特点:儒道佛三家融合的产物,完成了更为理论化、思辨化的过程,成为新兴儒学。

2. 代表:北宋二程(程颢、程颐)和南宋朱熹。

3. 二程思想:①核心思想:“天理”是万物的本原,先理后物。②天理和伦理道德直接联系起来。③认识论上,提出“格物致知”,主张外在的探求。

4. 朱熹:

(1)思想主张:提出“存天理,灭人欲”。天理即三纲五常。

(2)朱熹的影响:①他是宋朝理学集大成者,孔子、孟子后最重要的儒学思想家,他的《四书章句集注》成为后世科举考试依据的教科书。(四书:《大学》《中庸》《论语》《孟子》)②他的思想对我国封建社会后期影响很大,还远及日本、朝鲜以及欧洲。在日本、朝鲜甚至形成“朱子学”学派。

(二)陆九渊的心学

南宋的陆九渊:认为心是宇宙万物的本原,提出心就是理的主张;强调反省内心。

重点难点

认识程朱理学与陆王心学：

相同点	不同点		
	项目	程朱理学	陆王心学
(1)程朱理学和陆王心学都是宋明理学的突出代表 (2)两者的思想实质都是以儒家的纲常伦纪来约束社会，维护专制统治，遏制人的自然欲求 (3)影响：扼杀人们的欲求，有助于专制统治，对塑造中华民族的性格起到了重要作用	认识“理”	强调“理”是世界的本原	主张“心即理”
	实现“理”	主张通过“格物致知”的方法，体验“天理”的存在，最终贯通明“理”	认为人天生具有良知，良知就是本心，就是理，因此天理就在自己心中，不必外求，只要克服私欲、恢复良知，就能成为圣贤
	哲学范畴	客观唯心主义	主观唯心主义

易错易混

1. 理学在宋代不是主流思想

理学真正成为主流意识是从元代开始的。理学对后世的最大影响并非是“理”“气”等深奥的哲理，而是儒学的普及化、通俗化。汉代儒学强化了君为臣纲，宋代的理学不仅强化了君为臣纲，而且还使父为子纲、夫为妻纲深入人心。将儒家的伦理道德观念推广到全社会每一个家庭。

2. 心学与理学有明显的不同

(1)从哲学观上看，程朱理学坚持“性即理”的根本观念，建立起一套以“理”为本体、以“穷理尽性”为方法的理学体系，属客观唯心主义；陆王心学则坚持“心即理”的根本观念，建立了一套以“心”(道德仁心)或“良知”为本体、以“发明本心”或“致良知”为方法的心学体系，属主观唯心主义。

(2)从道德主张上看，理学主张人应以外在的天理为行为规范；而心学则主张应以“内心”的自修、自省达到良知，从而为善。

历史概念

1. 杂剧：最早见于唐代，意思和汉代的百戏差不多，泛指歌舞以外诸如杂技等各色节目。元代元杂剧出现了四大家。

2. 格物致知：指接触、研究事物而获得知识、道理，是中国古代儒家思想中的一个重要概念。

第六节　明清时期
（1368～1840 年，鸦片战争以前）

阶段特征

明清（鸦片战争以前）的阶段特征：一是统一的多民族国家的巩固发展；二是封建制度的渐趋衰落。这一时期，政治上封建君主专制达到了顶峰，但封建制度已渐趋衰落；经济上封建经济虽然超过前代，但资本主义萌芽已出现并缓慢发展，封建经济基础受到冲击；对外关系方面中国开始遭受西方殖民侵略，并由开放转为闭关锁国；民族关系上各民族的联系进一步加强，统一多民族国家进一步巩固；文化上传统科技依然取得巨大成就，但在思想、文学、艺术领域，呈现出反封建、追求个性解放的新的时代特色。

主干知识

一、政治方面（明清君主专制的加强）

（一）宰相制度的废除

1. 背景：封建社会晚期，封建制度衰落。

2. 原因：宰相制度妨碍皇权集中。

3. 措施：(1)地方：废行省，设三司（布政司、都指挥司、按察司）。

(2)中央：裁撤中书省和丞相，权分六部。

（二）内阁的创立

1. 明太祖时设置殿阁大学士。

2. 明成祖时选拔翰林入值文渊阁参与机密事务的决策，内阁制度正式形成。

3. 明宣宗时授予内阁大学士票拟权。万历时，“部权尽归内阁”。

4. 内阁的性质：为皇帝提供顾问的内侍机构。

（三）军机处的设立

1. 清初（皇太极）：议政王大臣会议（军国机要）→皇权（受限制）→设内阁，置六部（奏章票拟）。

2. 康熙：设南书房（参与机务，起草谕旨）→中枢机构一分为三（内阁、议政王大臣、南书房）→皇帝（集权）。

3. 雍正:军机处的设置(上传下达)→君主专制制度发展到顶峰。

4. 明清君主专制加强的影响:

(1)积极作用:有利于多民族国家的统一和巩固,社会安定,经济发展和文化繁荣,为康乾盛世的出现提供了政治保障。

(2)消极作用:皇权的极度膨胀,又成为阻碍社会进步的重要因素。

二、经济方面

(一)土地高度集中

明代后期,土地高度集中,激化社会矛盾,明末农民起义提出"均田免粮"口号,表达了广大农民要求获得土地的愿望,说明封建土地制度已成为农业生产发展的桎梏。

(二)精耕细作技术的成熟

明清时期:多熟种植;培育大量农作物新品种;引进玉米、番薯等高产作物;经济作物种植面积扩大;《农政全书》出版。

(三)享誉世界的制瓷业

明清时期中国瓷器高速发展,景德镇成为全国的"瓷都"。明中后期以五彩瓷最为有名,到了清代,还发明了珐琅瓷。

东汉青瓷——南北朝白瓷——元朝青花瓷——明朝五彩瓷——清朝珐琅瓷

(四)异彩纷呈的丝织业(鼎盛时期)

1. 丝织业中心:苏州、杭州。

2. 明中期以后,民营丝织业日益兴盛。

3. 开始使用花楼机,专门织造精细的丝织品;丝织品工艺精巧,如"妆花缎",后又增加了新品种"金宝地"。

(五)明清商业缓慢发展,并出现商帮

1. 原因:明清时期,小农经济与市场的联系日益密切,城镇经济空前繁荣。

2. 表现:全国各地涌现出许多地域性商人群体,叫"商帮",其中实力最强的是徽商和晋商(富室之全称雄者,江南则推新安,江北则推山右),徽商的活动范围遍及全国各地,有"遍地徽商"说;乾隆年间,晋商开始兴办票号。

(六)资本主义萌芽的缓慢发展

1. 资本主义萌芽的缓慢发展

(1)明朝产生

①出现原因:社会生产力和商品经济的发展;出现资金充足的作坊主、

商人以及自由劳动力。

②出现地点:江南地区。

③出现部门:纺织部门。

④出现标志:"机户出资,机工出力"的机房出现(雇佣关系)。

(2)清朝发展(表现)

①手工工场规模扩大。

②分工更细。

③雇工数量增多。

④部门和地区增广。

(3)对明清资本主义萌芽的认识

①明清资本主义萌芽的出现,代表了中国社会进步发展的总趋势。

②资本主义萌芽只出现在少数地区的少数行业当中,是稀疏而又微弱的。

③资本主义萌芽发展非常缓慢,自然经济仍占统治地位。

2."重农抑商"政策

(1)商鞅变法首倡,为后世统治者所推崇。

(2)推行的目的

①直接目的:确保赋役的征派和地租的征收。

②根本目的:巩固封建统治。

(3)明清两代"重农抑商"政策的具体表现

①明清两代继承传统的专卖制度,独占专利。

②对民营商业,不断加征商税。

③歧视商人,贬低商人的社会地位。

④组建庞大的官营手工业,压制民营手工业的发展。

(4)关于对明清"重农抑商"政策的评价

①积极作用:重视农业保护了农业生产和小农经济,促进了农业的发展。

②消极作用:阻碍了工商业的发展,妨碍了国内市场的扩大,违背了历史潮流。

3."海禁"与"闭关锁国"

(1)"海禁"的直接原因:担心流亡海上的敌对势力勾结倭寇,危及明朝的统治。根本原因是自然经济占主导地位、封建制度的腐朽落后。

(2)"海禁"的表现:明代的海禁从明初延续到嘉靖年间,倭患肃清以后就重新开放海禁,准许民间与各国进行贸易。而清代的闭关锁国则基本上是从清初一直延续到鸦片战争爆发后。明代的海禁只禁止中国民间私人出海贸易,但欢迎外国人来华贸易,不过这种海外贸易必须在官方的主持下进行,即所谓“贡舶贸易”。所以明成祖命郑和下西洋,不仅运载大量货物到亚非各国贸易,而且还广泛招徕各国商人。清初则全面禁止海外贸易,实行“闭关锁国”,中国私商固然不能出海贸易,外国商人也不许来华贸易。只开放广州一处对外通商,而且由政府特许的“十三行”统一经营管理,其他港口一律关闭。

(3)“闭关锁国”的含义:严格限制对外贸易。

(4)“闭关锁国”的直接原因:为了对付东南沿海人民的抗清斗争。

(5)“闭关锁国”的表现:清代初年,厉行海禁、迁界,海外贸易陷入停顿;康熙晚期,禁止商人前往南洋贸易;乾隆开广州通商,特许“十三行”经营管理对外贸易。

(6)“闭关锁国”的影响:阻碍了中国资本主义萌芽的成长,使中国落后于世界潮流。但客观上一定程度上对捍卫国家主权起到一定作用。

(注:“闭关”“海禁”均非绝对,明清政权根据统治需要适时调整,但总体上是严格限制状态)

三、文化方面

(一)王阳明心学

1. 背景:明中叶社会动荡不安,封建专制陷入危机。

2. 地位:心学的集大成者。

3 思想主张:①“心即理”;②“致良知”;③“知行合一”。

(二)离经叛道的李贽

1. 思想主张

(1)挑战孔子及其儒家思想的正统地位,揭露道学家的虚伪。

(2)抨击封建社会的一些传统观念,强调个性发展。

(3)批判程朱理学“存天理,灭人欲”思想,主张人应该享受正当的私欲。

2. 对李贽进步思想的评价

李贽是我国反封建思想的先驱,他将矛头直指封建礼教和整个正统思想,其思想具有鲜明的封建叛逆色彩和战斗精神,在一定程度上反映了资本主义萌芽的时代要求,带有民主色彩。

(三)明清之际三大进步思想家知识简表

共同经历	共同主张	黄宗羲	顾炎武	王夫之	共同作用
处于民族矛盾和阶级斗争激烈动荡的年代，参加过抗清斗争	反对君主专制独裁	提出君主专制是“天下之大害”的结论	提出“保天下者，匹夫之贱，与有责焉”的进步思想	认为天下土地不能为帝王私有，应当耕者有其田	对传统儒学唯心体系的批判继承，使我国传统文化重新焕发了生机，对后世产生了巨大影响
	重视手工业和商业的发展	提出“工商皆本”主张，反对重农抑商	主张“经世致用”	主张“经世致用”	
	构建起具有时代特色的新思想体系	提出“天下为主，君为客”的思想	主张“博学于文，行己有耻”的思想，反对道学的空疏浮泛的学风，学以致用	主张物质第一性，物质不断变化是万物发展的规律，是杰出的唯物思想家	
著述		《明夷待访录》	《日知录》《天下郡国利病书》	《船山遗书》	

重点难点

1. 古代中国选官用官制度的演进

古代选官用官制度主要包括奴隶社会的王位世袭制、两汉的察举制、魏晋南北朝的九品中正制和隋唐至清朝的科举制。综观中国古代地方官的选用，大致经历了两个阶段：

第一个阶段，从秦汉至魏晋南北朝时期，地方官的选拔以察举和荐举为主，以“贤能”为标准，地方权力较大。从选拔形式上看：汉代实行察举制度，规定由地方主要长官每年推荐一定数量的人为官，推荐的标准以德行、经学、乡里清议为主；随着吏治遭到破坏，到东汉末年此制度也败坏不堪了。魏晋南北朝时期实行九品中正制，选拔推荐的权力不再交由地方官，而由朝廷统一任命“中正”官专门负责举士选才。此制度有两个缺陷：一是选官的人，即“中正”官，多为本地的豪族大家所把持，二是选拔标准多以家世出身为重，造成“上品无寒门，下品无势族”的选才结果，阻塞了寒士入仕。从任用方式上看：从秦代起地方上长史一级的官员要由中央任命，以后历代一直延续；但同时也规定，地方长官有自辟僚属的权力，郡守、县令可以在自己所管辖的区域内选用官员。

第二个阶段，从隋唐至明清，选官方式以科举考试为主，以考试成绩为标准,用人权完全收归中央。从选拔形式上看:隋唐实行开科取士,隋炀帝以科举制取代了九品中正制,科举制成为选拔各级官员的主要方式。从任用方式上看:地方官仍然由中央统一任用,但地方官不能再自行任命属下官员,所有进入流品的地方官员都由中央政府任命。

(注:选官特点的变化体现了封建政权选官权力的上移)

2. 中国封建社会的监察制度

(1)秦朝设御史大夫:秦朝在中央设御史大夫。御史大夫执掌群臣奏章,下达皇帝诏令,兼理国家监察事务。

(2)两汉的刺史制度:汉武帝把全国分为13个州作为监察区,每州设刺史一名进行监察。刺史级别不高,但巡察时代表中央,可以监察诸侯王和地方高官。后逐渐演变为地方权贵。

(3)北宋设通判:北宋在各州设通判,负责监督知州,可直接向皇帝报告情况。

(4)明朝设都察院、六科给事中、按察使司:在中央,既设有都察院,设立监察御史,分道对地方官员实行监督,又设有六科给事中,与六部相对应,进行业务监督,合称“科道”。在地方,省级机构还专门设有负责司法、监察的按察使司。

3. 古代手工业在明清时期由官营为主到民营为主的原因

(1)生产力水平的提高为民营手工业的发展提供了物质和技术基础。

(2)农业生产的进步为民营手工业的发展提供了原料。

(3)商品经济的发展为民营手工业的发展提供了市场条件。

(4)封建人身依附关系的削弱为民营手工业发展提供了必要的劳动力。

4. 中国和欧洲资本主义萌芽的不同发展状况及原因分析

		欧洲	中国
发展状况		发展迅速,发展为资本主义生产关系	发展缓慢,始终处于萌芽状态
原因	政治环境	宽松——宗教改革和资产阶级革命	阻碍——明清时期专制制度的强化
	经济政策	重商主义政策,鼓励发展工商业	重农抑商政策,自然经济根深蒂固
	对外政策	积极对外贸易,推行殖民扩张政策	闭关锁国,严格限制海外贸易
	思想条件	文艺复兴、宗教改革等解放了人们的思想	重义轻利观念和文化专制主义政策束缚了人们的思想
	科学技术	近代科学产生并发展	传统科技进入总结性阶段,近代科技没有产生

5. 明清时期的商品经济的发展对政治、经济和思想文化产生的影响

(1)政治上:商品经济的发展,冲击着封建的自然经济,原来的统治措施已经不能维护封建制度,君主专制制度空前强化成为必然。

(2)经济上:促进资本主义生产关系的产生与发展。

(3)思想文化上:产生了反对君主专制的民主思想;理学走向僵化;小说、戏曲、绘画等市民文艺繁荣。

6. 古代中国由开放到闭关的原因

(1)清朝政治统治需要:少数民族入主中原成为统治阶级必然引起汉民族的反对,要防范中外结成反清联盟。

(2)自然经济反映:自给自足的封建经济使统治者认为天朝物产丰盈,无须和外国"互通有无"。

(3)重农抑商思想的进一步发展:重农抑商思想抑制商业发展,这就不利于商品贸易的发展。

7. 明清之际中国没有产生近代科学的原因

(1)缺乏科学技术转化为生产力的物质基础、动力和机制。中国传统的封建经济结构极大地束缚了社会生产力的发展。虽然明朝中后期出现了资本主义萌芽,但腐朽的封建制度和重农抑商政策严重阻碍了商业和手工业的发展,资本主义萌芽的发展十分缓慢。

(2)闭关锁国政策使中国失去了外贸主动权,阻碍了中外科技文化的交流,从而使中国失去了吸收外来先进科学技术的良机。

(3)科学技术没有得到应有的重视。

(4)古代中国科技的发明创造缺乏相应的实验研究方法。发明创造主要建立在农耕文明基础上,注重对前人经验的归纳与总结,不重视对自然规律的研究与探索。

总之,封建专制统治的腐朽是中国没有产生近代科学的根本原因。

易错易混

1. 明朝以前,宰相被赋予决策大权,地位十分巩固;明朝内阁不是法定的中央一级的行政或决策机构,而是皇帝的侍从咨询机构,无决策权,阁臣的升降由皇帝决定,职权大小依皇帝旨意而定。

2. 明朝的内阁是皇帝的侍从咨询机构,无决策权;而英国的内阁是君主立宪制下的最高行政机构。

3. 资本主义萌芽发展缓慢的根本原因不是闭关锁国和重农抑商政策,而是衰落的封建专制制度。"闭关政策"与"重农抑商"政策都是封建制度的

衍生物。

4. 资本主义萌芽的产生是商品经济发展的结果,但直到鸦片战争前夕,就全国而言,自然经济仍占据主导地位。

5. 自然经济的基本特征"自给自足"中的"足"并非富足,而是指基本满足自家生活的需要和缴纳赋税,很少进行商品交换。

6. 闭关锁国不是绝对禁止对外贸易,而是严格限制对外贸易,如广州十三行就是例证。

历史概念

1. 票拟权:指内阁辅臣在奏章上根据自己的意见用黑笔写上批示,然后经过皇帝首肯之后,才由皇帝用朱笔批上去(或者是批阅"同意"等字眼),再加盖玉玺方才生效。

2. 明朝的内阁:皇帝的侍从咨询机构(非行政机构),无决策权;是君主专制下的产物,维系了君主的绝对权力;内阁对皇帝负责,直接听命于皇帝,内阁大学士的权力来自皇帝的支持与信任。

3. 资本主义:是一种经济学或经济社会学的制度,在这样的制度下绝大部分的生产资料都归私人所有,并借助雇佣劳动的手段以生产工具创造利润。

4. 资本主义萌芽:是封建社会内部资本主义生产关系的最初形态,是封建生产方式向资本主义生产方式转变的过程,从根本上说是生产力发展的结果。

5. 商帮:伴随几百年商品经济的发展,到明清时期商品行业繁杂和数量增多,商人队伍日渐壮大,竞争日益激烈。而封建社会统治者向来推行重本抑末的政策,在社会阶层的排序中,"士、农、工、商"中商也是屈居末位。对于商人而言,国家没有明文的法律保护,而民间又对商人冠以"奸商"的歧视。因而,在那样的年代,商人利用它们天然的乡里、宗族关系联系起来,互相支持,和衷共济,于是就成为市场价格的接受者和市场价格的制定者和左右者。同时,商人们为了规避内部恶性竞争,增强外部竞争力,并且利用集体的力量更好地保护自己,于是商帮就在这一特定经济、社会背景下应运而生了。商帮以地域性为其主要特点。

6. 经世致用:中国宋代后逐渐形成的一种提倡研究当前社会政治、经济等实际问题,要求经书研究与当时社会的迫切问题联系起来,并从中提出解决重大问题方案的治学方法。明末清初以黄宗羲、顾炎武、王夫之为代表。

附：

中国朝代表

朝代	起止年代(公元)	重要君主	都城
夏	约前 2070～前 1600 年	禹 启 桀	阳城
商	前 1600～前 1046 年	汤 纣	亳→殷
西周	前 1046～前 771 年	武王 厉王 幽王	镐京
春秋	前 770～前 476 年	春秋五霸	洛邑
战国	前 476～前 221 年	战国七雄	洛邑
秦	前 221～前 207 年	始皇帝 秦二世	咸阳
西汉	公元前 202～8 年	高祖 文帝 景帝 武帝	长安
新	9～23 年	王莽	长安
东汉	25～220 年	光武帝 桓帝 灵帝 献帝	洛阳
三国(魏)	220～265 年	曹丕	洛阳
三国(蜀)	221～263 年	刘备	成都
三国(吴)	229～280 年	孙权	建业
西晋	266～316 年	武帝	洛阳
东晋	317～420 年	元帝	建康
十六国	304～439 年		洛邑
南朝 宋	420～479 年	刘裕	建康
齐	479～502 年	萧道成	建康
梁	502～557 年	萧衍	建康
陈	557～589 年	陈霸先	建康
北朝 北魏	439～534 年	拓跋珪	平城→洛阳
东魏	534～550 年	元善见	邺
西魏	535～557 年	元宝炬	长安
北齐	550～577 年	高洋	邺
北周	557～581 年	宇文觉	长安
隋	581～618 年	文帝	长安
唐	618～907 年	高祖	长安

续表

朝代	起止年代(公元)	重要君主	都城
五代十国	907～960 年	李煜	/
北宋	960～1127 年	太祖	开封
辽	916～1125 年	耶律阿宝机	上京
西夏	1038～1227 年	李元昊	兴庆
金	1115～1234 年	完颜阿骨打	中都
元	1271～1368 年	世祖	大都
明	1368～1644 年	太祖	南京→北京
清	1644～1912 年	康雍乾	北京

第二章　中国近代史

第一节　中国半殖民地半封建社会的开始（1840～1860年）

阶段特征

1840～1860年，是旧民主主义革命发展的第一个阶段，其阶段特征是中国开始沦为半殖民地半封建社会，它反映在中国社会从经济基础到上层建筑的各个方面。

(1)经济上：自然经济逐步解体，外国资本主义经济势力渐强，中国经济开始卷入世界资本主义市场，中国近代化开启。(2)政治上：两次鸦片战争失败，中国很多主权丧失；"中外和好"局面形成，中央机构开始半殖民地化，统治阶级外交政策也开始调整。矛盾聚合促成具有时代特色的太平天国农民革命运动爆发。(3)思想上："新思潮"萌发，中国人对西方有了新认识。

19世纪前期，中国封建社会已走到穷途末路，清王朝统治集团反动腐朽；而同一时期的西方资本主义国家工业革命方兴未艾，工业文明取代农业文明，资本主义已成为历史发展的潮流。为扩大商品市场和原料产地，率先完成工业革命的英国凭借船坚炮利打开中国长期闭关的国门。鸦片战争以清政府的失败而告终，被迫签订一系列不平等条约。这些条约的内容基本上反映了世界自由资本主义时期，列强对外掠夺以商品输出为特点，同时也标志着中国开始沦为半殖民地半封建社会，逐渐卷入世界资本主义市场并成为它的附庸，也标志着中国近代史的开始。

为了进一步扩大侵华权益，1856年英法两国联合发动了第二次鸦片战争。如果说鸦片战争主要冲击的是沿海地区的话，那么第二次鸦片战争冲击到中国社会的中枢，它进一步加深了中国半殖民地半封建社会的进程。

鸦片战争后，外国资本主义经济的深入，使清朝国内阶级矛盾空前激化，从而导致了太平天国运动等农民运动的爆发。太平天国运动是中国农民运动的最高峰；同时还反映出了社会性质剧变的新趋势，具有以往农民起义所不曾有过的新特点；太平天国的一些领导人开始向西方寻求真理，探索中国独立、富强的道路，担负起了反侵略反封建的双重任务。但是由于作为小生产者的农民阶级无法克服其阶级局限性，再加上中外反动势力的联合绞杀，最终以失败告终。它的悲剧命运表明：农民阶级是反封建的主力军，但由于落后生产方式所决定的阶级局限，他们不可能找到解救中国的正确出路。

主干知识

一、鸦片战争

1. 鸦片战争前夕的中国和英国（背景）

	中国	英国
政治	封建君主专制；朝政日益腐败	资本主义民主政治
经济	自然经济为主导；财政入不敷出	商品经济发达；开展工业革命
军事	装备陈旧，营务废弛	船坚炮利
外交	闭关自守，愚昧无知	殖民扩张
综合	封建统治危机四伏	资本主义强国，迅速崛起

2. 鸦片战争爆发的原因

(1)根本原因：英国完成工业革命，迫切要求打开中国市场，掠夺原料，倾销商品。（必然性——英国要求扩大海外市场）

(2)直接原因：中国的禁烟运动（高潮：虎门销烟——偶然性）

3. 鸦片战争中国战败的原因

(1)客观原因：英国综合国力强大。

(2)主观原因：清王朝腐朽落后。

(3)根本原因：腐朽没落的封建主义抵挡不了新兴的资本主义。

4. 鸦片战争的影响

(1)使中国社会性质发生变化——中国开始沦为半殖民地半封建社会

半殖民地，是从国家主权来说。它是指一个国家形式上有自己的政府，但实际上政治、经济、外交等各方面都在一定程度上受到外国殖民主义的控制和奴役的社会，是一种倒退。

半封建，是从社会形态来说。它是指形式上仍是封建统治和自然经济占主导地位，实际上社会状态已逐渐近代化，资本主义经济、政治、思想文化等因素产生并不断发展壮大，客观上是一种进步。

(2)中国社会主要矛盾发生变化

鸦片战争前：处于封建社会，主要矛盾是封建地主阶级和农民阶级之间的矛盾。

鸦片战争后:处于半殖民地半封建社会,主要矛盾是外国资本主义和中华民族之间的矛盾(主要矛盾)、封建主义和人民大众(包括农民阶级、工人阶级、小资产阶级和民族资产阶级)之间的矛盾。

(3)中国革命任务和革命性质发生变化

中国人民肩负起反侵略和反封建的双重任务;中国革命进入资产阶级民主革命时期。

资产阶级民主革命分为两个阶段:旧民主主义革命时期(1840~1919年)和新民主主义革命时期(1919~1949年)。

比较新旧民主主义革命:

时期	资产阶级民主革命任务	领导阶级	指导思想	革命目标
旧民主主义革命	反侵略反封建	资产阶级	三民主义	资产阶级共和国
新民主主义革命	反侵略反封建	无产阶级	马克思主义	社会主义

(4)中国思想领域发生变化

“向西方学习”的新思潮萌发。新思潮实质是向西方学习,寻求强国御辱之道。

二、开眼看世界

1. 背景:(1)外国资本主义迅速崛起,对中国的冲击日益加剧。

(2)清王朝被迫打开大门,与西方世界的联系也相应扩大。

(3)先进中国人寻求强国御侮之道。

(4)西学逐步传入。

2. 代表:(1)林则徐:编译《四洲志》一书,比较系统地介绍了世界五大洲30多个国家的地理分布及历史变迁概况,开了中国近代由爱国而研究、学习西方的先河,被称为近代中国“开眼看世界的第一人”。

(2)魏源:编写成《海国图志》一书,明确提出“师夷长技以制夷”的思想。

3. 实质:向西方学习,寻求强国御侮之道。

4. 评价:(1)研究与介绍世界在知识界中蔚然成风,“开眼看世界”的思想发展成一股社会思潮。

(2)为抵御外侮、谋求民族与国家独立自强而探究、学习西方,逐渐成为中国近代的思想主流。

(3)揭开了向西方学习的序幕。

三、近代中国社会经济结构的变动及近代工业的曲折发展

1. 近代中国自然经济逐步解体

(1)原因:鸦片战争后外国商品的冲击。西方列强通过不平等条约,扩大对华侵略。根本原因是工业文明对农业文明的冲击。

(2)表现:农业与手工业分离(耕织分离);农民和手工业者破产;农产品商品化。

(3)影响:①鸦片战争使中国的社会经济发生了根本性变化,冲击着中国传统的自给自足的小农经济。中国逐渐依附于世界资本主义体系,沦为列强的商品市场和原料产地。②导致中国社会结构发生变化,买办阶层兴起。③客观上有利于商品经济发展和民族工业兴起。

2. 洋务运动与洋务企业

(1)兴起:19世纪60～90年代,清政府内部的有识之士认识到学习西方先进技术的重要性,发起洋务运动。洋务运动包含创办军事、军用企业;办新式学堂;创办北洋、南洋、福建三支海军舰队;派遣留学生等。

(2)目的:自强、求富,挽救清朝统治危机。

(3)性质:地主阶级的自救运动。

(4)洋务企业的概况:

类型	口号	代表人物	代表企业	特征	评价
军用企业	自强	曾国藩	安庆内军械所	第一家官办企业	近代工业的起步 存在弊端,制约发展
		李鸿章	江南制造总局	当时国内最大的官办军用企业	
民用企业	求富	李鸿章	开平煤矿	第一个使用机械开采的煤矿	分洋利,提供廉价原料,促进其他工业的发展
		李鸿章	轮船招商局	近代第一家轮船航运公司	

(5)结果:甲午中日战争中国惨败,宣告洋务运动破产。

(6)评价:①存在种种问题,未能真正达到“自强”“求富”的目的。

②引进西方科技,中国近代工业从此起步,是中国近代化的开端,对中国早期现代化起了重要推动作用。

③洋务运动对抵御外国资本主义经济侵略有一定作用。

④刺激了中国民族资本主义工业的产生。

(7)洋务运动失败的根本原因:只学西方技术,不学西方制度。根本目的是维护清王朝封建统治。

四、太平天国运动

(一)太平天国运动爆发的原因

1. 阶级矛盾尖锐(根本原因)。

2. 外国侵略加剧了矛盾(客观原因)。

3. 自然灾害激化了矛盾(直接原因)。

(二)太平天国运动的经过

1. 前期:金田起义—永安封王建制—定都天京,颁布《天朝田亩制度》—北伐、西征

2. 后期:天京变乱—提拔青年将领,提出《资政新篇》—后期防御—天京陷落

(三)太平天国的纲领

1. 前期:《天朝田亩制度》

(1)主要内容:

①土地分配原则:天下田,天下人同耕,无处不均匀。分配方法:以户为单位,按人口分配,不论男女。

②产品分配原则:人人不受私,物物归上主。分配方法:每户只留口粮,其余归国库。

(2)目的:建立“四有二无”的理想天国。

(3)评价:

①要求废除封建地主土地所有制,具有反封建的革命性。

②绝对平均主义不切实际,具有空想性。

③绝对平均主义也不利于社会的前进和发展;维护的还是小农经济,与近代发展资本主义的历史潮流相违背,具有落后性。

2. 后期:《资政新篇》

(1)主要内容:学习西方,发展资本主义;在平等基础上同各国自由通商,进行文化交流等。

(2)评价:是先进的中国人最早提出的在中国发展资本主义的设想。但当时中国的社会实际不具备实施的条件,未能实行。

(四)太天平国运动失败的原因

主观原因:农民阶级的局限性。客观原因:中外反动势力的联合绞杀。

启示:近代农民阶级不是先进生产力的代表,不能领导中国革命取得胜利。

(五)太平天国运动的作用和意义

1. 太平天国运动是几千年来农民反封建斗争的最高峰。

2. 时代赋予它反侵略的新任务。

3. 后期提出学习西方、发展资本主义的设想,是时代赋予的新内容。

4. 在中国的民族资本主义和资产阶级产生之前,农民阶级承担起了反封建反侵略的民主革命任务,揭开了中国民主革命的序幕。

(六)与以往的农民起义相比,太平天国运动的新特点

1. 时代背景新:中国开始沦为半殖半封社会。

2. 起义原因新:有本国封建剥削,又有外国侵略加剧了矛盾。

3. 担负任务新:反封建同时反侵略。

4. 起义理论新:利用外来宗教发动农民反封建。

5. 治国方案新:发展资本主义方案《资政新篇》。

6. 失败原因新:中外反动势力联合绞杀。

五、第二次鸦片战争(鸦片战争的继续和扩大)

1. 根本原因:进一步打开中国市场。

2. 发动者:英法发动,美俄帮凶。

3. 侵略时间:1856～1860 年。

4. 签订条约:

(1)1858 年《天津条约》:外国公使进驻北京;增开沿海沿江 10 处通商口岸;外国军舰、商船可以在长江各口岸通航;外国人可以在中国内地游历、通商、传教;清政府赔偿英法两国军费各 200 万两白银,赔偿英商损失费 200 万两白银。

(2)1860 年《北京条约》:清政府承认《天津条约》继续有效;增开天津为商埠;割九龙司地方一区给英国;对英法两国的赔款各增至 800 万两白银。

5. 影响:使中国丧失大片领土,主权受到更加严重的侵害;清政府开始被列强控制,中外反动势力公开勾结,共同镇压中国人民的反抗;中国半殖民地半封建化的程度加深了。

重点难点

如何理解近代西方列强侵略对中国社会造成的深远影响?

(1)从世界范围看,列强殖民侵略实质上体现了西方国家以资本主义生产方式征服世界、改造世界的过程,为西方资本主义的发展提供了原料产地和销售市场;但同时也充当了历史不自觉的工具。因此,列强侵华有双重使

命：一是破坏性使命，即摧毁旧的亚洲式的社会；二是建设性的使命，即在亚洲为西方式革命奠定物质基础。

(2)从主观动机看，列强不希望中国成为独立的近代化国家，因而千方百计地压制中国民族工业的发展，阻挠和破坏中国社会向前发展。从客观上看，列强的侵略一定程度上推动了中国政治、经济、思想文化的近代化。

易错易混

1. 对“半殖民地半封建社会”的理解不能简单地理解为一半是殖民地，一半是封建社会，也不能理解为政治上是殖民地性质，经济上是封建性质。

“半殖民地”和“半封建”都包含有政治、经济和文化的内涵。“半殖民地”在政治上是指丧失了部分而不是全部的独立自主权；在经济上是指中国逐渐被卷入资本主义世界市场，沦为资本主义国家的原料产地和商品销售市场；在文化上则表现为“西学东渐”。“半封建”是指在政治、经济、文化方面既保存了封建主义，又发展了资本主义。

另外，“半殖民地半封建”是专有名词，注意顺序不能颠倒。不应出现“半封建半殖民地”的字眼。

2. 1856 年太平天国天京变乱不是偶然的，从某种意义上来讲是历史的必然。农民阶级是小生产者的代表，不代表先进的生产力，不可避免地具有落后性、分散性、自私性等特点。他们没有先进的革命纲领和科学理论的指导。因而，天京变乱的悲剧，偶然性中包含着历史的必然。

3. 太平天国运动爆发的根本原因是阶级矛盾的激化，而不是民族矛盾的尖锐。

4.《天朝田亩制度》和《资政新篇》分别是太平天国的建国纲领和治国方案，但最后都没有实行。根本原因：《天朝田亩制度》在于其落后性和空想性，《资政新篇》在于无社会基础。

5. 由于外国的经济侵略，中国无产阶级的产生早于中国资产阶级的产生，这是一个特例。(19 世纪 40 年代在通商口岸的外国企业中，最早出现了中国无产阶级，而中国民族资产阶级产生于 19 世纪 60～70 年代的民族资本主义企业中)

6. 对鸦片战争后自然经济完全解体理解的误区：

自然经济也称“小农经济”，表现为农耕和家庭手工业相结合，自给自足，主要满足自我消费和基本生存条件，具有封闭性、保守性和滞缓性，缺少活力。

鸦片战争前，中国封建社会虽已产生资本主义萌芽，但自然经济仍占统治地位。鸦片战争后，中国自然经济逐步破产。这主要表现为：西方资本主义国家利用各种特权疯狂地向中国倾销商品和掠夺原料，使中国卷入资本主义世界市场；中国农产品日益商品化，破坏了农业和家庭手工业相结合的小农经济结构。

自然经济发展趋势是逐渐走向衰落解体。但整体而言，其瓦解是一个长期的过程。直到新中国成立前夕，自然经济仍占主导地位。

7. 林则徐是近代中国"开眼看世界的第一人"，但他对西方的了解并不深入，只是开研究、学习西方之先河。

历史概念

1. 闭关锁国政策：是指清王朝严格限制和禁止对外交往和贸易的政策。

2. 半殖民地半封建社会："半殖民地"是指丧失了部分而不是全部的国家主权，政治上受到帝国主义国家的控制和奴役，但仍保持着国家主权形式上的独立和自主的"外壳"形象，经济上受其掠夺和剥削。"半封建"是指封建社会开始或已经解体，但又未完全解体；资本主义近代工业产生和发展，出现了多种经济形式并存的局面；同时，出现了新的阶级，即资产阶级和无产阶级，这是代表社会进步的物质力量。"半殖民地"和"半封建"都有政治、经济和文化的内涵。

3. 领事裁判权：是指帝国主义国家侨民不受居留国法律管辖的特权。主要内容是：该侨民在居留国犯罪，或成为民事诉讼的被告时，只由其本国在居留国的领事或法庭依其本国法律审理。

4. 片面最惠国待遇：是指一国的通商、航海、税收或公民法律地位方面给予另一国享受现实或将来所给予任何第三国同样的一切优惠、特权或豁免等待遇，此称"最惠国待遇"。最惠国待遇的取得必须有条约和根据。最惠国待遇一般是相互的，缔约双方在平等互利的基础上相互享受最惠国待遇。但在有些不平等条约中，往往只片面规定一国享受最惠国待遇，而另一缔约国则无对等权利，因而是片面的。

5. "拜上帝教"：又称"太平基督教"，是中国太平天国领袖洪秀全吸收基督教教义、糅合中国儒家大同思想、农民平均主义思想而成立的特殊基督教组织。

第二节　中国半殖民地半封建社会的形成(1860～1901年)

阶段特征

从19世纪60年代至20世纪初，是中国近代旧民主主义革命发展的第二个阶段，这40多年历史呈现出的阶段特征是中国半殖民地半封建社会的完全形成。它体现在以下两个方面：一方面列强侵华加剧，出现边疆危机、中法战争、中日战争和瓜分狂潮，中国社会进一步沉沦，半殖民地半封建社会最终形成；随之，中华民族以维新变法和义和团运动为主的救亡高潮兴起。另一方面，中国民族资本主义产生，民族资产阶级登上历史的舞台，为救亡图存，发展资本主义，实行维新变法。中国社会的经济结构、阶级结构、政治领域的抗争探索发生重大变动，中国的近代化进程进一步发展，半封建社会逐渐形成。整体而言，中华民族和外国资本主义之间的民族矛盾是当时中国社会的主要矛盾。

本单元的重大史实可分为两条主线加以归类。

第一条线索：伴随着列强侵略的加剧，中国半殖民地社会最终形成。其过程是：

(1)19世纪60年代，中外反动势力勾结，出现暂时“和好”局面，清政府为适应外国侵略者的需要建立了总理衙门。

(2)19世纪90年代开始，世界主要资本主义国家从自由资本主义阶段过渡到垄断资本主义阶段，加紧对中国的侵略。①日本发动甲午战争，中国战败被迫签订《马关条约》，中国半殖民地化程度大大加深。甲午战争后，列强在中国掀起割地狂潮和资本输出的竞争，中国面临被瓜分的危机。②美国提出了“门户开放”政策，不但扩大了其侵华势力，而且还暂时形成了宰割中国的同盟。③1901年帝国主义国家虽绞杀了义和团运动，但也认识到“瓜分”为“下策”，于是通过《辛丑条约》的签订，转而完全操纵清政府实行间接的殖民统治，中国半殖民地社会最终形成。

(3)半封建社会的形成体现在清政府政策的调整(19世纪60～90年代的洋务运动；甲午战争后放宽对民间设厂的限制，促成了资本主义的初步发展)。中国民族资本主义的产生和发展。中国的社会经济结构发生了变化。

第二条线索：抗争与探索。面对列强的侵略和瓜分，中国社会各阶级、各种政治力量都作出了反应。

(1)地主阶级洋务派以“自强”“求富”为旗号，掀起洋务运动，创办了近代工业，虽未能实现富国强兵的目的，但对外国的经济侵略起了一定的抵制作用，也开启了中国近代化的历程。

(2)民族资产阶级作为新的政治力量登上历史舞台后，掀起维新变法运动，但如昙花一现，很快夭折。

(3)无产阶级诞生早、来源广、革命性强，虽然尚未形成独立的力量，但仍不断开展斗争。

(4)农民阶级反侵略斗争风起云涌，义和团运动最终被中外反动势力联合绞杀，但打破了帝国主义瓜分中国的迷梦。

(5)清朝统治者既破坏了维新变法运动，又勾结帝国主义镇压了义和团运动。从此以后，以推翻清政府为主要目标的资产阶级民主革命在全国迅速兴起。

主干知识

一、中体西用的产生

1. 背景：第二次鸦片战争后，中国面临内忧外患形势。

2. 代表：奕䜣、曾国藩、李鸿章、张之洞等。

3. 主张：“中学为体，西学为用。”“师夷长技以自强。”(中学，中国传统文化；西学，西方文化，主要指近代科学技术)

4. 目的：巩固清政府统治。

5. 实践：19 世纪 60～90 年代“师夷长技以自强”的洋务运动兴起。

6. 评价：为西学在中国更广泛地传播奠定了基础，对中国教育制度的改革起了促进作用；但甲午中日战争的失败使“中学为体、西学为用”的思想失去了原有的意义。

二、洋务运动——中国民族资本主义产生的原因之二

1. 背景：面临内忧外患。

2. 重要目的：利用西方先进技术，维护清朝封建统治。

3. 时期：19 世纪 60～90 年代。

4. 口号：“师夷长技以自强。”

5. 代表人物：中央：奕䜣；地方：曾国藩、李鸿章、左宗棠、张之洞。

6. 活动：(1)前期兴办军事工业(以“自强”为旗号)；(2)后期兴办民用工业(以“求富”为旗号)；(3)筹划海防；(4)创办新式学堂、派遣留学生等。

7. 失败标志：甲午中日战争。

8. 积极作用：(1)引进了西方资本主义国家的一些近代科学技术，培养了一批科技人员和技术工人；(2)在客观上既刺激了资本主义的发展，又对外国经济势力扩张起了一定的抵制作用；(3)对本国封建经济的瓦解也起到了一定的促进作用。

三、中国民族资本主义的产生

1. 时间：19世纪六七十年代。

2. 分布地区：东南沿海地区。

3. 代表企业：发昌机器厂、继昌隆缫丝厂、贻来牟机器磨坊。

4. 原因：列强入侵瓦解自然经济；外商企业丰厚利润的刺激；洋务派的诱导。

四、甲午中日战争

1. 背景：(1)根本原因：日本明治维新后走上资本主义发展道路，形成对外扩张政策。

(2)主要原因：1890年日本爆发经济危机，社会动荡，政局不稳。

(3)导火线：朝鲜东学党起义。

2. 经过：

(1)爆发：1894年7月，日本在朝鲜半岛海域丰岛海面偷袭清军运兵船。

(2)决战：9月，黄海决战。

3. 结果：中国战败。1895年，清政府被迫接受《马关条约》，是继《南京条约》之后危害最为严重的不平等条约。

4.《马关条约》内容及危害：

	内容	危害
割地	中国割让辽东半岛、台湾全岛及其附属岛屿、澎湖列岛给日本	中国主权和领土完整遭到进一步破坏
赔款	赔偿日本军费2亿两白银	巨额战争赔款使国家财政不堪重负，不得不举借外债
开埠	开放重庆等四处通商口岸	列强侵略势力深入到中国腹地
建工厂	允许日本在华设厂	外国资本的挤压，严重阻碍着中国民族资本主义的发展

5. 甲午战争的影响:

(1)对中国:①危害(如上表通过条约内容逐一分析)。

②中国国势艰危,民生凋敝,中华民族陷入极其深重的危机。

③为挽救统治危机,清王朝进行军事改革。

④中国知识界和各阶层民众展开救亡图存的斗争。

(2)对列强:俄德法“干涉还辽”,拉开了列强瓜分中国狂潮的序幕。此后,列强竞相在中国划分势力范围,严重破坏了中国的主权。

(3)对日本:促进了日本资本主义的发展。

五、中国民族资本主义的初步发展

1. 时间:甲午战争后(19 世纪末 20 世纪初)。

2. 原因:(1)清政府放宽对民间设厂的限制,设立商部,奖励工商。

(2)社会上兴起实业救国的热潮。

(3)中国人民收回利权运动的促进。

3. 代表:涌现出张謇、荣宗敬、荣德生等一批实业家;棉纺织业发展迅速。

4. 结果:受到外国资本主义和清政府的阻碍,步履维艰。

5. 影响:中国资产阶级力量壮大并登上政治舞台,领导了戊戌变法和辛亥革命等。

六、维新变法思想

(一)历史背景

1. 国际局势:表明发展资本主义已是大势所趋。

2. 民族危机:列强瓜分中国狂潮导致中华民族空前危机。德国强占胶州湾;俄国强占大连、旅顺;法国强租广州湾;英国强租“新界”和威海卫。

3. 经济基础:中国民族资本主义初步发展。

4. 阶级基础:民族资产阶级作为新的政治力量登上历史舞台。

5. 思想基础:早期维新思想对戊戌变法起到一定的思想先导作用。

(1)代表:王韬、冯桂芬、郑观应等。

(2)主张:①认为依靠新式枪炮舰船和洋务企业,不能使中国富强。

②实行君主立宪制度,进行自上而下的政治改革。

③加强国防,抵抗列强入侵,维护国家主权和民族独立。

④发展民族工商业,与西方国家进行“商战”。

(3)局限影响：没有形成完整的理论，也没有付诸实践，但它对戊戌变法起到一定的思想先导作用。

(二)维新变法经过

1. 宣传维新思想：维新运动的兴起

(1)著书立说：康有为、梁启超、严复：

	康有为	梁启超	严复
代表作	《新学伪经考》《孔子改制考》	《变法通议》	翻译赫胥黎《天演论》、亚当·斯密《原富》
思想	借孔子传播西方政治学说，宣传变法的必要性	阐述变法图存道理，宣扬"民权论"	用进化论阐述君主立宪取代君主专制的必要性
特点	把西方资本主义的政治学说同传统的儒家思想相结合	民权思想动摇君主专制的神圣性和永恒性	借进化论思想来阐述维新变法
影响	在晚清思想界产生巨大影响，梁启超称之为"火山大喷火"	推动维新运动的发展	为维新变法奠定坚实的基础，康有为称他为"中国西学第一人"
维新思想	挽救民族危亡；发展资本主义；兴民权、设议院、实行君主立宪制；进行维新变法		

(2)进行论战：维新派与顽固派：

①原因：维新思想的发展引起了顽固势力的恐慌与仇恨，双方展开了一场激烈的论战。

②内容：a. 要不要实行维新变法。

b. 要不要改封建专制制度为君主立宪制度。

c. 要不要改革封建的教育制度。

③性质：是中国新兴的资产阶级与没落的封建地主阶级在思想上的首次交锋。

④作用：论战进一步开阔了知识分子的眼界，解放了思想，也为下一步政治斗争作了舆论准备和思想先导。

(3)上书皇帝：公车上书：

①背景：丧权辱国《马关条约》的签订。

②时间、人物：1895年4月，康有为、梁启超。

③内容：拒和、迁都、练兵、变法。

④影响：公车上书使维新思潮发展成爱国救亡的政治活动，揭开了维新变法的序幕。

(4)创办学会、报纸、学堂：

①报纸:康梁等在北京创办《中外纪闻》;梁启超曾任上海《时务报》主笔,严复在天津创办《国闻报》。

②学会:康梁 1895 年在北京成立强学会。

1898 年,康有为成立保国会,提出"保国、保种、保教",预示着维新高潮的即将来临。

③学堂:广州的万木草堂(康有为),后长沙的时务学堂。

④作用:起到了启发民智、组织力量和制造舆论的重要作用,维新思想得到广泛的传播。

2. 百日新政:维新变法的高涨

(1)康有为两次上书:

①康有为 1897 年上书:

a. 背景:1897 年,德国强占胶州湾,中国面临被列强瓜分的危险。

b. 内容:历陈民族危机的严重性和维新变法的紧迫性。

c. 影响:最终引起光绪帝重视。

②康有为 1898 年上书:《应诏统筹全局折》

a. 原因:康有为第一次受皇帝之命提出具体变法措施。

b. 意义:成为资产阶级维新派施政纲领。

(2)光绪帝百日维新:

①标志:1898 年 6 月 11 日,光绪帝颁布《定国是诏》(也是变法的宣言书),实行变法,史称"戊戌变法"。

②时间:1898 年 6 月 11 日到 9 月 21 日,共 103 天,史称"百日维新"。

③内容及评价:

	内　容	进步性和局限性
政治	允许官民上书言事、裁冗员等	进步:有利于资产阶级参政;精简机构,提高效率 局限:没有涉及实行君主立宪等政治主张
经济	投资厂路开矿产,奖励农工商业发展等	进步:有利于资本主义发展,有利于增加财政收入 局限:没有触动到封建土地所有制
军事	裁汰旧军、精练陆军、扩建海军等	进步:有利于加强军队战斗力,抵抗外来侵略
文教	废八股、准许办报馆、学会等	进步:有利于西学的传播,有利于培养维新人才,有利于资产阶级知识分子参政议政

④政策:

a. 对办事不力者严惩不贷;

b. 提拔维新派人士;

c. 急颁诏令。

3. 戊戌政变:维新变法的失败

(1)失败标志:1898 年 9 月的戊戌政变。

(2)失败原因:

①以慈禧太后为首的顽固派的破坏。

a. 破坏原因:维新变法触动了封建顽固势力的利益。

b. 破坏表现:一是对政令敷衍塞责,不予执行。二是罢免翁同龢的职务;控制人事任免权;提拔亲信荣禄,控制京津地区。

②民族资产阶级的软弱妥协。

a. 采取改良的办法把希望寄托在没有实权的皇帝身上。

b. 对外国侵略者和本国封建势力抱有幻想。

c. 脱离了广大人民群众。改革者急于求成,缺乏政治经验,树敌太多。

(3)根本原因:在半殖民地半封建的中国,民族资本主义发展不充分,资产阶级维新派力量过于弱小,封建顽固势力十分强大。

(4)概况:

①将光绪帝囚禁于中南海瀛台,逮捕并杀害了谭嗣同等六人,史称"戊戌六君子"。

②新政中除京师大学堂等保留外,其余全部被废除。

(5)教训:资产阶级改良道路在半殖民地半封建的中国是行不通的。

(三)维新变法的历史意义和性质

1. 历史意义

(1)维新变法是一场政治改革运动,以变法图强,表现出强烈的爱国热情,激发了人民的爱国思想和民族精神。(爱国性)

(2)维新变法是资产阶级变革社会制度的初步尝试,试图实行君主立宪制,有利于民族资本主义的发展,符合历史发展的趋势。(进步性)

(3)维新变法是一次思想解放潮流。提倡新学,主张兴民权,抨击封建思想文化,促进人民觉醒。(启蒙性)

2. 性质

既是一场救亡图存的爱国运动,也是一次思想解放的启蒙运动,又是资产阶级的改良运动。

七、八国联军侵华战争

1. 背景:①列强企图瓜分中国,变中国为他们的殖民地。

②19 世纪末,义和团运动兴起,斗争矛头指向外国侵略者。

2. 经过：

①1900 年 6 月，列强以“救护驻华使馆，助中国剿匪”为借口，在西摩尔率领下从天津进犯北京。

②1900 年 8 月，八国联军攻陷北京，慈禧太后携光绪帝逃往西安，指令李鸿章和奕劻与八国联军议和。

3. 结果：1901 年，清政府被迫签订《辛丑条约》(见下表)。

内容	危害
清政府赔偿各国白银 4.5 亿两，分 39 年还清，本息共计 9.8 亿两，以关税、盐税作抵押	加深了中国人民的苦难，中国的税收被列强操纵控制
在北京设立使馆区，允许外国驻兵保护	在北京设立的使馆区成为列强侵华的大本营
准许各国驻守北京至山海关铁路沿线战略要地	严重侵犯了中国主权
惩办“首祸诸臣”	清政府成为“洋人的朝廷”，中国半殖民地半封建社会完全形成

重点难点

1. 近代中国沦为半殖民半封建社会的主要进程和列强在侵华过程中呈现出的特点。

(1)主要进程

①1840～1842 年的鸦片战争及其后的《南京条约》，中国开始沦为半殖民半封建社会。

②1856～1860 年的第二次鸦片战争以及《天津条约》《北京条约》的签订使中国半殖民半封建化程度加深。

③1894～1895 年的中日甲午战争以及《马关条约》的签订，大大加深了中国社会半殖民地半封建化程度。

④1900～1901 年的八国联军侵华战争以及《辛丑条约》的签订，使中国完全沦为半殖民半封建社会。

(2)特点

①侵略国：从个别国家到列强竞相侵略。

②经济侵略特点：从商品输出为主到资本输出为主。

③政治侵略特点：从局部宰割到扶植代理人控制中国的内政外交。

2. 全面认识中国近代史上两次重大的农民运动：

	太平天国运动	义和团运动
背景	鸦片战争后阶级矛盾空前尖锐	帝国主义掀起瓜分中国的狂潮，民族危机空前严重
斗争对象	清政府和外国侵略者	主要是帝国主义侵略者
组织	有严密的组织和公认的领袖	组织松散，没有公认的领袖
持续时间及范围	持续时间长(14年)，波及范围广(大半个中国)	持续时间短，波及范围较小
革命纲领	有明确的革命纲领，斗争水平高，《天朝田亩制度》是几千年来农民反封建斗争的思想结晶	没有明确的革命纲领
外交思想	有平等的外交思想，后期提出了发展资本主义的方案——《资政新篇》	盲目排外，仇视一切外国事物
历史作用	动摇了清朝的统治基础；同时打击了外国侵略者	打击了帝国主义的嚣张气焰，粉碎了帝国主义瓜分中国的狂妄计划，在一定程度上推动了清王朝的改革

3. 全面认识“中学为体，西学为用”思想

(1)“中学为体，西学为用”(即“中体西用”)是洋务运动的指导思想。洋务派认为中国的传统文化是立国之根本，西方的先进科技是巩固根本的手段。这一思想的实质是在不触动封建制度的前提下，通过学习西方先进的科学技术，达到强化封建制度、巩固封建统治的目的。

(2)“中体西用”这一思想继承了林则徐、魏源的“师夷长技以制夷”主张，但是洋务派把西学的“用”嫁接到中学的“体”上，严重削弱了西学推动社会进步的作用，也决定了在此思想指导下进行30多年的洋务运动以破产告终的必然性。

4. 近代中国社会生活变迁的特征

(1)受西方文明影响深刻，经历了由被动接受到主动向西方学习的过程，具有半殖民地化色彩。

(2)随着近代中国社会经济、思想的变化而不断加深。

(3)地域之间存在着严重的不平衡。通商口岸和大城市变化明显，在偏远农村和内地则变化不大。

(4)实质上是中西文化的激烈碰撞，结果是中西文化逐渐融合，并且保留了中华民族的文化特色。

(5)有利于封建因素的消弭和促进中国社会的向前发展。

易错易混

1. 民族独立和中国的近代化是近代中国两大革命任务，二者的关系不能颠倒，因为没有民族独立就不可能有国家富强，而国家不富强，民族独立也就没有保障。在半殖民地半封建社会的中国，不实现民族独立和推翻封建主义，近代化是不可能真正实现的。

2. 近代化或现代化，不单指经济的工业化。近代化是工业化与工业化相伴的政治、思想文化等方面的变化，是指由农业社会向工业社会的变迁过程，其核心是经济的工业化和政治的民主化及思想文化的科学理性化。

3. “中国近代工业”中的“近代”不是指其产生和发展于近代历史时期，而是指其使用机器生产而非手工劳动。

4. 中国近代资本主义不是由封建社会末期的资本主义萌芽发展而来的，而是在外国资本主义入侵和洋务企业的刺激诱导下产生的。

5. 清政府放宽对民间设厂的限制，并不是为了发展资本主义，而是为了扩大税源、解决财政危机。

6. 洋务派是封建地主阶级的代表，而不是资产阶级的代表。

7. 洋务运动创办的民用企业，不是民族资本主义企业。

8. 坚持“中体西用”的不只是地主阶级洋务派，还有早期的资产阶级维新派。

9. 康有为借用孔子的权威来宣传变法，新文化运动则树起“打倒孔家店”的大旗，但二者的本质都是在宣传资产阶级思想文化。

10. 对抵抗派与洋务派的理解的区别：

抵抗派以林则徐为代表，洋务派以奕䜣、曾国藩、李鸿章等为代表，两派虽都属地主阶级的派别，但两者目的的侧重点不同。抵抗派主张“师夷长技以制夷”，即抵抗外来侵略，主要停留在思想领域著书立说，并没有真正意义上的实践活动；而洋务派则主张“师夷长技以自强”，即维护清朝统治，镇压人民反抗斗争，也含有抵御外侮的意图，有 30 多年的实践活动即洋务运动。

历史概念

1. 中体西用：是“中学为体，西学为用”的简称。所谓“中学”，指中国传统文化，特别是儒家的纲常名教；所谓“西学”，指西方文化，主要指近代科学技术。“中学为体”是强调以中国的纲常名教作为决定国家社会命运的根本；“西学为用”是主张采用西方资本主义国家的近代科学技术，维护清王朝的统治。

2. 民族工业:民族工业有广义与狭义之分。广义上,只要是中国人办的,都是民族工业,国营民营皆是民族工业;狭义上则只指民营资本所办企业,不含国营。民族工业一般指在我国近代半殖民地半封建社会时期民族资本所办的企业。

3. 中国近代工业:是指使用近代机器生产的工业,包括洋务企业和民族资本主义工业。

4. 实业救国:指中国近代史上主张以兴办实业拯救中国的社会政治思想。其产生于洋务运动时期,盛行于辛亥革命和五四运动前后,代表人物有张謇等。

5. 湘军:是晚清时对湖南地方军队的称呼,也称“湘勇”。曾国藩是湘军的创始者,他将湖南各地团练整合成湘军,形成了书生加山农的独特的体制,成为镇压太平天国的主要军事力量。

6. 大陆政策:也称“大陆经略政策”,是日本自明治维新后,“不甘处岛国之境”,立足于用战争手段侵略和吞并中国、朝鲜等周边大陆国家的对外扩张政策,是日本近代军国主义的主要特征和表现。

7. 资本输出:是资本主义国家的政府、资本家或垄断集团为了获得高额利润或利息对国外进行的投资或贷款。有两种基本形式:一种是在国外直接投资办厂或与当地政府、个人合营企业,叫作生产资本输出;另一种是政府、银行或企业贷款给外国政府或私人,叫作借贷资本输出。

第三节　中国半殖民地半封建社会的深化（1901～1912 年）

阶段特征

概而言之这一阶段是半殖民地半封建社会的深化阶段。一方面中国半殖民地社会逐渐深化:在《辛丑条约》签订后,列强侵华政策从“瓜分”转为“以华制华”,先后扶植清王朝、袁世凯等作为殖民工具,民族矛盾和阶级矛盾正式合流(此时突出体现为国内阶级矛盾)。另一方面,中国半封建社会进一步深化:清王朝的“新政”和“立宪”,既加速了辛亥革命的爆发,也客观上有利于中国政治的近代化;辛亥革命虽然由于主客观各种原因导致失败,但推翻了封建君主专制制度,正式建立了资产阶级共和国,使民主共和的观念深入人心,使中国的政治近代化达到高峰。

1. 半殖民地化程度加深

(1)列强调整对华侵略政策。《辛丑条约》签订后,列强的侵华政策从“瓜分”转为“以华制华”,通过扶植清政府等工具,加强了政治、经济等方面的对华侵略。

(2)清王朝和北洋军阀政府的卖国。清王朝垮台后,统治中国的北洋军阀政府打着“民主共和”的招牌,对内镇压、对外卖国,中国的统治更为黑暗。

以上说明在民族矛盾和阶级矛盾合流后,民族压迫的本质是阶级压迫,因此这个时期的中外民族矛盾表现形式为广大人民与清政府和北洋军阀的阶级矛盾。

2. 半封建化程度加深

(1)清政府的新政和预备立宪,客观上有利于中国近代化。新政主观目的是取悦于列强、遏制革命形势和消除统治危机,有其反动性。新政的本质具有封建落后性,仍未超出“中体西用”范畴。但新政的客观影响有其进步性,在经济、政治、军事、教育上多少也奠定了中国近代化的一些基础。只是在维护封建专制制度的前提下进行改革,毕竟不是新的生产关系和上层建筑,难免走入绝境。新政的实际作用有其背离性。从直接影响看,它没能挽救危机,反而促成了革命形势的高涨。从根本影响看,派遣的留学生成为反清民主革命思想的传播者;编练的新军成为武昌起义的主力;奖励实业,促进了资本主义发展,不仅为辛亥革命提供了经济基础和阶级基础,而且还从根本上瓦解了封建经济的基础。

(2)辛亥革命推翻了封建专制统治。革命的失败再次证明,在半殖民地半封建的中国,资产阶级不能完成反帝反封建的任务,中国革命的发展呼唤新的领导阶级和革命道路。

主干知识

一、挽救封建专制统治的“预备立宪”

(一)“清末新政”(1901～1905年)

1.“清末新政”的背景

(1)八国联军侵华,《辛丑条约》签订,使民族危机、社会矛盾进一步加深。

(2)清政府面临的统治危机。

2.“新政”的目的:对外取媚洋人,对内笼络人心,以维持清廷的专制统治。

3. 主要措施

(1)官制:改总理衙门为外务部,居六部之首。

(2)兵制:编练新军等。

(3)学制:废科举,设新式学堂,派遣留学生等。

(4)经济:鼓励民族工商业的发展等。

4. 评价

(1)有一定进步性,但没有跳出“中体西用”的局限,没有涉及政治制度的变革。

(2)实行过程中大量增加捐税,激化了矛盾,激起人民的反抗,革命运动日益高涨。

(二)“预备立宪”(1905~1911 年)

1.“预备立宪”的目的:为遏制革命,维护封建专制统治。

2.“预备立宪”的历程:1905 年派五大臣考查“宪政”、1906 年宣布预备立宪、1907 年设资政院咨议局、1908 年颁布《钦定宪法大纲》,到 1911 年“皇族内阁”的出台。

3.“预备立宪”的实质:借“立宪”之名继续加强封建专制集权,遏制革命形势发展。

4.“预备立宪”的后果:立宪派分化,汉族官僚离心,清朝专制统治陷于空前孤立境地。

二、三民主义

(一)历史背景

1. 政治社会状况:中国是半殖民地半封建社会,19 世纪末 20 世纪初,中国民族危机的加深,各种改良方案失败(中体西用、维新变法)。

2. 经济阶级条件:民族资本主义初步发展,民族资产阶级登上历史舞台,以孙中山为代表的革命派选择了革命道路。

3. 主观条件:1895 年,广州起义失败,孙中山流亡国外,一边攻读资产阶级革命理论,一边考查西方社会政治,大大丰富了民主革命思想。

(二)三民主义的提出

1. 提出:1905 年“中国同盟会”成立。《中国同盟会总章》中明确提出十六字纲领:“驱除鞑虏,恢复中华,创立民国,平均地权。”1905 年在《民报》的发刊词上,阐发为三民主义,即民族主义、民权主义、民生主义,是辛亥革命的指导思想。

2. 内容：

名称	政治纲领	基本内容	三者关系和局限
民族主义	驱除鞑虏 恢复中华	用革命手段推翻帝国主义支持的清朝统治	民族主义是三民主义的前提，但没有明确提出反对帝国主义(民族革命)
民权主义	创立民国	推翻封建帝制，建立资产阶级共和国	民权主义是三民主义的核心，政治革命的根本(政治革命)
民生主义	平均地权	核定全国地价，现有地价归原主所有，革命后因社会进步所涨的地价归国家所有，由国民共享	民生主义是补充和发展，但没有彻底的土地革命纲领(社会革命)

3. 评价：积极方面：三民主义是一个比较完整的资产阶级民主革命纲领。表达了资产阶级在政治、经济上的利益和要求，也反映了中国人民要求民族独立和民主权利的共同愿望，推动资产阶级革命的发展。

局限：没有明确提出反对帝国主义，没有彻底的土地革命纲领。不可能完成反帝反封建的民主革命任务。

(三)三民主义的实践

①指导辛亥革命，建立中华民国。

②颁布《中华民国临时约法》，确认国家主权属于国民全体。

③孙中山维护民主共和的斗争：二次革命、护国运动、两次护法运动。

三、辛亥革命

(一)辛亥革命的酝酿和爆发

1. 辛亥革命的酝酿(基础)

(1)经济基础：甲午战争后，民族资本主义初步发展。

(2)阶级基础：民族资产阶级队伍的壮大。

(3)思想基础：资产阶级民主革命思想广泛传播；孙中山提出了三民主义(十六字纲领)，成为辛亥革命的指导思想。

(4)组织基础：资产阶级革命团体纷纷成立，在此基础上中国同盟会成立(第一个资产阶级革命政党，中国革命有了统一的领导中心)。

(5)军事基础：革命党人发动了一系列武装起义；人民群众掀起收回利权和保路运动。

2. 辛亥革命的爆发：武昌起义(1911 年 10 月 10 日)—湖北军政府成立—各省宣告独立

（二）辛亥革命的成果

1.《临时政府组织大纲》

(1)背景：武昌起义成功，筹建南京临时政府。

(2)时间：1911年12月2日。

(3)内容：规定了政府的组织构成和职权划分原则。

(4)意义：①中国历史上第一次以法律形式宣告废除封建帝制，建立民主共和制度。

②是南京临时政府成立的法律依据。

(5)缺陷：没有规定人民的基本权利，没有充分体现“三权分立”原则，对司法权的规定极为单薄。

2. 南京临时政府的成立（1912年1月1日）

3.《中华民国临时约法》（1912年3月11日）

(1)目的：将民主理念转变为法律性文献；（直接目的）限制袁世凯，以维护革命成果。

(2)《临时约法》对《组织大纲》进行的修订。

①政府组织形式：改总统制为责任内阁制。

②权力关系：扩大参议院权力与总统抗衡。

③制宪：规定严格的修改宪法程序，以防《临时约法》被破坏。

(3)《临时约法》的主要内容：

①关于国家制度和主权（性质）：“主权在民”原则；体现维护领土完整的国家意志，如“中华民国领土为二十二行省，内外蒙古、西藏和青海”。

②关于公民的权利和义务：原则：“天赋人权”“自由、平等、博爱”。

③关于国家的政治体制。

a. 立法权：由参议院行使。

b. 行政权：临时大总统、副总统和国务员行使。

c. 司法权：法院行使。

(4)关于《临时约法》的性质：第一部资产阶级共和国宪法。

(5)历史地位：

①第一次以宪法的形式规定了“主权在民”的基本原则，并用法律方式赋予了国民民主权利，彻底否定了封建君主专制制度。

②直接反映了辛亥革命的伟大成果，代表了当时中国社会发展的进步方向。

③促进平等自由思想的普及、人民民主意识的觉醒。

④促进了资本主义经济的发展，推动了中国宪政运动及政治民主化的

进程。

(6)历史局限性：

①对实现人民的基本权利以及维护责任内阁制缺乏相应的制度措施进行确实的保障，以致约法成为一纸空文。

②现实需要的因人立法(改总统制为责任内阁制)，一定程度上带有人治主义色彩，损害了立宪的严肃性。

(三)辛亥革命的结局和意义

1. 列强干涉革命的方式和步骤

(1)准备武装干涉中国革命

原因:列强不希望中国实行西方式的民主政治，更担心辛亥革命会威胁其在华的实际利益；另外，对中国人民的革命采取仇视和镇压的政策是帝国主义国家的一贯做法。

(2)“严守中立”，积极扶植代理人

①列强改变对华策略的原因

一方面是帝国主义认识到，公开干涉难以达到阻止革命的目的；另一方面由于当时正值一战前夕，帝国主义国家之间矛盾重重，很难协调行动。

②列强选袁世凯做代理人的原因

a. 袁世凯的政治、军事实力与野心。

b. 袁世凯能够保护列强在华利益。

c. 袁世凯得到封建势力的支持。

③列强向革命政权施加压力

a. 军事:加强在华军事力量。

b. 外交:拒不承认中华民国与南京临时政府。

c. 财政:拒绝将海关税收等款项交给南京临时政府。

2. 袁世凯篡夺革命果实(成功因素)

主要有四个方面的因素:一是帝国主义的支持，对南京临时政府采取军事威胁、外交军事威胁、外交孤立和经济封锁；二是国内革命政权中的立宪派和旧官僚的进攻；三是孙中山等革命党人的软弱妥协；四是袁世凯个人的权术和阴谋，如指使段祺瑞等采取逼宫、宣布共和等行为。

2. 辛亥革命的历史意义

(1)辛亥革命的功绩

它是中国近代史上伟大的资产阶级民主革命；推翻了清王朝，结束了两千多年的封建君主专制制度，建立了资产阶级共和国，客观上打击了帝国主义侵略势力，为中国民族资本主义的发展创造了条件；使民主共和的观念深入人心。

(2)局限性

没有明确提出反帝;没有发动广大人民群众;没能改变中国半殖民地半封建的社会性质,没能完成反帝反封建的中国革命任务。

重点难点

1. 全面理解辛亥革命的成败

(1)辛亥革命成功说:辛亥革命是中国近代史上一次伟大的反帝反封建的资产阶级民主革命,它推翻了清朝的封建反动统治,结束了两千多年君主专制政体,建立了资产阶级共和国,颁布了资产阶级共和国性质的《临时约法》,使人民获得了一些民主和自由权利。从此,民主共和观念深入人心。辛亥革命也打击了帝国主义在中国的殖民统治,为中国民族资本主义的发展创造了有利条件。之后,中国资本主义有了一定发展。

(2)辛亥革命失败说:辛亥革命的任务是反帝反封建,辛亥革命没有完成这个任务。没有解决土地问题,没有赶走侵略者、废除不平等条约,没有改变中国半殖民地半封建社会状况,辛亥革命的胜利果实最后又被袁世凯窃取,中国仍然为帝国主义和封建主义所统治。

(3)既成功又失败说:从辛亥革命推翻两千多年的君主专制政体的直接结果来看,这一目标达到了,可以说革命是胜利了;从它没有改变中国半殖民地半封建社会的状况,没有完成反帝反封建的任务的最终结果来看,它又失败了,所以革命"尚未成功"。

2. 中国近代史上的三次思想解放潮流:

	时间	背景	宣传手段	特点	内容	备注
维新变法思潮	19世纪末	甲午战争后,民族危机加深;民族资本主义初步发展	创办报刊,成立学会,同顽固派展开论战等	将维新变法思想与传统儒家思想相结合	主张设议院,兴民权,实行君主立宪,抨击封建信条	是资产阶级思想同封建思想的正面交锋
民主共和思潮	1894～1912年	清政府成为洋人的朝廷;民族资本主义进一步发展;出国留学生显著增加	创办报刊,成立革命团体和政党,发表文章,与保皇派进行论战等	重在政治领域,批判封建思想,宣传革命主张,没有解决农民的土地问题	提倡三民主义	使资产阶级民主革命思想得到进一步传播

续表

	时间	背景	宣传手段	特点	内容	备注
新文化运动	1915～1919年	袁世凯尊孔复古的倒行逆施；民族资本主义的快速发展；启蒙思想的传播	创办报刊，发表文章等	空前彻底地批判封建思想与旧伦理道德	提倡民主、科学、新道德、新文学；反对专制、愚昧、旧道德和旧文学	动摇了封建正统思想的统治地位，使人们的思想得到空前解放

易错易混

1. 清王朝与中华民国政权的本质区别在于清王朝是封建君主专制政权，中华民国是资产阶级民主共和国。中华民国的建立体现了从专制到民主、从人治到法治的转变，推动了中国的政治民主化进程。

2. 三民主义思想并不是完美的，而是有其局限性的。民族主义未明确提出反帝，民权主义未将整个地主阶级作为革命对象，民生主义未解决农民的土地问题。

3. 辛亥革命推翻了清王朝的统治，结束了中国两千多年的封建君主专制制度，但并未结束中国半殖民地半封建的社会性质。

4. 近代前期三次运动(太平天国、义和团、辛亥革命)性质：太平天国运动是农民阶级反封建反侵略的革命运动；义和团运动是农民阶级的反帝爱国运动；辛亥革命是一次伟大的反帝反封建的资产阶级民主革命。

历史概念

1. 新军：清末编练的近代化陆军。开始筹建于 1894 年；甲午战争后由袁世凯接办，改称“新建陆军”；1903 年清朝在中央设练兵处；1905 年练兵处制定陆军军制，各省设督练公所，将新军的编练推行于全国。

2. 立宪派：即 20 世纪初，随着“新政”和“预备立宪”而崛起的资产阶级上层及其政治代表所组成的政治派别，以张謇、梁启超等为代表，主张在中国实行宪政。

3. 清末新政(又称“庚子新政”)：是清朝末年的一场经济和政治体制改革运动，也是中国现代化的重大事件之一。1900 年，庚子事变爆发，八国联军入侵首都北京，慈禧太后下令和谈，接受八国联军提出的《辛丑条约》，此举对中国打击甚大，因此朝廷保守派主动进行变法。1901 年，在慈禧太后的默许下，满清政府进行改革，但改革内容多与 1898 年的戊戌变法雷同。

第四节　北洋军阀统治时期(1912～1928 年)

阶段特征

北洋军阀是近代由封建主义与帝国主义双重扶植下崛起的特殊政治军事集团。北洋军阀统治的时期是中国历史上最黑暗的时期之一，它的反动统治使辛亥革命带给人们的希望迅速破灭。但随着中国民族资本主义的迅速发展，中国无产阶级队伍成长壮大起来。在十月革命的影响下，马克思主义开始在中国传播，这一切预示着旧民主主义革命在中国即将结束，新民主主义革命条件日益成熟。因此这一时代特征是充满了进步与反动、光明与黑暗之间的激烈搏斗，而进步终将战胜反动，光明终将取代黑暗。这一时期，中国社会的基本矛盾是中国人民同帝国主义支持的北洋军阀的矛盾，革命的中心任务是打倒列强和北洋军阀，完成反帝反封建的革命任务。其突出特点是国共合作，建立革命统一战线。

1. 政治上：(1)袁世凯窃取革命果实后，对内实行专制独裁，大搞复辟称帝活动，践踏民主共和制；对外出卖国家主权，依靠帝国主义，逐渐建立起北洋军阀的反动独裁统治，最终走向失败。

(2)以孙中山为代表的资产阶级革命派从受蒙蔽到逐渐清醒，进行了一系列的反专制、复辟、维护民主共和的斗争。

(3)五四运动标志着中国新民主主义革命的开始。中国共产党是马克思主义与中国工人运动相结合的产物。国共两党实现第一次合作，发动国民革命运动，基本上推翻北洋军阀的统治，但最终在国民党右派进攻下失败。

2. 经济上：民族资本主义在一战期间获得短暂发展，“实业救国”成为时代的潮流(19 世纪已提出)，民族资本主义的发展为向新民主主义革命的转变奠定了物质基础和阶级基础。“短暂的春天”从正反两方面证明了帝国主义的侵略是民族资本主义发展的最大障碍。

3. 思想文化上：西学和资产阶级思想得以进一步传播，与政治上反封建斗争相适应，出现了反对封建思想的新文化运动。

主干知识

一、北洋政府

1. 时间:1912～1928 年。

2. 成立:1912 年 3 月 10 日袁世凯在北京就职中华民国临时大总统。这标志着中华民国史上北洋政府统治的开始。

3 历程:袁世凯统治时期(1912～1916 年)、皖系军阀统治时期(1916～1920 年)、直系军阀统治时期(1920～1924 年)、奉系军阀统治时期(1924～1928 年)。

二、民族资本主义的短暂春天(一战期间)

1. 时间:民国初期,特别是一战期间(1914～1918 年)。

2. 原因:

(1)辛亥革命为我国民族资本主义的发展扫除了一些障碍。

(2)"实业救国"思想和群众性的反帝爱国运动的影响。

(3)北洋政府较为宽松的经济政策,使得资本主义工商业得以继续发展。

(4)一战期间列强暂时放松了对中国的经济侵略。

3. 表现:纺织业、面粉业、卷烟业等轻工业迅速发展,重工业和化学工业获得一定发展,范旭东被称为中国化学工业的代表人物。

4. 影响:为民主革命的发展奠定了社会基础;促使中国无产阶级队伍壮大,为新民主主义革命的到来和中国共产党的成立奠定了阶级基础。

5. 特点:发展时间短暂;地区分布不合理(集中于东南沿海地区);部门结构不合理(纺织和面粉等轻工业发展迅速,重工业有一定程度的发展)。

三、新文化运动

(一)新文化运动的兴起

1. 历史背景:

(1)经济:一战期间,中国民资主义进一步发展,民族资产阶级队伍壮大。资产阶级强烈要求在中国实行民主政治。

(2)政治:袁世凯窃取辛亥革命果实后,废除临时约法,实行专制,准备复辟帝制;帝国主义加紧侵略中国,民族危机严重。

(3)思想文化:辛亥革命后,民主、自由、平等等人文精神得到进一步传

播，民主共和思想深入人心。但袁世凯掀起尊孔复古逆流，旧思想旧道德卷土重来。（直接原因）

2. 兴起概况：

(1)标志：1915 年陈独秀在上海创办《青年杂志》，发表《敬告青年》，倡导民主科学。

(2)代表：陈独秀、李大钊、胡适、鲁迅等。

(3)阵地：《新青年》（原《青年杂志》，第二期起改为此名）。

(4)活动基地：北京大学。

主要原因：北大校长蔡元培的“兼容并包，百家争鸣”方针，推动新思想在北大传播。

(4)口号：“民主”“科学”（德先生、赛先生）。

（二）新文化运动主要内容

1. 前期——四个提倡，四个反对

(1)提倡民主（民主思想和民主制度），反对专制。

(2)提倡科学（近代自然科学法则和科学精神），反对愚昧、迷信。

(3)提倡新道德，反对旧道德（儒家传统道德思想），提出“打倒孔家店”口号。

(4)提倡新文学，反对旧文学。

①文学革命的开始：1917 年胡适发表《文学改良刍议》，倡导文学形式——白话文；陈独秀发表《文学革命论》，倡导文学革命，反对封建内容。

②典范：鲁迅《狂人日记》（最早）、《孔乙己》把反封建内容和白话文形式有机结合，成为新文学的典范。

2. 后期新发展——十月革命后，李大钊首先在中国宣传马克思主义。

（三）新文化运动的影响

1. 实质：前期是资产阶级新文化反对封建旧文化的斗争，是一场思想解放运动。

2. 进步性：它动摇了两千多年的封建正统思想。它解放了人们思想，民主和科学得到弘扬，为马克思主义传播奠定基础；推动了自然科学的发展。

3. 局限性：“五四”之前的新文化运动局限于知识界；全盘否定传统文化和全盘肯定西方文化。

四、马克思主义传入中国

1. 首倡：1918 年，李大钊在《新青年》上发表《法俄革命之比较》《庶民的胜利》《布尔什维主义的胜利》——第一次举起社会主义大旗。

2. 发展：

(1)五四运动促进马克思主义的传播。

①李大钊出版了《马克思研究专号》，其中包括他的《我的马克思主义观》，比较全面地介绍马克思主义。

②各地还出现一批研究马克思主义的社团，一批马克思主义的经典著作翻译出版(1920 年的《共产党宣言》)。

(2)劳动节纪念活动扩大马克思主义的传播。

1920 年新青年等刊物出版劳动节纪念专号，各地举行五一劳动节纪念活动，提高工人觉悟，扩大马克思主义的传播。

(3)共产党早期组织的宣传(意义：这些宣传促进了马克思主义与工人运动相结合)。

①党的理论刊物《新青年》《共产党》宣传马克思主义理论。

②出版《劳动界》《劳动者》《劳动音》《工人周刊》和办补习学校、识字班等向工人宣传马克思主义。

五、先进知识分子选择了马克思主义

1. 背景：

(1)五四运动后，马克思主义成为中国思想界的强大潮流。

(2)那时传入中国的还有无政府主义等非马克思主义观点，先进知识分子进行认真研究比较，认为马克思主义才能解决中国的问题，选择了马克思主义。

2. 先进知识分子成为马克思主义者：陈独秀、毛泽东、邓中夏、蔡和森、瞿秋白、周恩来等。

3. 实践——建立中国共产党：中共“一大”(1921 年 7 月 23 日)：组织上建党。

中共“二大”(1922 年 7 月)：思想上建党，制定民主革命纲领。

六、五四运动

1. 五四运动爆发的根本原因：中华民族危机加深。

导火线：巴黎和会上中国外交的失败。

2. 经过

阶段	时间	中心	主力	主要斗争形式	结果
第一阶段	1919年5月4日～6月5日	北京	学生	罢课、游行	初步胜利：释放被捕学生；罢免曹汝霖、章宗祥、陆宗舆；拒签和约
第二阶段	1919年6月5日以后	上海	工人阶级	工人罢工、学生罢课、商人罢市	

3. 历史意义

(1)五四运动是彻底的反帝反封建的爱国运动，是伟大的思想解放运动。

(2)青年学生在运动中起了先锋作用，中国无产阶级开始登上政治舞台并发挥了主力军作用，具有初步共产主义思想的知识分子成为领导者。

(3)扩大了马克思主义的传播，促进马克思主义与中国工人运动的结合，为中共的诞生奠定基础。

(4)标志着中国新民主主义革命的开端。

六、中国共产党的成立

1. 中国共产党成立——中共"一大"

(1)历史条件：

①经济与阶级基础：民族资本主义发展，无产阶级力量壮大并作为独立的政治力量登上历史舞台。

②思想基础：马克思主义传播。

③组织基础：中国各地共产党早期组织的建立。

a. 1920年8月，陈独秀在上海成立第一个共产党早期组织，以《新青年》为机关刊物。

b. 1920年10月，李大钊等人在北京成立了共产党早期组织。

c. 武昌、长沙、广州等地也相继建立共产党早期组织。

④国际条件：十月革命的影响，共产国际的帮助。

(2)召开：1921年7月23日，中共"一大"在上海法租界召开，最后一天移至浙江嘉兴南湖的游船上举行。

(3)内容：

①通过《中国共产党纲领》。

规定：党的名称为中国共产党；党的性质是无产阶级政党；党的奋斗目

标是推翻资产阶级，建立无产阶级专政，废除私有制，直至消灭阶级差别。（最高纲领）

②成立中央局：陈独秀为书记，张国焘负责组织工作，李达负责宣传工作。

补充说明：中共“一大”制定的革命纲领是不符合当时中国社会实际的，因为当时中国的北洋政府并非资产阶级政权，所以中共首先应该推翻的不是资产阶级政权，而是北洋军阀及其靠山帝国主义国家。因此，1922 年召开了中共二大，在分析了中国国情后，制定了新的符合中国实际的民主革命纲领：打倒列强除军阀！

(4)历史意义：

中共是一个新型的无产阶级政党，以马克思主义为指导；以反帝反封建、实现社会主义为目标。代表工人阶级和中华民族的利益。第一次明确地提出了反帝反封建的革命纲领。

2. 中共“二大”

1922 年召开，将党现阶段（民主革命阶段）的奋斗目标修改为反对帝国主义、封建主义、军阀，建立民主共和国。（民主革命纲领，即最低纲领）

3. 工人运动

(1)领导机构：中国劳动组合书记部。

(2)高潮：以 1922 年香港海员罢工为起点，以 1923 年京汉铁路工人大罢工被镇压而告结束。

(3)认识：必须团结广大农民、民族资产阶级，建立统一战线，才能取得革命的胜利。

七、“新三民主义”思想形成——孙中山革命思想的飞跃

1. 原因

(1)经济：民族资本主义发展。

(2)政治：资产阶级力量壮大并登上政治舞台；中国半殖民地半封建社会程度进一步加深，民族危机日益加剧。

(3)思想：民主革命思想传播。

(4)教训：鸦片战争后的各种变法救国主张均以失败告终。

(5)孙中山：思想认识转变及努力，与时俱进的精神。

2. 思想渊源——多元的人类文化优秀遗产

(1)学习西方资产阶级政治理论，丰富了民主革命思想。他把民族、民权、民生等同于法国的“自由、平等、博爱”，类比成美国的“民有、民治、民

享”。

(2)民生主义思想深受中国传统思想的重要启迪，赞赏“天下为公”，把“大同”视作自己的“理想国”。

(3)信奉进化论、“单税社会主义”思想和《资本论》。

3. 基本内容：

	旧三民主义	新三民主义
提出	1905年，孙中山创建中国同盟会，提出“驱除鞑虏，恢复中华，创立民国，平均地权”的纲领	1924年，国民党一大召开，改组了国民党，确立了联俄、联共、扶助农工三大政策，重新解释了三民主义，明确了反帝反军阀的政治方向
民族主义	反对民族压迫，反对满洲贵族对中国的专制统治	对外反对帝国主义；对内反对民族压迫，中国境内各民族一律平等
民权主义	推翻君主专制政体，建立资产阶级民主共和国——中华民国，国民一律平等	授予一切反对帝国主义和封建军阀的个人及团体一切自由和权利
民生主义	解决以土地为中心的财富重新分配问题，平均地权	平均地权，节制资本，实行“耕者有其田”，改善农民和工人的生活状况
评价	积极方面：集中代表资产阶级政治、经济利益，反映了中国人民要求民族独立、民主权利和发展经济的共同愿望；推动了资产阶级民主革命的发展，建立起中国历史上第一个资产阶级共和国政府；指导制定了第一部资产阶级民主宪法——《中华民国临时约法》，对中国旧民主主义革命起到了重大推动作用 局限：没有明确提出反对帝国主义的要求，没有彻底的土地革命纲领	是指导国民革命的思想理论体系，具有鲜明的反帝反封建的革命性，成为中国新民主主义革命时期的政治纲领、国共两党和各革命阶级的统一战线的政治基础；联俄、联共、扶助农工三大政策是其核心，实现了国共合作，有力地推动了国民革命的发展

4. 地位

(1)三民主义学说是孙中山资产阶级民主革命思想的核心，具有鲜明的资产阶级民主革命的时代内容和浓厚的爱国主义民族特色。

(2)成为当时中国先进政治思想的主流和近代中国人民进行反帝反封

建及救亡图存革命斗争的纲领。

八、国共合作与国民大革命时期或第一次国内革命战争时期(1924～1927年)

1. 国共合作的实现

(1)国共合作的必要性:帝国主义和封建势力的反革命力量强大,使国共两党都无法单独战胜敌人。

(2)国共合作的可能性:以孙中山为领导的国民党是当时比较革命的政党;国共双方的革命纲领有相似之处。

(3)国共合作的条件:①共产党方面:认识到建立革命统一战线的重要性;中共"三大"决定与国民党合作。②国民党方面:孙中山的伟大转变。③外部条件:共产国际的推动。

2. 国共合作实现的标志:改组后的国民党一大的召开。(1924年1月,广州)

3. 国共合作的意义:推动了反帝反封建的国民大革命迅速展开。

4. 国民大革命的高潮——北伐战争

(1)北伐的条件:国民大革命运动高涨;国民政府和国民革命军的建立;广东革命根据地的巩固。

(2)目的:打倒帝国主义,推翻北洋军阀统治。(打倒列强除军阀)

(3)对象:吴佩孚、孙传芳、张作霖。

(4)结果:北伐战争胜利了,革命势力从珠江流域发展到长江流域。

(5)影响:推动了反帝反封建的国民革命运动的高涨。

5. 大革命的失败(1927年)

(1)"四一二"反革命政变(蒋介石)。

(2)"七一五"反革命政变(汪精卫)——国共合作全面破裂。

(3)南京国民政府成立和宁汉合流。

(4)大革命失败的原因及教训:

原因:
- 中外反动势力的联合破坏和镇压
- 国民党右派背叛革命
- 以陈独秀为代表的中国共产党和共产国际的右倾机会主义(投降主义)错误

教训:中共要掌握革命的领导权和建立革命武装

九、无产阶级思想的酝酿(国民革命时期1924～1927年)

1. 背景:国民革命时期,共产国际和以陈独秀为代表的中共中央妥协退让，压制工农运动，放弃对革命的领导权尤其是对革命武装的领导权（右倾错误），使中国革命遭受重大损失。

2. 著作：毛泽东《中国社会各阶级的分析》《湖南农民运动考查报告》等。

3. 内容：阐明无产阶级领导权思想、农民问题的重要地位和无产阶级领导农民斗争的极端重要性。

重点难点

1. 对中国近代思想解放潮流的学习，要抓住三大特征、四个阶段

（1）三大特征：一是近代中国人学习西方、寻求变革的思想主题是为了中国的独立、民主和富强，学习西方与抵制侵略、启蒙和救亡相结合，体现了强烈的反封建反侵略性质；二是近代中国人学习西方是一个由浅入深、由表及里、由“器物”到“制度”再到“思想文化”不断深化的历程；三是中国人对西方文化的认识经历了一个由被动接受（如新思想的萌发、洋务运动）到主动选择（例如辛亥革命）的过程，最终中国共产党选择了马克思主义作为拯救国家、改造社会的思想武器。

（2）四个阶段：从鸦片战争到甲午战争，地主阶级学“器物”；从戊戌变法到20世纪初，资产阶级学“制度”；1915～1919年，资产阶级学“思想文化”；从五四运动到新中国成立，中国共产党从“走俄国的路”到“走自己的路”。

2. 五四运动是中国新民主主义革命的开端

（1）从革命的领导阶级上看，五四运动中工人阶级登上了历史舞台，显示了巨大的力量；作为先进生产力的代表，无产阶级承担起了新民主主义革命的领导责任。

（2）从群众基础来看，五四运动启发广大人民觉悟，各阶级革命力量联合斗争，比辛亥革命有更广泛的群众基础。

（3）从革命的发展前途看，无产阶级在完成民主革命任务后，要把中国引向社会主义。

（4）从五四运动的影响看，五四运动后马克思主义的传播成为新文化运动的主流，为中国共产党的创立准备了条件。

（5）从世界革命范畴看，五四运动发生在十月社会主义革命之后，属于世界无产阶级革命的一部分。

3. 正确认识新旧三民主义的区别与联系：

	三民主义	新三民主义
提出的背景	社会状况——半殖民地半封建社会；阶级基础——资产阶级；思想转变——由社会改良转向用暴力手段反清	民主革命形势的发展；共产国际和中共的帮助；孙中山的思想发生重大转变
内容	民族主义(民族革命)，即“驱除鞑虏，恢复中华”；民权主义(政治革命)，即“创立民国”(核心)；民生主义(社会革命)，即“平均地权”	民族主义：中华民族自求解放，反对帝国主义侵略，中国境内各民族一律平等。民权主义：民权为一般平民所共有，凡真正反帝之个人及团体，均得享有一切自由及权利。民生主义：平均地权，节制资本，实行“耕者有其田”
实践	开展辛亥革命；制定《中华民国临时约法》	国共合作——国民革命运动的开展
评价	三民主义是比较完整的资产阶级民主革命纲领，集中反映了资产阶级对民主政治的追求和在中国发展资本主义的要求，反映了中国人民争取民族独立和实现国家富强的愿望，代表了时代前进的方向，推动了资产阶级民主革命运动的发展 局限性：没有明确提出反对帝国主义的要求，也没有彻底的土地革命纲领	和中国共产党的民主革命纲领的若干基本原则一致，是国共合作的基础和大革命时期的旗帜。实际上确立了“联俄、联共、扶助农工”的三大政策(解决了革命的依靠力量问题)，推动了国民革命运动的开展。 局限性：仍然属于资产阶级民主主义范畴

易错易混

1. 康有为借用孔子的权威来宣传变法，新文化运动提出“打倒孔家店”的口号，但二者的本质都是在宣传资产阶级思想文化。“打倒孔家店”，对反对尊孔复古，发展新文化具有进步意义；但这个口号全面否定了中国传统文化，是片面的和偏激的。

2. 宪法是制定普通法律的依据，是国家的根本大法，是政治民主化的重要标志。

20 世纪上半期中国历史上的几部宪法：

《钦定宪法大纲》是中国历史上第一个宪法性文件,清政府于 1908 年颁布。

《中华民国临时约法》是中国历史上第一部资产阶级性质的宪法,孙中山 1912 年在南京颁布。

3. 辛亥革命推翻了清王朝的统治,结束了中国两千多年的封建君主专制制度,但并未结束中国半殖民地半封建社会的历史,没有结束封建制度。

4. 维新派与革命派比较,二者都属于资产阶级的政治派别,但具体的主张和手段不同,维新派采用改良的手段,要求保留清王朝,实行君主立宪制;而革命派则要求推翻清王朝,建立资产阶级的民主共和制度;维新派反对用革命的手段革命派坚持用武装起义的手段。

5. 三民主义中的民族主义反对满洲贵族的统治;到了新三民主义才提出反对帝国主义。

6. 关于三民主义地位的认识:民族主义是革命的前提;民权主义是革命的核心;民生主义是革命的补充。

7. 五四运动没有取得彻底胜利,只是取得阶段性胜利(或初步胜利)。

8. 中共三大没有提出党对民主革命的领导权问题,但不等于中共没有参与领导国民革命运动。

9. 第一次国共合作的方式是党内合作(共产党员以个人身份加入国民党),而不是党外合作,也不是两党合并。第二次国共合作是党外合作。

10. 国民党一大讨论的是国民党改组问题,而不是国共合作问题。

11. 新三民主义并不等于三大政策,前者是纲领与目标,后者是方法与手段。

12. 新三民主义与三大政策的关系:新三民主义是革命纲领、具体的奋斗目标,三大政策是指导思想、方法、途径和具体方针。两者都是新民主主义革命时期资产阶级革命派的指导思想、政治纲领。三大政策是新三民主义的标志、灵魂;新三民主义充分体现出三大政策的精神;三大政策是新三民主义的实质内容,是孙中山民主革命思想的升华,符合中国民主革命的实际要求。

13. 北伐战争取得了胜利,而国民革命运动却失败了。失败指没有完成反帝反封建的任务。

14. 大革命是由国共两党共同领导的。大革命基本上推翻了北洋军阀的反动统治,但并没有推翻北洋军阀统治的基础。

历史概念

1. 新民主主义革命:是指殖民地半殖民地国家中的无产阶级领导的资

产阶级民主革命。中国的新民主主义革命是无产阶级领导人民大众反对帝国主义、封建主义、官僚资本主义的革命。

2. 马克思主义：是指马克思、恩格斯对哲学的观点、社会理论和社会政治学说。

3. 孔教：指孔子的学说主张。认为儒家的学说主张与佛、道一样，具有宗教性质，故称之为"孔教"。

第五节 国共十年对峙(1927～1937年)

(土地革命时期，第二次国民革命战争时期)

阶段特征

本阶段内容包括自1927年的南昌起义至1937年7月抗日战争正式爆发前十年左右的历史内容。大革命失败后，这一时期的国际背景和国内阶级关系发生了巨大的变化，日本和美国是争夺中国的主要对手，它们曾一度控制中国，随着日本加紧侵华，美日矛盾逐渐激化，美国逐渐由绥靖转向遏制。这样，中日民族矛盾上升为主要矛盾，抗日的民族战争提到首要地位。

(1)探索革命道路，工作重心转到农村。毛泽东在秋收起义部队攻打长沙失利后，在文家市决策，改向敌人力量薄弱的山区进军，接着创建井冈山革命根据地，点燃"工农武装割据"的星星之火，使中国革命找到了一条农村包围城市、最后夺取城市的道路。

(2)国民党军队集中主要力量"围剿"工农红军及其根据地，第五次反"围剿"斗争失利后红军被迫长征。

(3)遵义会议在事实上确立了以毛泽东为核心的新的党中央的正确领导。遵义会议是中国共产党走向成熟的标志，把马克思主义普遍真理同中国革命的具体实践相结合，独立自主地解决了党内尖锐复杂矛盾。

(4)由国共对峙到合作抗日。"九一八"事变后中日民族逐渐上升，面对日本侵华不断加剧和蒋介石推行"攘外必先安内"政策，中国共产党号召"停止内战，一致抗日"，建立抗日民族统一战线。西安事变的和平解决，揭开国共两党由内战到和平、由分裂对峙到合作抗日的序幕。

主干知识

一、南京国民政府(1927～1949年)

1. 建立时间：1927年4月。

2. 南京国民政府的性质：代表大地主大资产阶级的利益。

3. 国民党独裁统治的特征："保甲制度，一党专政，特务统治"三者的相互结合渗透。

二、中共领导的武装起义

1. 南昌起义：

(1)背景：吸取国民大革命失败的教训。

(2)时间：1927 年 8 月 1 日。

(3)领导人：周恩来、贺龙、朱德、叶挺、刘伯承。

(4)意义：打响了武装反抗国民党反动派的第一枪，标志着中共独立领导武装斗争、创建革命军队和武装夺取政权的开始。

2."八七"会议：1927 年 8 月 7 日，在汉口召开。

(1)主要内容：清算了陈独秀的右倾错误；确定了开展土地革命和武装反抗国民党的总方针；决定发动秋收起义。

(2)影响：给处于紊乱和涣散中的中国共产党指明了前进的方向。

3. 秋收起义：1927 年 9 月，毛泽东领导(由进攻长沙转向井冈山，创建井冈山革命根据地)。

三、土地革命

1. 土地革命方针的确定："八七"会议

2. 土地革命的准备：秋收起义

3. 土地革命实践的开始：井冈山革命根据地的创建

4. 理论基础："工农武装割据"思想
- 土地革命(基础)——民主革命的基本内容和中心任务
- 武装斗争(关键)——民主革命的斗争形式
- 根据地的建设(保障)——民主革命的基地和依托

(1)著作：《中国的红色政权为什么能够存在》《井冈山的斗争》《星星之火，可以燎原》。

(2)内容："工农武装割据"思想，以农村包围城市，最后夺取全国政权(井冈山的道路)。

5. 意义：打破了以城市为中心进行武装起义夺取政权的俄国革命模式，是马列主义普遍原理同中国革命的具体实践相结合的创举，是毛泽东思想产生和形成的主要标志。

四、中共领导的革命力量的发展

1. 武装力量:红军等力量不断增强。

2. 根据地的发展:从井冈山根据地到全国十几块根据地。

3. 军事斗争:粉碎国民党的三次围剿(1930 年 10 月～1931 年冬)。

4. 政权建设:1931 年冬中华苏维埃共和国临时中央政府成立(与国民党的南京国民政府对峙)。

五、红军长征

1. 直接原因:第五次反"围剿"失利(根本原因:"左"倾错误)。

2. 长征经过

(1)长征开始(1934 年 10 月)和初期情况。

(2)转折点:遵义会议(1935 年 1 月)。

①主要内容:否定了从第四次反围剿以来,以博古为首的错误的军事路线,成立了由毛泽东、周恩来、王稼祥组成的三人军事指挥小组,负责长征中的军事指挥工作。确立了以毛泽东为核心的新的党中央的正确领导和毛泽东在红军和党中央的领导地位。

②重大意义:遵义会议结束了王明"左"倾机会主义路线在党中央的统治,确立了以毛泽东为代表的新的中央正确领导,这次会议是中国共产党第一次独立自主地运用马克思列宁主义基本原理解决自己的路线、方针政策的会议。在极端危险的时刻,挽救了党和红军,是中国共产党历史上一个生死攸关的转折点,标志着中共由幼稚走向成熟。

(3)长征胜利:红军三大主力会师(1936 年 10 月)。

3. 长征的意义

(1)我军的主力保留下来。

(2)在长征途中传播我党的思想政策,播下了革命的火种。

(3)使我军转危为安。

(4)留下的人员日后成为我党的中流砥柱。

(5)为我军打下了群众基础。

(6)打击了国民党的嚣张气焰。

(7)形成了长征精神,对我国日后继续新民主主义革命及社会主义革命产生了重要影响。

六、民族资本主义的较快发展

1. 时间:国民统治前十年(1927～1936年)。

2. 原因:南京国民政府成立,推出一系列有利于国民经济发展的政策,如扶植民间轻工业、统一货币、关税自主等。

重点难点

近代前期中国主要的经济形式:

(1)封建自然经济:又称"小农经济",具有自足性、保守性、滞缓性等特点。对国内外资本主义经济具有抵制作用。

(2)外国资本主义经济:既瓦解着中国的自然经济,客观上又促进了中国民族资本主义经济的发展和近代化。

(3)洋务经济:对中国民族资本主义经济的产生起了诱导作用,也在一定程度上抵制了外国经济侵略。

(4)民族资本主义经济:是在外国资本主义经济入侵、中国自然经济逐步解体的过程中,由一些官僚、地主和商人投资兴建。

(5)官僚资本:是买办的、封建的国家垄断资本主义在中国的通称,实质是在不同政权下的国家资本主义,先是晚清洋务经济,后是南京国民政府时以四大家族为代表的官僚资本。除剥削产业工人外,还利用政治特权,通过滥发纸币、募借内外债、商业投机等方式,残酷掠夺广大劳动人民。在旧中国,它是在封建社会演变为半殖民地半封建社会的过程中产生和发展起来的,消亡于新中国成立初期的"没收官僚资本"措施中。

易错易混

1. 大革命是由国共两党共同领导的,而不是由国民党单独领导的。大革命基本上推翻了北洋军阀的反动统治,但并没有推翻北洋军阀统治的基础。

2. "左"倾与右倾是两个完全不同的概念。右倾主要表现为保守、妥协、退让;"左"倾往往以革命的面目出现,表现为急躁冒进、急于求成。两者都有危害性,尤其是"左"倾错误的危害性更大。

3. 中共领导的三大起义失败的最大教训是不根据本国国情,坚持"城市中心论",从中得到的最大启示是应该从城市转入农村,走具有中国特色的革命道路。

4. "九一八"事变后,中日民族矛盾开始上升,到了华北事变后,中日民族矛盾才上升为中国社会的最主要矛盾。

历史概念

1. 土地革命:是指新民主主义革命中,废除封建地主土地所有制、实现农民土地所有制的革命。这种革命斗争在国共十年对峙时期称“土地革命”,在人民解放战争时期和新中国成立初期,又称为“土地改革”。

2.“工农武装割据”:是毛泽东提出的关于中国革命新道路理论的一个科学概念。它是指在中国共产党领导下,以武装斗争为主要形式,以土地革命为中心内容,以农村革命根据地为战略阵地的三者密切结合。武装斗争是中国民主革命的主要斗争形式,是进行土地革命、巩固和发展革命根据地的最有力的工具;土地革命是中国民主革命的中心内容,农民是民主革命的主力军,满足了农民的土地要求,才能最广泛地动员和组织农民群众参加武装斗争,巩固和扩大革命根据地;农村革命根据地是中国民主革命的战略阵地,是开展土地革命、进行武装斗争的基础和依托。三者相辅相成,缺一不可,是有机的统一体。

第六节　中华民族的抗日战争(1937～1945 年)

(第二次国共合作时期)

阶段特征

从 1937 年 7 月至 1945 年 8 月,是中华民族的抗日战争时期。在这一时期,随着民族矛盾成为中国社会的主要矛盾,国共两党以党外合作为基础,在抗日民族统一战线旗帜下进行全民族抗战,最终中国人民取得抗战的最后胜利,为世界的反法西斯战争做出了重要贡献。

主干知识

一、全民族的抗战

1. 全民族抗战局面形成的原因

中日之间的民族矛盾成为中国社会的主要矛盾。

标志:1937 年 7 月 7 日,日本制造卢沟桥事变,这是日本帝国主义全面侵华的开始,也是中国全面抗战的开始。

2. 日本的侵略

(1)1937 年 12 月,南京大屠杀,细菌战、毒气战。

(2)采取“以华治华”的策略，建立汪精卫等伪政权进行殖民统治。

(3)在占领区推行“治安肃正运动”“治安强化运动”和“清乡运动”。

3. 全民族抗战局面的形成：国共第二次合作，抗日民族统一战线建立

1937 年 9 月 22 日，国民党中央通讯社发表了《中国共产党为公布国共合作宣言》。第二天，蒋介石发表讲话，事实上承认了中国共产党的合法地位。这标志着国共第二次合作的实现和抗日民族统一战线的正式建立。红军改编为八路军和新四军。

4. 全民族抗战的表现：国共联合抗日：

	战术	抗战路线	战绩	作用	地位	关系
国民党正面战场	正规战	片面抗战：单纯依靠政府军队	淞沪、太原、徐州、武汉会战	大片国土沦陷，但粉碎了日军三个月灭亡中国的计划	主战场	相互配合
共产党敌后战场	游击战	全面抗战：即人民战争路线，动员全民族一切力量	敌后抗日根据地	把抗战的后方变成抗日的前线	战场	

5. 抗日战争的相持阶段

(1)百团大战：1940 年，彭德怀领导。

(2)巩固抗日根据地。

①背景：日本对敌后抗日根据地进行“大扫荡”，国民党顽固派对根据地实行封锁，根据地出现极端困难局面。

②政策与措施：在民主政权中，团结抗日各阶级、阶层；经济上实行减租减息，开展大生产运动；思想上开展整风运动。

③意义：为抗战胜利奠定了基础。

(3)中国远征军入缅作战：1942 年，仁安羌战役等。

6. 抗日战争的反攻阶段

(1)中共“七大”：1945 年 4 月，在延安召开。

①背景：世界反法西斯战争和中国抗日战争胜利前夕。

②政治路线：放手发动群众，壮大人民力量，在我党的领导下，打败日本侵略者，解放全国人民，建立一个新民主主义的中国。

③意义：为争取抗战最后胜利和新民主主义革命在全国胜利作了重要准备。

(2)全民族抗战的胜利：

1945 年 8 月 15 日，日本无条件投降。

7. 全民族抗战胜利的原因

(1)中国的抗战是正义的反侵略战争。

(2)国共合作、建立抗日民族统一战线是根本保证。

(3)中共在统一战线中起了中流砥柱作用。

(4)正面战场和敌后战场上广大爱国将士英勇作战。

(5)国际反法西斯力量和爱国华侨的配合和积极支持。

8. 抗日战争胜利的伟大意义

(1)中国人民一百多年来第一次取得反对外来侵略斗争的完全胜利。

(2)增强了全国人民的民族自尊心和自信心。

(3)中国的抗日战争是世界反法西斯战争的重要组成部分，对世界反法西斯战争的胜利做出了重大贡献。

(4)中国的国际地位提高。

(5)抗战胜利后，中国收回宝岛台湾。

二、日军的滔天罪行

1. 抗战期间：南京大屠杀、潘家峪惨案、“731”部队等。

2. 战后贻害：遗留的化学武器伤人事件、靖国神社问题、历史教科书问题等。

三、民族资本主义发展的沉重打击

1. 时间：抗战爆发后。

2. 原因：

(1)沦陷区：来不及内迁的企业为日军所毁或被日军吞并。

(2)国统区：国民政府实施战时体制；官僚资本的垄断压制。

3. 表现：官僚资本的膨胀；民族资本的萎缩。

四、无产阶级思想的发展与成熟(土地革命战争后期至抗日战争时期：1935～1945 年)

1. 1940 年 1 月，毛泽东发表《新民主主义论》，标志着毛泽东思想的发展和成熟。(原因)它从中国革命的实际出发，确立了新民主主义革命总路线，解决了领导阶级、革命目标、革命前途等一系列重大问题。

2. 1945 年春，中共“七大”正式确立毛泽东思想为党的指导思想。

重点难点

1. 两次国共合作的比较

相同点：

(1)都发生在半殖民地半封建社会环境里，都面临共同的强大敌人。

(2)都是在中共的推动下、共产国际的积极促成下实现的。

(3)都经历了复杂的内部斗争，其焦点是阶级利益支配下的领导权问题。

(4)都大大推进了中国革命的发展。

不同点：

(1)背景不同：前者是封建军阀割据，阶级矛盾尖锐；后者是中日民族矛盾已成为最主要的社会矛盾，中华民族处于亡国灭种的生死关头。

(2)合作对象有异：前者是以孙中山为首的国民党，后者是以蒋介石为首的国民党亲英美派。

(3)政治基础不同：前者是新三民主义，后者是共同抗日。

(4)斗争对象不同：前者要打倒北洋军阀；后者要打倒日本帝国主义，赢得民族解放。

(5)合作方式不同：前者是党内合作，共产党员以个人身份加入国民党；后者是党外合作，双方各有自的军队。

2. 抗日战争的特点

(1)以国共合作为基础，形成全民族抗战的局面。

(2)抗日战争具有双重性，既是反法西斯战争，也是民族解放战争。

(3)始终存在以国共两党为代表的两个战场和两条不同的抗战路线。

(4)中国共产党在抗日战争中起了中流砥柱的作用。

(5)中国抗日战争以弱胜强，是中国人民近百年来第一次取得反对外来侵略斗争的完全胜利。

(6)随着二战中世界反法西斯联盟国家的形成，中国抗日战争逐渐与世界反法西斯战争联成一体。

历史概念

1. 抗日民族统一战线：中国共产党倡导的以工农为主体的、以第二次国共两党合作为基础、包括一切抗日阶级和阶层的广泛联盟。它是一个包括进步力量、中间力量和顽固力量在内的广泛的统一战线。

第七节　人民解放战争(1945～1949 年)

(第三次国内革命战争时期)

阶段特征

本阶段历史从 1945 年 8 月到 1949 年 9 月。第二次世界大战后,美国为了建立在世界的统治地位,全力支取蒋介石发动反共反人民的内战,中国共产党为了人民利益,在种种和平努力无效的情况下,使用人民解放战争的方式,夺取全国的胜利。经过三年多艰难曲折的解放战争,中国人民终于取得了新民主主义革命的伟大胜利。

主干知识

一、抗战胜利后中共为争取和平民主的斗争

1. 国民党"假和平,真内战"的策略

2. 重庆谈判与《双十协定》(1945 年 8～10 月)

(1)国共重庆谈判的原因:

国民党方面:一是国际国内的舆论压力;二是蒋介石尚未完成内战的全部准备工作,同时也为了欺骗民众。

共产党方面:为尽力争取和平,揭露美蒋假和平阴谋。

(2)重庆谈判结果:签订《双十协定》(1945 年 10 月 10 日)。

主要内容:和平建国,坚决避免内战,召开政协会议,保证人民权利。

(3)重庆谈判的意义:

(1)中共在政治上取得了主动,在人民面前表明了争取和平的诚意。

(2)国民党如果破坏协定、发动内战,在政治上就陷于被动地位。

(3)《双十协定》有利于实现政治民主与和平建国,保证了人民享有民主、自由的权利,是人民民主力量的胜利。

(4)中共向各界人士宣传、解释了自己的主张,扩大了影响,争取了广泛的同情和支持。

3. 政协会议的召开(1946 年 1 月 10～31 日)

(1)政协协议:改组国民政府、召开国民大会、实施和平建国纲领、整编全国军队、制定宪法。

(2)会议的意义:

(1)政协会议是中国近代史上一次十分突出的采取合法形式进行的斗争,是中国民主运动史上特殊而光辉的一幕。

(2)会议冲破了国民党一党专政的独裁统治,反映了广大人民实现民主政治与和平建国的意愿。

(3)会议所表现的协商精神和通过的协议,对中国民主政治的发展产生了深刻影响。

二、内战爆发和解放军的战略防御

1. 全面内战爆发标志:1946 年 6 月,国民党进攻中原解放区。

2. 解放军的战略防御阶段:解放军以歼灭敌人有生力量为目标,展开运动战,先后粉碎国民党的全面进攻和重点进攻。

三、解放军的战略反攻和决战

1. 解放军由战略防御转入战略反攻的原因

经过一年作战,敌我力量发生了重大变化,人民解放军具备了发起进攻的条件。

2. 人民解放军的战略反攻

刘、邓大军千里挺进大别山,揭开了战略反攻的序幕。

3. 战略决战

(1)三大战役:辽沈战役、淮海战役、平津战役。

(2)意义:基本消灭了国民党军队的主力,奠定了人民解放战争在全国胜利的基础。

四、新民主主义革命的伟大胜利

1. 北平和谈,1949 年 4 月。

2. 渡江战役与南京国民政府的覆灭。

3. 新民主主义革命胜利的意义:

(1)结束了中国近百年以来的屈辱的历史,迎来了一个独立自主的新中国。

(2)改变了世界政治格局,壮大了世界和平、民主和社会主义力量,鼓舞了世界被压迫民族和人民解放斗争的士气。

(3)新民主主义革命胜利也是马克思主义在中国的胜利,是马克思主义的普遍原理与中国革命实践相结合的毛泽东思想的胜利。

五、民族资本主义的萎缩

1. 时间：抗战胜利后。

2. 原因：

①蒋介石出卖国家主权。②美国商品的排挤。③官僚资本的排挤。④国民政府的苛捐杂税。

3. 表现：民族工业陷入绝境，工厂纷纷倒闭。

重点难点

1. 认识不同阶段西方列强侵华的不同特征

时间	侵华特征
1840～1894年	军事上以赤裸裸的武力侵华为主，经济上以商品输出为主、资本输出为辅。英国在侵华过程中占据明显优势地位
1894～1931年	在军事上和政治上，以“以华治华”为主（扶植傀儡政权），以武力侵华为辅；经济上，以资本输出为主、商品输出为辅
1931～1945年	以日本武力侵华为主，日本妄图独霸中国
1945～1949年	以美国政治侵略为主，美国干涉中国内战，奉行扶蒋反共政策；经济上，美国独占中国市场

2. 中国新民主主义革命胜利的主要原因

(1)有中国共产党的正确领导。

(2)有一支由党领导的革命军队开展武装斗争。

(3)有最广泛的革命统一战线，团结一切可以团结的人共同战斗。

(4)有马克思列宁主义和毛泽东思想作指导。

3. 中国新民主主义革命胜利的基本经验

(1)中国共产党之所以能够把中国革命引向胜利，是由于她坚持了马克思列宁主义的普遍真理同中国革命的具体实践相结合的正确方向。

(2)没有中国共产党的领导，就没有新中国。

(3)建立一个最广泛的革命统一战线是中国革命胜利的基础。

(4)在中国实行人民民主专政制度，是中国革命发展的历史必然。

易错易混

共产党领导下的根据地的名称辨析：

1.“革命根据地”，特指1927～1937年，中国共产党控制下的地区。由于这一时期，大部分革命根据地都建立了苏维埃政权，所以又被称作“苏区”（“苏维埃区域”的简称）。

2.“敌后抗日根据地”，主要指 1937～1945 年即抗日战争时期中国共产党领导和控制下的地区。“敌后”主要指这些根据地绝大部分位于敌人（日军）的后方；“抗日”则指明了这一时期根据地存在的目的和主要的作战任务。

3.“解放区”，是指人民解放战争时期中国共产党控制下的区域，以区别于国民党统治的区域（“国统区”）。

历史概念

1. 运动战：一种军事作战方式，依托较大的作战空间来换取时间移动兵力包围敌方，以优势兵力速战速决。一些军事评论家将这种战术效果简称为“在运动中消灭敌人”。

2. 歼灭战：是指全部或大部杀伤、生俘敌人，彻底剥夺敌人战斗力的作战。它不以攻城夺地为唯一目标，而是以歼敌有生力量作为主要目的，其主要特点是集中优势兵力，各个围歼敌人。

第三章　中国现代史

第一节　过渡时期(1949～1956 年)

阶段特征

本单元叙述的是从 1949 年中华人民共和国成立到 1956 年三大改造完成的历史。这个时期是中国共产党领导中国人民克服重重困难，巩固政权，恢复和发展经济，并建立起社会主义制度的时期。它又被称为“过渡时期”，即由新民主主义社会向社会主义社会的过渡。

主干知识

一、人民政协的召开和新中国的诞生

(一)新政协会议筹备会

1. 时间、地点：1949 年 6 月，北平。

2. 任务：负责起草共同纲领，拟订政府方案，全面展开筹建新中国政权工作。

(二)新政协第一届全体会议

1. 召开：1949 年 9 月，北平。

2. 大会主要内容：筹备新中国的成立。

选举了政协全国委员会和中央人民政府委员会。

通过了《共同纲领》(临时宪法)。

确定了：首都、国旗、国歌、纪年法。

3. 大会的意义：为新中国的成立作了重要准备。

4. 人民政协的性质和职能：

(1)性质：统一战线组织。

(2)职能：政治协商、民主监督；代行全国人民代表大会职能(至 1954 年 9 月)。

(三)中央人民政府第一次全体会议

1. 时间、地点:1949年10月1日,北京。

2. 内容:任命周恩来为政务院总理兼外交部长,以《共同纲领》为新政府的施政纲领。

(四)新中国成立的历史意义

1. 开创了中国历史的新纪元,标志着中国新民主主义革命的基本胜利,中国进入了人民当家作主的新时代。

2. 是马克思主义普遍原理与中国革命实践相结合的胜利。

3. 为中国的现代化发展扫清了障碍,开辟了新的道路。

4. 结束了半殖民地半封建社会的历史。

二、国民经济的恢复

1. 背景(原因):建国初严峻的经济形势:帝国主义的长期掠夺;国民政府和官僚资本的大肆搜刮;长期战争的严重破坏。

2. 措施:没收官僚资本,建立社会主义国营经济。稳定物价,统一财经。合理调整资本主义工商业,恢复发展工农业生产。

3. 成果:仅仅经过三年的时间,我国的工农业生产就超过了历史最高水平。

4. 意义:使新生的人民政权得到巩固,为进入一个大规模的有计划的经济建设阶段创造了良好的基础和有利的条件。

三、独立自主的和平外交方针

1. 建国初期新中国外交的根本方针:独立自主的外交方针。

产生背景:第二次世界大战后,形成了新的政治格局,即社会主义与资本主义两大阵营的对立和斗争。

2. 独立自主的和平外交方针主要包括:"另起炉灶""打扫干净屋子再请客""一边倒"。

3. 建国初的外交成就:建国一周年,同17个国家建立外交关系(包括英国、荷兰等);1950年与莫斯科签订《中苏友好同盟互助条约》。

四、"一五"计划(1953～1957年)

1. 背景:国民经济的恢复为其提出奠定了经济基础;现代工业基础薄弱,门类残缺不全。

2. 基本任务:集中主要力量发展重工业,建立国家工业化的初步基础;有步骤地对农业、手工业和资本主义工商业进行社会主义改造。

3. 特点：发展社会生产力与变革生产关系并举。

4. 成就：鞍山钢铁公司三大工厂、长春第一制造厂、沈阳机床厂和飞机制造厂等。

5. 意义：为社会主义工业化奠定了初步的基础。

五、社会主义改造(1953～1956年)

1. 农业与手工业

(1)原因：

①土地改革后实行的农民土地所有制是一种个体的土地私有制。这种个体经济分散、落后，很难抗拒自然灾害，也提供不了足够的商品粮。

②个体农民的土地所有制很不稳固，经常会出现贫富分化，导致农民出卖土地，使部分农民沦为贫农，部分农民则可能成为新的富农，使剥削关系重新出现。

③国家工业建设和城市发展需要大量粮食。个体农民生产的粮食易被粮商抢购和操纵，使国家征购粮食困难。个体农业难于适应国家工业化建设的需要。

(2)方针："积极发展，稳步前进。"

(3)原则：自愿互利的原则。

(3)方法：典型示范，逐步推广。

(4)过程：从临时的互助组发展到初级社，再发展到高级社的逐步过渡的形式。

2. 资本主义工商业

(1)形式方法：从低级国家资本主义的形式即统购包销、加工订货到高级国家资本主义形式即公私合营(两个阶段：从1954年个别企业公私合营到1955年全行业公私合营)。

(2)政策：赎买政策。

3. 实质：生产资料由私有制转变为社会主义公有制。

4. 积极意义：①用和平的方式顺利完成了生产资料私有制向公有制的社会主义改造，使我国进入社会主义初级阶段。②社会主义制度的建立，有利于我国有计划地集中国家的力量，调控国家经济建设，建设现代化的工业和国防。

5. 不足：在社会主义改造的后期，对农业、手工业和个体商业的改造，要求过急，工作过粗；对一部分工商业者的使用和处理不够适当，以致遗留了一些问题。

六、人民代表大会制度——政权组织形式

1. 目的:保障在政治上从新民主主义社会向社会主义社会顺利过渡,替代起临时宪法作用的《中国人民政治协商会议共同纲领》。

2. 颁布:1954 年第一届全国人民代表大会通过。

3. 内容:确立了我国的政治制度和政府组织原则;规定了人民的权利和义务;制定了社会主义革命和建设的方针政策,并将过渡时期总路线写入宪法中。

4. 性质:中国第一部社会主义类型的宪法。

5. 原则:人民民主原则和社会主义原则。

6. 意义:

(1)加强了人民民主专政,巩固了中国人民革命和建设的成果。

(2)反映了国家在过渡时期的根本要求,推动着新民主主义向社会主义过渡。1956 年底,社会主义制度在中国初步确立起来。

(3)提高了人民建设社会主义的积极性,为社会主义民主法制建设奠定了基础。

7. 我国的民主政治制度与西方的政治制度有哪些不同特点:

(1)西方:政党竞争,分权与制衡原则。

(2)我国:中共领导下的多党合作和政治协商;民主集中原则。

七、中共领导的多党合作和政治协商制度——政党制度

1. 确立和发展的历程:

(1)民主革命时期:民主党派与中共并肩战斗(基础)。

(2)1949 年 9 月:第一届中国人民政协会议召开(标志着初步建立)。

(3)1954 年以后:全国人大召开后,政协作为人民民主统一战线组织继续存在。

(4)1956 年以后:“长期共存,互相监督”八字方针和爱国统一战线(发展)。

(5)1982 年:“长期共存,互相监督,肝胆相照,荣辱与共”十六字方针和政党制度的进一步完善。

2. 政协的性质:统一战线。

3. 政协的职能:政治协商和民主监督。(1954 年第一届全国人大召开前代行全国人大的职能)

4. 我国实行政治协商制度的原因:

(1)历史原因:民主革命时期,民主党派与中共并肩合作战斗。

(2)现实原因:有利于团结、统一;有利于扩大民主;有利于科学、民主执政;有利于克服官僚主义;有利于廉政建设。

5. 特点:

(1)前提:多党合作是以坚持中共领导为前提。

(2)目标:服务于社会主义事业。

(3)关系:各民主党派和共产党共同参加国家政权和政府工作,不存在轮流执政的问题。

(4)地位:各民主党派得到宪法的承认和保护,享有宪法范围内的思想自由、组织独立和法律上的平等。

八、民族区域自治制度——民族关系

1. 原因:我国是一个统一的多民族国家,基于国情实施。

2. 含义:在国家统一领导下,实现全国各民族一律平等和各民族大团结,在一些少数民族聚居的地方实行区域自治,设立自治机构,行使自治权。

3. 依据:1949 年的《中国人民政治协商会议共同纲领》和 1954 年宪法先后作出明确规定。

4. 实施:设立内蒙古(1947 年)、新疆、广西、宁夏、西藏(1965 年)五大省级自治区。

5. 意义:少数民族实现了当家作主,加强了民族团结,促进了国家的全面发展,巩固了国家稳定和统一,促进了少数民族地区经济社会的发展。

九、和平共处五项原则的提出

1. 提出:1953 年 12 月,周恩来在接见印度代表团时,第一次提出和平共处五项原则,后来又有改动,改为“互相尊重主权和领土完整,互不侵犯,互不干涉内政,平等互利,和平共处原则”。

2. 和平共处五项原则的作用:①标志着新中国外交政策的成熟。②它是我国处理国与国之间关系、参与国际事务所遵循的一项基本原则。它为开创中国外交新局面奠定了基础。③它在世界上也产生了广泛而深远的影响,成为解决国与国之间问题的基本原则。

十、步入世界外交舞台

1. 建国初期的外交成就:(1)中苏等 17 个国家建交。(2)提出和平共处五项原则。(3)参加日内瓦会议。(4)参加万隆会议。

2. 为了和平解决朝鲜和印度支那问题，1954 年 4 月在瑞士的日内瓦举行会议。这是新中国首次以世界五大国之一的地位参加重要国际会议。

3. 1955 年 4 月万隆会议上，周恩来率中国代表团出席会议，这是第一次没有西方殖民主义国家参加的亚非国际会议，代表着国际舞台上一种新兴力量的崛起，具有重大历史意义。会上，周恩来鲜明地提出“求同存异”的方针，加强了中国同亚非各国的联系。

重点难点

1.《共同纲领》与 1954 年宪法的不同：

	不同点			
	背景	制定机关	体现原则	目的
《共同纲领》	推翻了国民政府，新中国成立前夕	中国人民政治协商会议	新民主主义	巩固民主革命成果，实行人民民主专政
1954 年宪法	人民政权得到巩固，经济得到恢复发展，“一五”计划的开展	全国人民代表大会	人民民主与社会主义	加强政治建设和法制建设，调动人民的积极性

2. 正确区分“另起炉灶”“打扫干净屋子再请客”“一边倒”

“另起炉灶”，就是不承认国民政府建立的一切旧的屈辱的外交关系，而要在新的基础上同各国另行建立新的平等的外交关系。其历史意义在于使我国改变了半殖民地的地位，在国际交往中独立自主。

“打扫干净屋子再请客”，是指先清除帝国主义在华的残余势力，取缔帝国主义在华的一切特权，然后再考虑与西方国家建交。其目的在于巩固新中国的独立与主权，为我国与世界各国建立平等互利的外交关系奠定基础。

“一边倒”，就是中国政府在外交上坚定地站在社会主义阵营一边，使新中国在保障人民革命胜利成果、捍卫和平以及维护独立与主权的斗争中，不致处于孤立地位。

3. 新中国成立初期在政治、经济、外交等领域对苏联的借鉴

(1)在政治方面：借鉴苏联高度集中的政治体制，我国形成了高度集中的政治体制。

(2)在经济方面：借鉴苏联的五年计划及优先发展重工业，借鉴苏联的农业集体化，我国对农业进行改造，建立农业合作社，把生产资料私有制改

造为生产资料公有制；在斯大林模式影响下，经过三大改造，我国建立起高度集中的计划经济体制。

(3)在外交方面：倒向社会主义阵营，实行“一边倒”政策。

易错易混

1. 新中国“过渡时期”的社会性质是新民主主义社会，而不是社会主义社会。

2. 新中国的成立标志着我国新民主主义革命的基本结束，而不是社会主义革命的结束。它是社会主义革命的开始，三大改造的完成标志着中国进入社会主义初级阶段。新中国的“过渡时期”不是从1953年开始的，而是从新中国成立开始，止于三大改造的完成。

3. 中华人民共和国的一项基本政治制度是中国共产党领导的多党合作和政治协商制度，而不是中国人民政治协商会议。中国人民政治协商会议是这一制度的重要机构。

4. 人民代表大会是我国国家权力机关，人民代表大会制度是政体，人民代表是我国国家权力机关的组成人员。

5. 规定中华人民共和国为社会主义国家的纲领性文件不是《共同纲领》而是1954年宪法。

6. 中国的民族区域自治不只是单纯的民族自治或地方自治，而是民族因素与区域因素的结合。

7.《钦定宪法大纲》是中国历史上第一个宪法性文件，清政府于1908年颁布。《中华民国临时约法》是中国历史上第一部资产阶级性质宪法，孙中山于1912年在南京颁布。《中国人民政治协商会议共同纲领》在当时起了临时宪法的作用，其临时宪法的职能终止于1954年宪法的颁布。1954年宪法是中国第一部社会主义类型的宪法。

8. 由周恩来总理首先提出的和平共处五项原则标志着中国外交政策的成熟，并逐渐成为国际社会所公认的解决国与国之间问题的基本准则。

9.“求同存异”方针中的“同”是指亚非国家团结一致共同反对殖民主义，谋求发展，而不是社会意识形态相同；“异”是指亚非国家的社会制度和建设道路不同。

10.“另起炉灶”“打扫干净屋子再请客”“一边倒”三者各有侧重。“另起炉灶”，不承认一切旧的屈辱的外交关系，而要在新的基础上另建新的平等的外交关系，这使中国在国际交往中建立起独立自主的对外关系，解决的问题是对外战略问题。“打扫干净屋子再请客”，即先清除帝国主义残余势力和取缔帝国主义在华的一切特权，然后再考虑与西方国家建交；“一边倒”，即坚定地站在社会主义阵营一边。后两者解决的是对外交往中的战术问题。

11. 区别“和平共处五项原则”与建国初“三大政策”的不同：

(1)从目的上看，三大政策以维护独立和主权为主，和平共处五项原则是为发展同所有国家的外交关系。

(2)从内容上看，和平共处五项原则超越了三大政策中意识形态和社会制度的差别，因而具有包容性和开放性的特点。

(3)从影响上看，三大政策巩固了新中国的独立；和平共处五项原则，为国际社会广泛认可，成为解决国与国之间问题的基本准则，也标志着中国外交政策的成熟。

12. 土地改革运动确立的是个体农民的土地私有制，而不是集体公有制。对农业的社会主义改造的基本完成使农民土地私有制转变为集体公有制。1949～1956 年我国农村经济形式的变化趋势是封建剥削的土地所有制——农民土地私有制——社会主义公有制。

13. 在社会主义改造中，国家对资本主义工商业实行赎买政策，实现了“和平过渡”。其中的“和平过渡”既不是由企业公私合营到全行业公私合营的过渡，也不是由初级国家资本主义到高级国家资本主义的过渡，而是由生产资料私有制到生产资料公有制的过渡。

历史概念

1. 人民代表大会制度：是中国人民民主专政的政权组织形式，是中国的根本政治制度。中华人民共和国的一切权力属于人民。人民行使国家权力的机关是全国人民代表大会和地方各级人民代表大会。全国人民代表大会是最高国家权力机关，地方各级人民代表大会是地方国家权力机关。

2. 政治协商制度：是在中国共产党的领导下，各民主党派、各人民团体、各少数民族和社会各界的代表，对国家的大政方针以及政治、经济、文化和社会生活中的重要问题在决策之前举行协商和就决策执行过程中的重要问题进行协商的制度。政治协商以中国人民政治协商会议为组织形式。

3. 民族区域自治制度：是指在国家统一领导下，各少数民族聚居的地方实行区域自治，设立自治机关，行使自治权的制度。

第二节　社会主义革命和建设的探索与曲折（1956～1976 年）

阶段特征

本单元包括 1956～1976 年 20 年的历史。这一时期是中国共产党领导中国人民为寻找一条适合中国国情的社会主义建设道路而艰苦探索的历史时期。在这一时期，一方面共产党人积极务实，努力工作，全国人民满腔热情，投身于社会主义建设；另一方面中共未对社会主义建设之路有完整的认识，这就使得这时期的社会主义建设既有失误、挫折，同时也取得了巨大的成绩，成绩与失误并存，即在探索中曲折前进。

主干知识

一、社会主义建设的全面开始——十年探索时期（1956～1966 年）

1. 中共“八大”

(1)时间、地点：1956 年，北京。

(2)内容：

①确定的中国社会的主要矛盾是：人民对于建立先进的工业国的要求，同落后的农业国的现实之间的矛盾；人民对于经济文化迅速发展的需要，同当前经济文化不能满足人民需要的状况之间的矛盾。（人民日益增长的物质文化生活的需要同落后的社会生产之间的矛盾）

②确定的中国人民的主要任务是：把我国尽快地从落后的农业国变为先进的工业国。

(3)评价：中共“八大”的路线方针是正确的，是对我国建设社会主义道路的一次成功探索。

2.“大跃进”和人民公社化运动

(1)指导思想：全面建设社会主义的总路线。

①提出：1958 年中共“八大”二次会议提出的总路线。

②内容：“鼓足干劲，力争上游，多快好省地建设社会主义。”

③评价：总路线反映了广大人民迫切要求改变我国经济落后面貌的愿望，但忽视了客观的经济规律。

④影响：总路线的提出使“左”倾思想在经济领域更加膨胀，出现“大跃

进”和人民公社化运动。

(2)表现:“大跃进”和人民公社化运动。

(3)影响:“大跃进”造成国民经济比例严重失调,人民公社化严重损害了农民的利益,影响他们建设社会主义的积极性,是党在探索中国的社会主义道路过程中的一次严重失误。1959～1961 年,国家和人民面临建国以来未曾有过的严重经济困难。

3. 国民经济的调整:“调整、巩固、充实、提高”。

二、社会主义建设的巨大挫折——“十年文革”时期(1966～1976 年)

(一)“文化大革命”对民主法制的践踏

1.“文化大革命”发生的原因

(1)根本原因:“左”倾错误发展到以阶级斗争为纲的结果。

(2)具体原因:

①毛泽东对党和国家及国际形势作出的错误判断。

②为林彪和江青集团所利用。

③国家政治生活不正常,存在严重的个人崇拜现象。

④人们缺乏社会主义的民主和法制观念。

2. 民主法制的严重破坏

(1)红卫兵运动对民主法制的初步破坏。

①社会秩序受到严重冲击和破坏,公民基本权利及人身权利遭到严重践踏。

②刘少奇冤案。

(2)造反派全面夺权对民主和法制的空前践踏及危害。

①“一月风暴”上海夺权和全面夺权——党政领导机关陷于瘫痪,社会处于无政府状态。

②造反派之间的激烈争斗、武斗——加剧了社会混乱,生产、生活得不到基本保证,社会发展遭到严重挫折。

③全国人大无法正常召开——实际上剥夺了人民当家作主管理国家的民主政治权利。

④“砸烂公检法”——严重破坏法制。

(二)国民经济的劫难

1. 1967、1968 年国民经济曾遭受严重影响

(1)原因:“文革”动乱扩展到经济领域。

(2)表现:两年工农业总产值损失超过 1000 亿元。

2.1973 年的国民经济

(1)发展趋势:复苏。

(2)原因:周恩来主持中央日常工作,着手恢复调整国民经济。

3.1975 年的国民经济

(1)发展趋势:迅速回升。

(2)原因:邓小平主持中央日常工作,提出全面整顿的思想。

三、外交新局面的开创

(一)恢复在联合国的合法席位

1. 原因

①中国国际地位日益提高;②第三世界国家的支持。

2. 恢复

1971 年 10 月,第 26 届联合国大会上中国恢复了在联合国的一切合法席位。

3. 影响

(1)说明长期以来美国实行孤立中国政策的破产,是中国外交重大胜利。

(2)有利于中国在国际事务中发挥更大作用。

(3)大大增强了第三世界在联合国的力量。

(二)中美、中日关系正常化

1. 原因

双方的共同要求。

2. 过程

①1971 年美国乒乓球队访华,同年基辛格秘密访华。

②1972 年尼克松访华,签署《中美联合公报》,中美关系走向正常化。

③1979 年中美正式建交。

3. 中日关系的改善

(1)直接原因:中美关系的改善。

(2)过程:1972 年,田中角荣访华,签署建交声明;1973 年,中日建交;1978 年,缔结《中日和平友好条约》。

4. 中美、中日关系的影响:促进了中国外交事业的发展,在国际上掀起了一个同中国建交的热潮。从 20 世纪 50 年代起因美国孤立遏制中国形成的外交僵局终于被打破,中国外交打开了新局面。

四、毛泽东思想

(一)历史背景

1. 阶级基础:工人阶级的队伍进一步壮大,工人运动不断发展,五四运动中无产阶级登上历史舞台,先进知识分子逐步成长。

2. 思想基础:新文化运动思想解放,十月革命的胜利和马克思主义的传播。

3. 时代需要(社会条件):中国处于半殖民地半封建社会,需要寻找适合中国实际的革命道路和革命方略。

4. 实践基础:以毛泽东为代表的中共长期革命实践及总结。

(二)毛泽东思想形成过程

1. 萌芽发端:建党到大革命时期(1921~1927年)

(1)著作:《中国社会各阶级分析》《湖南农民运动考查报告》

(2)思想:提出无产阶级对民主革命的领导权和依靠农民进行革命斗争的主张。——继承和发展马克思主义"阶级斗争"的观点

2. 初步形成:土地革命时期(国共十年对峙时期)(1927~1937年)

(1)著作:《井冈山斗争》《星星之火,可以燎原》《中国红色政权为什么能够存在》。

(2)思想:提出符合中国国情的"农村包围城市,武装夺取政权"革命道路和"星星之火,可以燎原"等理论——"工农武装割据思想"形成。

3. 形成体系:抗日战争时期(1937~1945年)

(1)著作:《论持久战》《新民主主义论》《论联合政府》。

(2)思想:"新民主主义革命"理论:中国革命的两步论——"新民主主义革命"+"社会主义革命",形成完整的新民主主义革命理论。

(3)确立为指导思想——中共"七大"1945年。

4. 毛泽东思想的发展

(1)解放战争时期(建国前夕)——人民民主专政理论形成。

①著作:1949年七届二中全会讲话、《论人民民主专政》。

②思想:建立"人民民主专政"思想——丰富和发展了马克思主义国家学说。

③意义:为人民政协制定共同纲领提供指导和新中国成立奠定理论基础。

(2)全面建设社会主义时期。

①著作:《论十大关系》《关于正确处理人民内部矛盾的问题》。

②思想：提出一系列富有中国特色的社会主义经济、政治建设方针政策，阐述了两类矛盾学说和正确处理人民内部矛盾的理论——发展马克思主义关于社会主义建设的理论。

5. 其他理论

各个时期的军队建设和军事战略、思想政治和文化工作、国际战略和外交政策、党的建设和统一战线等也丰富和发展了马克思主义。

(三)毛泽东思想的主要内容

"新民主主义革命理论"+"人民民主专政理论"+社会主义建设初步理论。

(四)毛泽东思想的思想精髓

实事求是，群众路线，独立自主。

(五)毛泽东思想的科学内涵

以毛泽东为代表的中共党人，在领导中国革命和建设的实践中，推进马克思主义的中国化，形成中国特色的科学指导思想毛泽东思想。它是马列主义在中国的运用和发展，是被实践证明了的关于中国革命和建设的正确的理论原则和经验总结，是中国共产党集体智慧的结晶。

(六)毛泽东思想的深远影响

1. 毛泽东思想是夺取中国革命胜利的理论武器，是社会主义中国立国建国的思想政治基础，是中国特色社会主义理论思想渊源和理论先导。

2. 毛泽东思想是马克思主义与中国革命相结合的第一次历史性飞跃的理论成果，是中共的指导思想、中华民族的精神财富。

3. 毛泽东思想是马克思主义的继承和发展，具有承上启下、继往开来的重要历史地位。

(七)毛泽东思想对中国革命和建设的作用

毛泽东思想是中国民主革命胜利的思想武器，指导了民主革命赢得了胜利，建立了中华人民共和国，确立社会主义制度，发展了社会主义政治经济文化。

重点难点

归纳二十年(1956～1976 年)探索中的经验与教训：

1. 中国的社会主义经济建设必须从中国的国情出发，坚持实事求是的原则，不可照搬别国模式。

2. 社会主义经济建设必须遵循经济发展的客观规律，处理好主观能动性与客观实际的关系，反对片面追求经济建设的高速度。

3. 生产关系的变革一定要适应生产力的发展，不可以超越生产力发展的实际阶段。

4. 社会主义初级阶段，党和国家的主要任务是发展生产力，必须认清国内社会主要矛盾，坚持以经济建设为中心，妥善处理好经济建设与阶级斗争之间的关系。

易错易混

1.“文革”得以发动的根本原因不是党内制度不健全，而是党的“左”倾错误发展到“以阶级斗争为纲”的结果。

2. 中国要避免十年“文革”那样的悲剧重演，主要在于完善社会主义民主和法制、实行并落实依法治国方略，而不单是防止教条主义和个人崇拜。

3. 1971 年中国是恢复在联合国的合法席位，而不是加入联合国。这是因为中国是联合国创始国之一，也是安理会常任理事国的原始国之一。

4.“文革”结束，并不等于“左”倾错误也结束了，“两个凡是”的实质仍然是坚持文革中的“左”倾错误。

历史概念

1.“三面红旗”：中共于 1958 年推行的第二个五年计划中的三项核心工作，分别是总路线、大跃进及人民公社。

2. 人民公社：1958 年 7 月 1 日，《红旗》杂志第 3 期发表了陈伯达写的《全新的社会、全新的人》的文章，提出“把合作社办成一个既有农业合作，又有工业合作的基层组织单位，实际上是农业和工业相结合的人民公社”。接着第 4 期《红旗》杂志又发表了陈伯达写的《在毛泽东同志的旗帜下》的文章，明确引证了毛主席的指示：“毛泽东同志说，我们的方向应该逐步地、有次序地把工（工业）、农（农业）、商（商业）、学（文化教育）、兵（民兵，即全民武装）组成一个大公社，从而构成我国社会的基层单位。”

3.“文化大革命”：全称“无产阶级文化大革命”，简称“文革”，又称“十年动乱”“十年浩劫”“文化浩劫”或“文化灭绝”，是指 1966 年 5 月 16 日至 1976 年 10 月在中国由毛泽东错误发动和领导、被林彪和江青两个反革命集团利用、给中华民族带来严重灾难的政治运动。被广泛认为是自 1949 年建国至今最动荡不安的灾难性阶段。

第三节 建设有中国特色社会主义(1978 年至今)

阶段特征

本阶段叙述的是 1976 年粉碎“四人帮”以来的历史,是中国共产党领导全国人民纠正“左”倾错误,从中国国情出发,大力推进改革开放,建设有中国特色的社会主义而努力奋斗的历史,也是建设有中国特色的社会主义理论,即邓小平理论随着改革开放应运而生并发展、完善的历史。

主干知识

一、徘徊中前进的两年(1976 年 10 月～1978 年 12 月)

1976 年粉碎“四人帮”以后,全党和全国人民掀起了揭批“四人帮”的群众运动。当时中央的主要领导人提出“两个凡是”的错误方针,实质是要坚持“左”的领导,所以,真理标准问题的讨论是一场思想解放运动,为以后的十一届三中全会奠定了基础。

二、拨乱反正、实现伟大转折(1978 年 12 月～1982 年 9 月)

1. 关于真理标准问题的讨论

(1)背景:粉碎“四人帮”后,人们要求对“文化大革命”中的冤假错案进行平反,纠正“文化大革命”的错误。然而,当时的党中央的主要领导人,却坚持“两个凡是”的方针,这引起全国上下的不满。

(2)目的:反对“两个凡是”的错误方针。

(3)性质:一次思想解放运动。

(4)结果:肯定了“实践是检验真理的唯一标准”;否定了“两个凡是”的错误方针;重新确立了实事求是的思想路线。

(5)意义:为十一届三中全会的召开奠定了思想基础。

2. 十一届三中全会

(1)指导思想:全会召开前的中央工作会议上,邓小平作了《解放思想,实事求是,团结一致向前看》的讲话,为十一届三中全会确立了指导思想。

(2)重要决策:第一,全会重新确立了“解放思想,实事求是”的马克思主义思想路线。第二,全会抛弃了“以阶级斗争为纲”的“左”倾错误方针,实现党的政治路线的拨乱反正。第三,作出把党和国家工作的重点转移到社会主义现代化建设上来的战略决策，确定今后党和国家的工作要以经济建设为中心。

(3)改革开放的提出。

三、经济体制改革

1. 农村

(1)实行家庭联产承包责任制

①内容：是指在土地公有制基础上，把土地长期承包给各农户使用，农业集体生产变为分户自主经营，自负盈亏。其主要特征是包产到户。

②影响：

A. 使农民获得了生产和经营的自主权，极大地调动了农民群众的生产积极性。

B. 解放了农村生产力，推动了城市经济体制改革的进行。

(2)发展乡镇企业

有利于调整农村产业结构，进一步提高了农民的生活水平，有利于农业的现代化建设和农村经济的发展。

2. 城市

进行国有企业改革。

(1)前提：农村改革推动。

(2)中心环节：增强企业活力。

(3)目标：

① 1984 年，建立社会主义有计划的商品经济。

② 1992 年，中共十四大确立进一步深化国企有企业改革的目标——建立现代企业制度。

(4)意义：增强了企业的竞争实力，使国有资产大幅度增加，有利于国民经济的稳定和健康发展。

四、对外开放格局的形成

1. 背景：科学技术和生产力迅猛发展，经济全球化趋势成为潮流

2. 过程：

时间	形式	表现
1980 年起	经济特区	先后建立深圳、珠海、汕头、厦门、海南五个经济特区
1984 年	沿海港口城市	大连、秦皇岛、天津、广州等 14 个

续表

时间	形式	表现
20世纪80年代	沿海经济开发区	闽南三角区,长江三角区,珠江三角洲
20世纪90年代	经济技术开发区	①1992年,开发上海浦东成为中国进一步对外开放的标志 ②2004年以来,天津滨海新区
目前	整体格局	从经济特区到沿海开放城市,再到内陆省会城市,从东部到中西部全方位、多层次、宽领域的新格局

3. 意义:有力地推动了中国经济的发展,越来越适应经济和科技发展的全球化趋势

4. 深化:加入世界贸易组织

(1)时间:2001年12月11日。

(2)意义:

①加入世界贸易组织标志着我国对外开放进入一个新的阶段。

②加入世界贸易组织是中国融入世界经济的必然选择,也是中国与世界经济实现全面接轨的一个契机,标志着世界大市场对中国的开放,总体上符合我国的根本长远利益。

③中国经济融入世界,必将有力地推动全球经济的繁荣与发展。

五、社会主义市场经济体制的建立

1. 原因

(1)计划经济体制影响了人们的生产积极性,束缚了生产力的发展。

(2)改革开放以来的理论创新、实践探索和生产力的发展为进一步改革提供了条件。

(3)邓小平的南巡讲话从根本上解除了人们的思想束缚。

2. 过程

(1)1992年,中共十四大确立社会主义市场经济体制的改革目标。

(2)1993年,中共十四届三中全会确立社会主义市场经济体制的基本框架。

(3)2000年底,我国初步建立社会主义市场经济体制。

(4)2002年11月,中共十六大提出完善社会主义市场经济体制。

3. 措施

全面放开粮价；改革金融体制；改革外汇管理体制；改革企业所得税；改革社会保障体制；推进国企改革，加快建立现代企业制度。

4. 最根本的转变

资源配置方式的转变，也就是由过去的以行政手段配置资源为主向以市场配置资源为主转变。

5. 社会主义市场经济建立的历史意义

推动了资源的合理流动与分配；促进了社会经济的发展；宏观调控有利于实现经济的协调发展和市场经济的平稳运行；对于现代化建设有巨大推动作用。

6. 市场经济对现代化建设的巨大作用

中共十四届三中全会以来，社会经济保持了稳定高速的增长，经济实力明显增强，积极运行的质量和效益不断提高，经济结构的战略性调整取得显著成就；中国成为世界上经济增长速度最快的国家，创造了世界经济增长史上的奇迹；社会生产力的高速发展使人民生活发生了翻天覆地的变化，总体上已经达到了小康水平，综合国力也大大提高；为全面建设小康社会奠定了基础。

六、新时期社会主义民主与法制建设的发展

1. 民主法制恢复发展的历史条件

(1)文革的深刻历史教训(社会条件)。

(2)中共十一届三中全会提出了“有法可依，有法必依，执法必严，违法必究”的法制建设方针和平反冤假错案(政治条件)。

2. 全面立法与法律制度的逐步健全

(1)1982 年修订《中华人民共和国宪法》。

(2)各项法律的制定与社会主义法律体系的形成，为依法治国奠定了基础。

3. 民主制度的重建与完善——制度化、法律化

(1)重新召开“两会”：各级人大和政协会议。

(2)“十六字方针”：1982 年，中共十二大明确提出了中国共产党同民主党派“长期共存、互相监督、肝胆相照、荣辱与共”的方针，中共领导的多党合作和政治协商制度的进一步完善。

(3)《民族区域自治法》：民族区域自治制度的发展。

(4)《中华人民共和国城市居民委员会组织法》和《中华人民共和国村民

委员会组织法》,加强基层民主选举制度的建设。

(5)"依法治国":1999 年九届全国人大把依法治国,建设社会主义法治国家写进宪法。

七、一国两制

(一)"一国两制"构想的提出

1. 什么是"一国两制"

在一个中国的前提下,国家的主体实行社会主义制度,台湾、香港和澳门保持原有的资本主义制度长期不变,两种制度长期共存。

2."一国两制"构想的提出

(1)1979 年全国人大常委会发表《告台湾同胞书》,呼吁海峡两岸和平统一。(由武力解放到和平统一)

(2)1981 年 9 月,叶剑英提出台湾回归祖国、实现和平统一的"九条方针"。

(3)1984 年邓小平正式提出"一国两制"的伟大构想。

3."一国两制"构想的意义

(1)"一国两制"是邓小平建设有中国特色社会主义理论的重要组成部分。

(2)"一国两制"是完成祖国统一大业的指导方针,是实现中华民族伟大复兴的指导思想。

(二)港澳回归("一国两制"构想的成功实践)

1. 香港的回归

(1)中英谈判和关于香港问题的联合声明(1984 年 12 月)。

(2)香港的回归(1997 年 7 月 1 日)。

2. 澳门的回归

(1)中葡关于澳门问题的联合声明(1987 年 4 月)。

(2)澳门的回归(1999 年 12 月 20 日)。

3. 港澳回归的意义

香港、澳门回归祖国说明了中国国际地位的显著提高及综合国力的增强,香港只有在中国共产党领导下的社会主义中国才能回到祖国的怀抱,才能洗雪百年国耻。这标志着中国在完成祖国统一大业的道路上迈出了重要的一步,标志着中国人民为世界和平、发展与进步事业作出了新的贡献,也是世界上用和平方式成功解决了国与国之间的历史遗留问题的光辉典范。

(三)海峡两岸关系的发展

1. 海峡两岸隔绝敌对状态的结束

(1)中共在“和平统一,一国两制”方针下,积极采取措施,促进两岸的和缓与交流。

(2)台湾当局允许居民到大陆探亲,并在经济、文化等方面进行交流。

2.“汪辜会谈”(两岸关系发展的历史性突破)

(1)海基会和海协会成立,达成“海峡两岸均坚持一个中国原则”的共识(“九二共识”)。

(2)汪辜会谈,为两岸交流建立了正常化的联系渠道。

3.“胡连会”(两岸关系的新发展)

4. 关注台湾问题

(1)现状:一方面,中共和政府采取一系列政策与措施,积极促进两岸的和缓与交流;另一方面:台独势力和国际反华势力成为阻碍祖国统一的两大因素。

(2)我国政府的措施:大陆方面坚持“一国两制”的方针,一直为两岸的直接“三通”(通邮、通航、通商)作努力。

(3)我国政府的立场:针对“台独”,我们决不承诺“不使用武力”。国家统一是不可逆转的潮流。

八、改革开放以来的中国外交

1. 新时期外交政策调整的原因

国际形势的新变化和国内改革开放的需要。

2. 新时期中国外交政策的目标

反对霸权主义,维护世界的和平。

3. 新时期中国独立自主外交政策的具体表现

不结盟政策。

4. 新时期中国外交活动

(1)积极参与联合国及其专门机构和其他国际组织的活动。

(2)开展以联合国为中心的多边外交。

(3)中国积极参与地区性国际组织的外交活动。亚太经济合作组织(APEC)。

(4)中国积极发展与周边国家的睦邻友好关系。领导建立“上海合作组织”。

“上海合作组织”的意义:它的成立,标志着一个以互信求安全、以互利求合作的新型区域合作组织的诞生,是新中国外交史上一项具有里程碑意义的成果,对加强中国与俄罗斯及中亚各国的政治和经济合作起到了重要作用。

九、邓小平理论

(一)伟大转折的宣言书

1. 酝酿与准备。

①1977 年《人民日报》等报刊发表社论,提出“两个凡是”的指导方针。——说明:“左”倾思想未根本改变。

②1978 年《光明日报》发表《实践是检验真理的唯一标准》,掀起真理标准问题的讨论,重新确立实事求是的马克思主义思想路线——奠定十一届三中全会的思想基础。

③邓小平的不懈努力与支持。

2. 伟大转折的宣言书——1978 年 12 月邓小平在中央工作会议上,发表《解放思想,实事求是,团结一致向前看》的讲话。

意义:冲破“两个凡是”的束缚,开辟新时期新道路、开创建设中国特色社会主义新理论的宣言书,成为十一届三中全会的指导思想。

3. 伟大转折的实现:1978 年底十一届三中全会的召开。

(二)邓小平理论的形成和发展

1. 提出中国特色社会主义理论——中共十二大:1982 年邓小平提出“走自己的路,建设有中国特色社会主义的理论”——从此成为改革开放和现代化建设的旗帜。

2. 第一次系统概括建设有中国特色社会主义理论的主要内容——中共十三大:1987 年邓小平系统提出“社会主义初级阶段理论”+制定“一个中心,两个基本点”的基本路线。

3. 成熟并形成体系——1992 年南方谈话。

①内容——围绕“什么是社会主义和如何建设社会主义”作出回答。解释社会主义本质和“三个有利于”标准+市场、计划手段互补。

②意义——把建设有中国特色社会主义理论推进到一个新的阶段;标志着邓小平理论成熟并形成体系。

4. 新概括,成为比较完整的科学体系——中共十四大:1992 年对建设中国特色社会主义理论作新的科学概括,使之成为完整科学的体系,提出建设社会主义市场经济体制。

5. 确立为党的指导思想——中共十五大:1997 年明确提出和使用邓小平理论这个科学概念,并作为党的指导思想写进党章。

6. 其他理论:提出“和平”“发展”两大主题和“一国两制”的伟大构想等。

(三)邓小平理论的精髓:解放思想、实事求是

(四)内涵

在新时期,邓小平为代表的中共党人,总结建国以来正反两方面的历史经验,把马克思主义基本原理与中国实际结合,继承和发展了毛泽东思想,创立了邓小平理论。抓住什么是社会主义,怎样建设社会主义,把对社会主义的认识提高到新的水平,是开创和引领中国特色社会主义事业不断前进的旗帜。

(五)历史地位

1. 邓小平理论继承和发展了毛泽东思想,是指导改革开放和社会主义现代化建设的伟大旗帜。

2. 邓小平理论是马克思主义在中国的第二次历史性飞跃,是当代民族精神的强大支柱。

十、"三个代表"重要思想

(一)背景

1. 国际形势:20 世纪末 21 世纪初,世界多极化和经济全球化发展,以经济为基础、科技为先导的综合国力竞争日益激烈。

2. 国内形势:(1)改革开放和社会主义市场经济的发展,我国各方面正发生深刻变化。(2)中共党内,新党员的数量大增,新老交替,给党带来新的活力,新的挑战。

3. 实践基础:建设中国特色的实践中,积累治党治军经验,提出新思想。

4. 历史根据:对党成立以来的历史经验的科学总结。

(二)"三个代表"重要思想的内涵

1. 主要内容:

(1)代表中国先进生产力的发展要求。

(2)代表中国先进文化的发展方向。

(3)代表中国最广大人民的根本利益。

2. 相互关系:(1)三个代表是统一的整体,相互联系,相互促进;(2)发展先进生产力,是发展先进文化,实现最广大人民根本利益的基础条件;(3)人民群众则是创造先进生产力先进文化的主体,也是实现自身利益的根本力量;(4)发展先进生产力和先进文化,归根结底是为了实现最广大人民的根本利益。

3. 思想精髓:实事求是,解放思想,与时俱进。

4. 核心问题:涵盖经济政治文化和党的建设等各方面科学理论,进一步回答了什么是社会主义、怎样建设社会主义的问题,创造性地回答了建设什么样的党、怎样建设党的问题，是马克思主义中国化的新成果。

（三）历史地位

1.“三个代表”重要思想是对马克思主义、毛泽东思想、邓小平理论的继承和发展。

2.“三个代表”重要思想是集体智慧的结晶。

3.“三个代表”重要思想是党必须长期坚持的指导思想，是新世纪实现中华民族伟大复兴的思想武器。

4.“三个代表”重要思想是全面建设小康社会开创中国特色社会主义事业新局面的指导思想。

重点难点

1. 世界格局多极化趋势下中国的对策

(1)积极参与国际经济政治事务，为世界的和平与发展做出应有的贡献。

(2)抓住和平发展的有利时机，加快改革开放的步伐，努力快速提升综合国力。

(3)站在维护全人类共同利益的立场上，积极推动建立公正合理的国际政治经济新秩序，既要反对霸权主义和强权政治，又要反对恐怖主义，伸张正义，维护世界的和平与正义。

2. 21 世纪以来中日关系的特点及影响中日关系发展的主要因素

21 世纪以来，中日关系的特点明显表现为政治上“冷”，经济上“热”。主流是健康的，但也有不和谐的因素。影响中日关系发展的主要因素有以下几点：

(1)政治方面：社会制度与意识形态的不同；文化差异；领土、领海纷争，特别是钓鱼岛问题；台湾问题；中日历史问题和日本政要参拜靖国神社、日本历史教科书问题等。

(2)经济方面：两国以互补合作为主，但随着中国经济的迅速发展，两国在能源、制造等领域竞争的趋势也在日益加强。

(3)美国一直是影响中日关系的极其重要的因素。

3. 经济体制改革首先从农村开始的原因

(1)农业是国民经济的基础；农业的健康发展是整个国民经济发展的基础。而农村改革直接关系到农业生产能否得到健康发展。

(2)新中国成立以来对社会主义道路探索的失误在农村中的危害远远大于城市，且以关系到农民的温饱问题，必须首先在农村进行改革。

(3)农村中一些思想束缚打破较早的地区,当地农民和领导已经大胆地开始进行改革实验,农村已出现了改革势在必行的趋势。

4. 新中国成立后我国的工业经济体制经历的三次转变:

	时间	具体表现	原因	核心内容	结果
第一次	建国初到1956年	从以社会主义公有制为主体的多种经济成分并存,向高度集中的计划经济体制转变	中共缺乏经济建设经验,照搬苏联模式	废除生产资料私有制,实行单一的社会主义公有制	对恢复国民经济、进行工业化建设起到了积极作用,并取得了一定成效,但它超越了历史发展阶段,使企业失去了活力
第二次	十一届三中全会后	从计划经济转变为以计划经济为主、市场调节为辅	党中央总结了建国以来工业建设正反两方面的经验,特别是吸取了“文化大革命”的教训,并借鉴了国外经验	发展多种所有制经济,调整产业结构,实行政企分开	增强了企业活力,解放了生产力,工业发展迅速,成就举世瞩目
第三次	20世纪90年代以来	向社会主义市场经济体制转变,由粗放式经营向集约式经营转变党中央对国情的充分认识和对社会主义建设经验、教训的深刻总结	把企业推向市场,充分发挥市场对工业发展的调节作用,建立现代企业制度	进一步解放和发展了生产力	

5. 中美关系缓和的原因

(1)从美国方面看

①中国的国际地位不断提高。

②美国长期实行“遏制和孤立”中国的政策失败。

③在美苏争霸中,美国处于守势,不得不调整对华政策。

(2)从中国方面看

①为了改善中国所处的国际环境。

②为了对付来自苏联的威胁。

③为了和平解决台湾问题,解决中美之间的长期争端。

6. 近现代中国人民在探索道路上经历的三次历史性巨变:

巨变	理论	实践成果	备注
中华民国成立	三民主义	推翻了满清政府,建立了资产阶级民主共和国,颁布了《中华民国临时约法》	维护民主共和制度,发展资本主义经济
中华人民共和国成立	毛泽东思想	中国取得新民主主义革命的胜利,走上独立、民主的道路	巩固人民民主专政政权,迅速恢复国民经济
十一届三中全会后实行改革开放	邓小平理论	开创了建设有中国特色的社会主义道路	发展生产力,实现国强民富

易错易混

1.“一国两制”并不是说两制都是主体。“一国两制”的前提和基础是一国,即中华人民共和国;两种制度并存,国家的主体是社会主义制度。

2.“一国两制”下设立的特别行政区享有高度的自治权,但并不是完全自治。

3. 台湾问题不同于港澳问题,前者是内战遗留问题,属于中国内政,而后者是殖民主义遗留问题。东西德、韩国和朝鲜问题的产生,则是二战后根据国际协议形成的,属于二战的遗留问题。

4. 我国现在所提倡和努力建立健全的是现代意义上的法制社会,而不仅仅是法制社会。

5. 中美正式建交的标志不是1972年《中美联合公报》的签署,而是1979年中美建交。

6. 1979年中美建交,中美关系实现完全正常化,并不意味着美国放弃压制中国的政策。

7. 中美关系的缓和是中日关系正常化的关键,但不是根本原因,关系正常化符合中日双方的利益是根本原因。

8. 注意中国多边外交的中心是联合国而不是周边国家。

9. 中俄建立战略伙伴关系不是中俄结成联盟,而是不结盟、不对抗、不针对第三国的新型关系,既从本国利益出发,又充分考虑了伙伴的利益。

10. 新时期中国外交政策调整的出发点不是“中国综合国力的增强”而

是“和平与发展的时代主题”。

11. 家庭联产承包责任制并没改变土地公有制，农民对土地只有使用权和经营权，而没有所有权，经营方式改为“分户经营，自负盈亏”；家庭联产承包责任制与当时的生产力水平相适应，但并不适用现代农业的发展需要；使农村产业结构调整的措施不是家庭联产承包责任制，而是发展乡镇企业、非农产业。

12. 邓小平提出的“建设有中国特色的社会主义”为中国指明了发展方向。十六大将其简明概括为“中国特色社会主义”，即社会主义具有中国的特色，这个特点随着时间的推移不断增加新内容。

13. 当今的主动开放与旧中国的被动开放

背景不同：当今的对外开放是在我国主权独立、国力增强的情况下主动进行的，而旧中国的开放是在半殖民地半封建社会状态下被动进行的。

基础不同：今天的对外开放建立在平等互利的基础上，旧中国的开放建立在不平等的基础上。

影响不同：今天的对外开放有利于我国的现代化建设，旧中国的开放便于外国资本主义对我国的侵略与掠夺。

14. 经济特区、经济技术开发区、沿海经济开放区

经济特区：经济建设过程中享受特殊经济政策、灵活措施和特殊的经济管理体制的地区，是中国实行对外开放的重要窗口，如深圳、珠海、汕头、厦门、海南。

经济技术开发区：1984 年开始在我国沿海开放城市设立的以发展知识密集型和技术密集型工业为主的特定区域。

沿海经济开放区：从 1985 年 1 月，中央决定把长江三角洲、珠江三角洲和闽南漳泉厦三角区等地区开辟为沿海经济开放区，随后又扩大到山东、辽东两个半岛，形成了一个沿海开放地带。

历史概念

1. 依法治国：是运用强制手段规范社会成员的行为，将国家事务的决策与公民的行为纳入法律轨道。

2. 村民自治：是农村居民依法自主管理本村事务的基层民主制度，也是在新的历史条件下农村治理的一种重要方式。

3. 家庭联产承包责任制：是指农户以家庭为单位向集体组织承包土地等生产资料和生产任务的农业生产责任制形式。

4. 市场经济：又称为“自由市场经济”或“自由企业经济”。它是一种经

济体系，在这种体系下产品和服务的生产及销售完全由自由市场的自由价格机制所引导，而不是像计划经济一般由国家所引导。

5. 菜篮子工程：为缓解我国副食品供应偏紧的矛盾，农业部于 1988 年提出建设"菜篮子工程"。一期工程建立了中央和地方的肉、蛋、奶、水产和蔬菜生产基地及良种繁育、饲料加工等服务体系，以保证居民一年四季都有新鲜蔬菜吃。

6. 安居工程：中国政府于 1995 年 1 月 20 日颁布了《国家安居工程实施方案》，由政府负责组织建设，以实际成本价向城市的中低收入住房困难户提供的具有社会保障性质的住宅建设示范工程。

7. 我国社会主义市场经济：是与社会主义公有制、中国共产党的领导、共同富裕的奋斗目标紧密相联系的，与以私有制为基础的资本主义市场经济形态有根本的不同的市场经济形态。

8. 信息化：是指培养、发展以计算机为主的智能化工具为代表的新生产力，并使之造福于社会的历史过程。

第四节　中国近现代社会生活的变迁

主干知识

一、物质生活与习俗的变迁

(一)近现代社会生活的变化：

		近代	现代
物质生活	衣	短发易服、中山装	从灰蓝单调走向五彩缤纷，从单一的款式走向多样化
	食	西式食品	到 1987 年，中国人民基本解决了温饱问题；政府实施"菜篮子"工程
	住		1995 年，国家在城镇启动了"安居工程"
社会风俗		废止缠足、婚丧嫁娶、社交礼仪(民国)	社会风气：涤荡封建糟粕 婚姻制度：1950 年制定《婚姻法》，妇女解放 休闲生活：节假日延长，休闲方式多样化

(二)影响近现代社会生活变化的原因

1. 影响近代社会生活变化的因素

(1)鸦片战争以后,西方列强的客观影响。

(2)清政府和民国政府发展近代工商业的影响。

(3)民主革命思潮的兴起,一些先进的中国人积极主动吸收外国的一些生产生活方式。

2. 影响现代社会生活变化的因素

(1)新中国成立后,人民当家作主并开始了大规模的经济建设。

(2)改革开放后,党和政府把实现小康作为经济建设的奋斗目标。

二、交通和通信工具的进步

(一)交通和通信工具进步的表现:

		概况
交通	轮船	1. 鸦片战争后,轮船开始进入中国。西方列强垄断中国江海的运输业。 2. 19世纪70年代初期,洋务派创办的轮船招商局在上海成立,首次打破列强垄断。 3. 南京国民政府成立后,轮船招商局改为官办,成为官僚资本的企业。 4. 抗日战争后,轮船招商局垄断全国的轮船运输业。 5. 新中国成立后,轮船运输业由国家统一管理,获得较快的发展。 6. 进入20世纪90年代后,由于铁路、公路和民航业的发展,轮船运输业的比重逐渐下降,呈现萎缩的状态。
	铁路	1. 19世纪80年代,清政府修筑从唐山到胥各庄的铁路,标志着中国铁路的诞生。 2. 到辛亥革命前夕,奠定了中国近代铁路网的基本格局。 3. 民国建立后,西北、西南与内地仍然没有铁路交通,出行不方便。20世纪五六十年代,这种局面得以改变,修建了宝成、兰新等铁路。 4. 到"九五"期末,中国的铁路营运总里程已经跃居亚洲第一、世界第四位。京九铁路加强了香港特别行政区和祖国首都的联系。 5. 1997年起,国家还对铁路实行几次大提速,大大提高了运行效率。
	公路	1. 20世纪初,汽车开始出现在上海。 2. 清末民初,近代的公路修筑技术传入中国。 3. 民国时期由于政治腐败、民生凋敝,加上汽车和油料几乎全部依赖进口,公路交通的发展受到很大限制。 4. 新中国成立后,建立和发展了汽车工业和石油工业,使公路交通获得较快发展。

续表

		概　况
交通	航空	1. 1909 年冯如制成了中国第一架飞机，标志中国航空事业的发展。 2. 1920 年中国首条航线北京——天津航线开通，中国民航业拉开序幕。 3. 现在，中国已成为世界民航大国。
通信工具的进步		1. 19 世纪 70 年代，丹麦未经清政府同意，在上海建立了第一个电报机房。随后，福建巡抚在台湾架设中国第一条有线电报线。 2. 20 世纪初，上海崇明装置无线电台。当时的有线电报主要用于军事目的，无线电报则供官商通报。 3. 南京政府在 20 世纪初在南京开办第一个电话局，开通第一部室内电话。 4. 新中国成立后，尤其是改革开放后，电讯产业得到迅速发展，到 2000 年末，固定电话和移动电话的数量均居世界第二位。从 20 世纪 90 年代开始，还用传真机和互联网发送文件。

(二)交通和通信工具的进步对生活的影响

1. 近代以来交通工具进步对人们社会生活的影响

交通工具和交通事业的发展，不仅推动各地经济文化交流和发展，而且还促进信息的传播，开阔人们的视野，加快生活的节奏，对人们的社会生活产生了深刻影响。

2. 近代以来通信工具进步对人们社会生活的影响

通信工具的变迁和电讯事业的发展，使信息的传递变得快捷简便，深刻地改变着人们的思想观念，影响着人们的社会生活。

三、大众传媒的变迁

	报刊	影视	互联网
概况	1. 形成：19 世纪中前期，外国人开始在中国办报，《中国丛报》《万国公报》。 2. 1873 年，艾小梅在汉口主办的《昭文新报》被认为是国人最早在中国境内创办的报刊。 3. 发展：此后中国人自己办的报刊越来越多，如戊戌变法时期的《时务报》、辛亥革命时期的《民报》、“五四”时期的《新青年》等。 影响：成为宣传改良、革命和新文化的武器，发挥着制造舆论、唤醒民众的重大启蒙作用。 4. 新民主主义革命时期，中国共产党创办了《红色中华》《解放日报》等报纸，与国民党控制《中央日报》作斗争。 影响：为夺取革命的胜利发挥了重要作用。 5. 新中国成立后，《人民日报》等党报党刊成为宣传党的路线、政策和方针的主要的舆论工具。 繁荣：改革开放后，中国报刊出现欣欣向荣的景象。	1. 19 世纪末，电影诞生不久就传到中国。 2. 1905 年《定军山》电影首映成功，标志着中国电影事业的起步。 3. 1931 年，有声电影《歌女红牡丹》拍摄成功，结束中国电影无声的历史。 4. 20 世纪三四十年代，中国电影的主流是左翼电影（反帝反封建）。著名的影片有《狂流》《渔光曲》《风云儿女》等。《狂流》是第一部左翼影片，《渔光曲》第一次获得国际荣誉。 5. 新中国成立后，反映工农生活和革命战争的题材搬上银幕。 改革开放后，中国电影进入一个辉煌的新时期。 6. 1958 年北京电视台实验播出，标志着中国电视事业的诞生。 7. 改革开放以来电视发展的表现：(1)电视逐渐普及；(2)电视节目越来越丰富多彩。 8. 改革开放以来电视逐渐普及的原因：(1)我国人民生活水平的提高；(2)技术的进步。	1. 报纸、广播、电视被称为三大媒介。20 世纪 90 年代以后网络媒介诞生了。它被称为“第四媒介”。 2. 互联网诞生于 20 世纪 60 年代末，1994 年中国正式接入互联网。 3. 互联网的四大优势： (1)集三大媒介的优势于一体。 (2)费用低廉 (3)可以高度互动，双向传授。 (4)可以更主动、更便捷和最大限度地获取信息。

重点难点

1. 近代社会生活变迁的原因、特点、影响。

(1)原因

①根本原因:西方工业文明的冲击。

②政治上:政府的推动、重大政治文化运动的推动、近代政治经济体制变动的影响。

③经济上:近代工业和民族资本主义的发展。

④思想上:西方民主平等思想的传播。

(2)特点

①与中国近代向西方学习密切相关。

②随着中国民主进程的加速而不断加深。

③地域之间存在着严重的不平衡。

④中国的社会生活虽然变化但始终保持着民族特色。

(3)影响

①促进了资产阶级改良和革命的发展。

②有利于中国资本主义经济的发展和工业化进程。

③有利于冲破旧文化束缚。

2. 近代交通业的发展的相关状况:

<table>
<tr><td colspan="2">原因</td><td>①先进的中国人为救国救民,积极兴办近代交通业
②为扩大在华利益、镇压中国人民的反抗,列强控制和操纵中国的交通建设
③工业革命的成果传入中国,为近代交通业的发展提供了物质条件</td></tr>
<tr><td colspan="2">特点</td><td>①逐渐近代化,铁路、水运和航空、大众传媒都获得了一定程度的发展
②地域之间的发展不平衡</td></tr>
<tr><td rowspan="2">影响</td><td>积极影响</td><td>促进了经济发展,改变了人们的出行方式,一定程度上转变了人们的思想观念;加强了中国与世界各地的联系,丰富了人们的生活</td></tr>
<tr><td>消极影响</td><td>有利于西方列强的政治侵略和经济掠夺</td></tr>
</table>

易错易混

1. 西式服饰传入中国,引发服饰变革,但并没有完全取代中式服饰,而是中西服饰并行。

2. 允许臣民自由剪发的最早时间是清朝末年，而不是辛亥革命后。

3. 清朝缠足陋俗最盛，但清朝并不支持缠足，还多次下令废除缠足。

4. 最早在中国兴建铁路的不是清政府，而是英国。

5. 报刊、影视、互联网的发展给人们生活方式带来了影响，但侧重点不同：报刊最主要的影响人们的政治生活，影视主要满足大众的文化娱乐生活，互联网全方位、彻底地改变着人们的生活方式。

6. 中国近现代社会生活风俗习惯之最西式建筑最早出现在租界区。

7.《申报》是中国近代历时最长、影响最大的中文报刊。

8.《定军山》是中国人第一次尝试自摄影片；《难夫难妻》是中国第一部故事影片。

9.《歌女红牡丹》是中国第一部有声电影。

10. 1872 年近代第一家轮船航运公司——轮船招商局正式成立，标志着中国新式水运业的诞生。

11. 1877 年，福建巡抚在台湾架设第一条电报线，成为中国自办电报的开端。

12. 1881 年，中国自建的第一条铁路是唐胥铁路。

13. 2003 年中国电话总用户量居世界第一位。

历史概念

1. 旗袍是在 20 世纪上半叶由民国服饰设计师参考满族女性传统旗服和西洋文化基础上设计的一种时装，是一种东西方文化糅合具象。

2. 中山装：是以孙中山的名字命名的一种服装。很多著名人物如蒋介石、毛泽东、周恩来、邓小平都常穿着中山装。由于中国著名政治人物毛泽东经常穿着中山装示人，所以西方人称呼中山装为“毛装”(Mao Suit)，但中国却从未有如此称呼；日本人称呼中山装为“人民服”。这种服装及其衍生的变化服装，成为 1980 年代以前中国民众的主要服装样式。今天中国和朝鲜的领导人在一些重要场合也会穿中山装。时至今日中山装更多代表的是中国共和与宪法精神。

3. 里弄：上海方言，指胡同。里弄建筑是上海所独有的产品。这些里弄建筑的出现和一个世纪前上海的殖民地历史背景有着深切的关联。

第五节　现代中国的科技、教育与文学艺术

主干知识

一、建国以来科技战略的发展

1. 建国初：

(1)建立科研机构：1949 年设立中国科学院，郭沫若任院长。

(2)制定中国科学发展远景规划，以发展原子能、火箭、电子计算机等高科技为重点。

2.“文革”期间：

中国科技事业遭到严重破坏。

3.“文革”后：

(1)1978 年全国科学技术大会上，邓小平重申“科学技术是生产力”的著名论断，科学技术和知识分子重新得到肯定和重视。

(2)1985 年，科技体制改革开始，推进了科技和经济的结合。制定“863”计划、星火计划和火炬计划，提高了我国科技综合竞争实力。

(3)1995 年，提出科教兴国战略，标志我国科技发展进入新阶段。

二、新中国成立以来科技发展主要成就

1.“两弹一星”(指原子弹、导弹、人造地球卫星)的开发研制。(科学家：邓稼先、钱学森)——目的：打破美苏等对核武器和空间技术的垄断。

(1)1964 年，第一颗原子弹爆炸成功——意义：加强了中国国防能力；为和平利用核能打下基础。后来先后建成秦山核电站和大亚湾核电站。

(2)1964 年，自行设计制造中近程导弹实验成功。

(3)1960 年，中国自己设计研制的第一枚火箭在酒泉发射成功。1970 年第一颗人造地球卫星“东方红一号”发射成功，中国成为世界上第五个发射卫星的国家。——中国进入航天时代。

2. 航天技术取得重大突破。

(1)1992 年，中国政府作出实施载人航天工程的战略决策，载人飞船正式列入国家研制计划。这是中国在世纪之际规模最庞大、技术最复杂的航天工程。

(2)2003 年 10 月 15 日，“神舟 5 号”飞船载人(杨利伟)航天飞行成

功。——中国成为世界上第三个掌握载人航天技术的国家。

3. 袁隆平研究培育出高产杂交水稻(南优 2 号)——第二次绿色革命,第五大发明——他 2001 年获中国国家最高科学技术奖,是世界上成功利用水稻杂交优势的第一人(杂交水稻之父)。

意义:提高了中国的水稻产量,解决了中国人的吃饭问题,有助于解决未来世界性饥饿问题,为世界农业科技做出重大贡献。

4. 计算机技术的发展:1983 年研制成功“银河 1 号”。

5. 生物技术的发展:1965 年人工合成结晶牛胰岛素——世界上第一个蛋白质的全合成——开辟人工合成蛋白时代。

三、“百花齐放,百家争鸣”

(一)“双百”方针的提出

1. 背景:(1)建国初意识形态领域的争论伤害了一部分知识分子。(2)三大改造完成,大规模经济建设开始,为让知识分子发挥更大作用。(3)关于知识分子问题的会议,指出知识分子绝大部分已成为工人阶级的一部分。

2. 提出:1956 年,毛泽东提出双百方针,即艺术问题上“百花齐放”,学术问题上“百家争鸣”。

3. 成果:科技文学艺术领域出现繁荣景象。

(1)科技领域:讨论摩尔根学派和李森科学派之争的会议成功召开。

(2)文艺领域:硕果累累。①老舍《茶馆》郭沫若《蔡文姬》杨沫《青春之歌》赵树理《三里湾》。②“难忘的 1959”,35 部优秀影片于 1959 年一举展出(包括《五朵金花》)。

(二)曲折的年代(“文革”时期)

1. 原因:“左”倾干扰,政治运动的扩大化,特别是“文革”的到来。

2. 表现:把学术问题当成政治问题进行了批判:如王蒙小说《组织部新来的青年人》、艾青寓言诗《蝉的歌》、电影《早春二月》等。

3. 影响:伤害了知识分子,妨碍了社会主义文化的正常发展。

(三)文艺的新春天(新时期)

1. 原因:

(1)文革结束,新时期到来,党总结教训经验,清算了极“左”路线。

(2)20 世纪 80 年代初,中共中央提出加强社会主义精神文明建设。

2. 教训:明确要处理好科学、文艺工作和政治的关系,和人民生活的关系,以及继承传统和不断革新的关系。三个关系中人民生活关系最基本。

3. 成果：文艺领域再次呈现繁荣景象。

四、现代中国教育的发展

(一)人民教育的奠基

1. 措施：

(1)接管各级各类学校，从列强手中收回教育自主权。

(2)确定教育方针，推动新中国教育：①1949 年第一次全国教育工作会议召开，决定建立人民教育事业(借助苏联和老解放区新教育经验)。②制定方针：进入全面建设社会主义时期，毛泽东提出全面发展教育方针——德智体都得到发展，将德育放在重要位置。

(3)倡导并实施“两种教育制度”即全日制和半工半读学校教育制度。

(4)少数民族地区，确定教育以培养少数民族干部为首要任务。

(5)加强中小学教育和成人业余教育。

2. 成果：①我国逐步形成比较完整的国民教育体系，各级教育初具规模。②培养了大批人才。③奠定共和国教育发展的基础。

(二)动乱中的教育

受“左”倾思想影响，教育受破坏。

(三)新时期教育复兴概况

1.“文革”结束后，邓小平全面拨乱反正，恢复高考。

2. 提出实行科教兴国战略，推动教育的持续发展。

3. 提出教育要面向现代化、面向世界、面向未来的指导方针，深化教育改革：改革基础教育，制定《义务教育法》普及九年义务教育；改革中等教育，实行普通教育和职业教育并举；改革高等教育：建立学位制，改革招生扩大自主权，实行“211 工程”计划。

4. 发展社会力量办学，启动希望工程。

5. 加大西部教育发展，推动少数民族地区教育发展。

重点难点

新中国科技发展的原因：

1. 新中国的建立和社会主义制度的确立，中国获得了真正的独立自主，人民成为国家的主人，为科技事业发展创造了前提和基础。

2. 党和国家对科技事业的重视和正确决策，制定了科技发展的长远规划，为科技事业的发展提供了保证。

3. 吸收人类文明成就，并在创新中求发展。

4. 优秀科学家和广大科技工作者在科技事业中的开拓精神与无私奉献。

5. 新中国教育事业的发展及科教兴国战略，提供了雄厚的人才储备。

6. 第三次科技革命的推动。

易错易混

1."两弹一星"指的是原子弹、导弹和人造地球卫星，其中"两弹"不是原子弹、氢弹。

2. 改革开放后水稻产量的提高，主要靠的是科技，其次才是政策。

历史概念

1. 结晶牛胰岛素：是牛的胰岛素结晶。牛胰岛素是牛胰脏中胰岛 β一细胞所分泌的一种调节糖代谢的蛋白质激素。

2. 基因工程：又称"基因拼接技术"和"DNA 重组技术"，是以分子遗传学为理论基础，以分子生物学和微生物学的现代方法为手段，将不同来源的基因(DNA 分子)，按预先设计的蓝图，在体外构建杂种 DNA 分子，然后导入活细胞，以改变生物原有的遗传特性、获得新品种、生产新产品。

3. 伤痕文学：主要描述了知青、知识分子、受迫害官员及城乡普通民众在十年"文革"期间悲剧性的遭遇。

4. 反思文学：20 世纪 80 年代前半期在中国大陆文坛出现的一种令人瞩目的文学现象。反思文学是伤痕文学的发展和深化。

5. 义务教育：又称"强迫教育"和"免费义务教育"。是根据法律规定，适龄儿童和青少年都必须接受，国家、社会、家庭必须予以保证的国民教育。义务教育具有强制性、免费性、普及性的特点。

第四章　世界古代史

——古希腊、古罗马文明

阶段特征

1. 古代雅典逐渐形成了城邦民主政治，其基本的民主原则为近代西方资本主义国家所借鉴，成为近现代西方民主政治的源头。古代罗马逐渐建立了系统的法律体系和完整的诉讼程序，对近现代法治国家的建立产生了深远的影响。

2. 古代希腊、罗马奴隶制经济迅速发展，尤其是工商业高度发达，在此基础上形成了灿烂的海洋文明。

3. 古代希腊出现了世界上最早的人文主义思想，体现了以人为本的基本特征，是近代人文主义思想的源头。

主干知识

一、古代希腊民主政治

（一）希腊文明的摇篮

1. 古希腊的概况（海洋文明）

（1）地理位置：希腊位于地中海东部的巴尔干半岛，东临爱琴海。

（2）地理环境：山地多，不适宜农耕，港湾众多，岛屿遍布。

（3）影响：

①经济：推动了希腊航海业、海外贸易和海军的发展。

②政治：小国寡民的城邦有利于公民政治的发展。

③对外：推动了希腊人积极向海外殖民扩张。

2. 古希腊城邦的出现：公元前8～前6世纪

（1）小国寡民和独立自治是城邦的基本特征。

（2）古希腊城邦的政治类型：民主制、贵族制和君主制；最著名的城邦：雅典（民主制）和斯巴达（贵族制）。

3. 公民的定义

根据传统，凡父母祖籍均属本城邦、拥有一定财产、能自备武装服兵役的成年男子，享有公民资格。

（二）雅典民主政治的确立

1. 梭伦改革（公元前 6 世纪初）——奠定民主政治基础

（1）原因

①主要原因（政治条件）：平民与贵族矛盾的激化

a. 原因：政治上，贵族掌权，平民政治权力太少；经济上，贵族掌握大部分财富，平民处境不断恶化，许多平民沦为奴隶。

b. 表现：公元前 632 年，雅典平民武装暴动。

c. 影响：给统治者敲响警钟，统治者作了局部调整；但局部调整不可能缓和社会矛盾，必须进行社会政治改革。

②根本原因（经济条件）：工商业的发展

（2）内容

①颁布"解负令"等法令

a. 内容："解负令"（废除所有债务，禁止借贷以人身作抵押，由于欠债而卖身为奴的公民，一律释放）；规定占有土地的最高限额（目的：阻止贵族任意兼并土地）；"遗嘱法"（目的：杜绝贵族侵占平民财产）。

b. 影响：限制了土地兼并，贵族失去扩张势力的物质基础；扩大了公民的基础，促使社会结构发生变化；但并未废除奴隶制，积极向外掠夺奴隶，走上奴役外邦奴隶的道路。

②确立财产等级制度

a. 内容：

目的	标准	等级名称	财产标准	权利和义务
打破贵族的世袭特权	按照财产多寡划分等级	第一等级	年收入 500 麦斗上	可担任一切官职；提供骑兵，自备军械、军装和马匹
		第二等级	年收入 300～500 麦斗	除执政官以外的高级官职；提供骑兵，自备军械、军装和马匹
		第三等级	年收入 200～300 麦斗	可担任低级官职；提供重装步兵，自备军械、军装，不需提供马匹
		第四等级	年收入 200 麦斗下	拥有选举权但无权担任公职；提供轻装步兵和一般水手，带棍棒

b. 评价：（进步性）打破了贵族垄断政权局面，开辟了工商业奴隶主参政议政的途径；加强了工商业奴隶主地位；重新分配政治权利，为雅典民主政治发展开辟道路。（局限性）没有带来真正的平等。

③改革国家权力机构

a. 目的:进一步打破贵族专权

b. 措施:
- 恢复公民大会作为国家最高权力机关
- 组成“四百人会议”作为公民大会的常设机构
- 设立公民陪审法庭为最高司法机关

④鼓励发展农工商业

a. 目的:扩大平民就业机会,壮大雅典城邦实力

b. 措施:
- 农业:禁止出口粮食,抑制粮价,改进水渠灌溉系统,提倡种植经济作物
- 工商业:鼓励出口,公民必须让儿子学一门手艺,吸引有技术的外国人迁居雅典
- 其他:改革币制与度量衡,确立私有制,承认财产继承自由,提倡节俭,抑制奢侈,惩罚游手好闲之徒

c. 意义:大大推动了雅典社会的发展

(3)梭伦出走与僭主政治的建立

①梭伦出走原因:改革没有消除贵族与平民的根本矛盾;
梭伦不愿建立僭主政治,践踏民主政治。

②僭主政治的建立

a. 背景:梭伦出走后,雅典社会动荡,各派纷争。

b. 建立:公元前560年,庇西特拉图建立。

c. 意义:以独裁形式进一步推进民主进程。

(4)梭伦改革的历史意义

①积极意义:大大促进了雅典的繁荣与发展;奠定了雅典城邦民主政治的基础。

②历史局限:下层公民没有享有充分的政治权利;氏族制度残余和贵族势力仍然存在;平民和贵族的矛盾没有得到根本解决。

2. 克利斯提尼改革(公元前6世纪末)——确立民主政治

(1)内容:用地域部落取代血缘部落,大大削弱了氏族贵族的势力;还设立了五百人会议,成立十将军委员会,制定“陶片放逐法”。

(2)意义:打破部落贵族对政权的控制,雅典国家最终形成;使雅典所有公民都有机会参与国家政治事务,标志着雅典民主政治确立。

3. 伯利克里改革(公元前5世纪)——雅典民主政治“黄金时期”

(1)内容:①扩大公民参政范围;②改革公民大会;③改革五百人会议;④提高陪审法庭的地位;⑤扩大十将军委员会的权力;⑥为参政公民发放津贴;⑦发放“戏剧津贴”,鼓励公民接受政治教育和文化熏陶。

(2)作用:①这次改革使雅典经济、文化取得辉煌成就;②雅典民主政治发展到顶峰;③贵族权力被大大削弱。

(三)希腊城邦制度的衰落

希腊城邦制度衰落的原因:①是建立在奴隶制基础上的、少数人的民主(根源);②内部混乱,城邦间长期混战;③公元前 338 年,马其顿王国征服希腊。

(四)希腊民主政治的特征

人民主权、轮番而治。

(五)希腊奴隶制民主政治的实质(缺陷)

是建立在奴隶制基础上的、少数人的民主。

(六)希腊奴隶制民主政治的积极作用

铸就了希腊人渴求知识,乐于探究的民族性格;在众多文化领域取得了辉煌的成就,产生了灿若群星的文学巨匠;率先确立法律面前人人平等、国家主权在民的原则;有效协调公民集体内部各阶层利益关系,调动公民积极性,为公民充分发挥主动性和聪明才智提供宽松的环境;比较健全的民主制度开西方民主政治先河。

二、罗马法的起源与发展

(一)起源和发展

1. 起源

(1)习惯法

(2)成文法——《十二铜表法》

①内容:涉及法律诉讼的程序、债务、家庭关系、财产继承、宗教以及犯罪和刑罚等方面。

②意义:是罗马第一部成文法;一定程度上限制了贵族,保护了平民的利益。

2. 发展

(1)公民法

①时间:罗马建国到公元前 3 世纪中叶。

②范围:适用于罗马公民。

③内容:包括元老院法令、元首命令、大法官告示、一些具有法律效力的习惯法。

(2)万民法

①时间:共和国转向帝国时期。

②原因:罗马的对外扩张,各种社会矛盾突显;公民法已不适应新形势的变化。

③范围:帝国境内各族人民。

④内容:主要调整财产关系,规定奴隶制和私有财产神圣不可侵犯。

3. 完善

《查士丁尼民法大全》标志着罗马法体系最终形成。

(二)罗马法的内容

1. 内容

分为广义和狭义两种。广义的罗马法指通行于罗马统治的整个地中海世界的法律制度。狭义的罗马法指罗马公民法。从形式上可以区分为成文法与习惯法;从适用范围上看包括公民法、万民法等。

2. 核心内容之一

承认私有财产神圣不可侵犯。

3. 遵循原则

自然法思想(理性、证据、公正、自由、平等)。

4. 实质(目的)

维护奴隶主贵族的政治、经济利益。

(三)罗马法的作用和局限性

1. 作用

(对罗马)维系和稳定了帝国的政治、经济统治;(对欧美)奠定了近代欧洲法律体系的基础,是各国立法所遵循的范本;为近代欧美资产阶级战胜封建势力提供了理论武器;(对东方)对日本和中国也有很大影响;罗马法遗产在今天仍受益。

2. 局限

法律是统治阶级意志的体现。罗马法的制定主要是体现帝国统治者的利益,对于被统治者来说,只能承担义务,受到不公正的处罚。

三、人文主义的起源:古希腊哲学

1. 智者学派

(1)产生背景:奴隶制经济发展,希腊城邦民主政治高度发展,社会生活丰富多彩,思想活跃。

(2)主要观点:①讨论的重点从认识自然转移到认识社会,提倡怀疑精神,反对迷信,强调人的价值、人的决定作用。②培养公私兼顾的好公民。

(3)代表人物:普罗塔哥拉。

观点:"人是万物的尺度",每个人都有自己的感觉,一切都是相对的,好坏优劣取决于个人的尺度,世间没有客观的评判标准和永恒的真理。

(4)评价:

①积极:a. 构成古希腊人文精神的基本内涵;b. 强调人作为认识客观事物的主体的意义,否定了神或命运等超自然的力量对社会人生的作用,树立了人的尊严。

②消极:追求功利,忽视道德,过分强调个人主观的感受,忽视人们认识的共同性,认为没有是非之别,给主观随意性和极端个人主义打开了方便之门。

2. 苏格拉底

(1)生活时代:和智者学派处于同一时代。

(2)主张:

①认识你自己。

②知识即美德。强调知识的作用,认为人必须具有知识,才能达到善;无知是一切罪恶的首要根源。他把道德和知识合二为一,认为道德行为必须以知识为基础,最高的知识就是对"善"的认识,包括健康、财富、地位、荣誉以及正义、勇敢等美德。

③重点研究人的伦理道德问题;围绕人的精神修养提出哲学命题,改造自己的灵魂。

(3)影响:开创了希腊哲学的新方向,使哲学真正成为一门研究"人"的学问。他崇尚知识和自由探索的理性精神对后世西方哲学产生了深远影响。

3. 柏拉图

柏拉图关注的焦点也是人类社会。

(1)代表作:《理想国》。

(2)意义:鼓励人们独立理性思考,为理性主义的发展奠定了基础。

4. 亚里士多德

(1)观点:真理高于一切——"吾爱吾师,吾更爱真理。"

(2)主要贡献:创立了逻辑学。

(3)评价:是集古希腊科学文化知识之大成的百科全书式的学者。他不仅为现代许多科学门类奠定了基础,而且使哲学真正成为一门独立的学科。他把希腊哲学爱智慧与好学深思的理性精神发展到顶峰,给后人留下了一笔包罗宏富的文化遗产。

重点难点

1. 为何说“雅典民主政治是世界上最狭隘也是最充实的民主政治”?

(1)最狭隘——享受民主权利的仅仅是成年男性公民,妇女、外邦移民、奴隶、他国公民被排除在外。

(2)最充实——全体公民在立法及处理公众事务上有直接参与的权利。

①提供了集体管理的新形式:以多数人参政激发每个公民的积极性,有利于公民的聪明才智的发挥,从而产生巨大的效率;采取群众监督公职人员的措施,降低了以权谋私的可能性。

②创造了民主运行的新方式。如议会制、比例代表制、选举制、任期制等。

2. 如何全面认识罗马法的发展演变历程:

名称	演变历程	备注
从习惯法到成文法	公元前5世纪中叶,罗马制定了《十二铜表法》,罗马成文法诞生	是平民反对贵族斗争的结果。罗马共和国早期,贵族垄断立法和司法大权,掌握法律的解释权,损害了平民利益
从公民法到万民法	公元前3世纪中叶后,仅适用于罗马公民的“公民法”演变成为适用于罗马统治范围内一切自由民的“万民法”	是罗马帝国对外扩张的必然结果。随着罗马版图的扩大,出现了新的社会问题:一是不同文化传统的民族之间出现矛盾;二是国际交往扩大,促进了商品经济和贸易的发展,经济活动出现新问题
从零散到形成完整体系	查士丁尼一世在位时汇编成《查士丁尼民法大全》,这标志着罗马法体系的最终形成	是皇帝高度重视法律的制定、古罗马法学家们努力的结果

3. 全面把握西方人文精神的起源:

派别(代表人物)	主要观点	影响
自然哲学:泰勒斯	万物都是由水形成的	打破了传统的束缚,标志着古代西方人的精神觉醒
智者学派:普罗塔哥拉	人是万物的尺度	提倡怀疑精神,强调人的价值,构成了古希腊人文精神的基本内涵
苏格拉底	知识即美德,认识你自己	他崇尚知识和自由探索的理性精神,对后世西方哲学产生了深远影响

4. 比较认识孔孟与苏格拉底思想的不同：

	孔孟	苏格拉底
社会环境	处于社会变革时期，社会环境宽松，士阶层兴起	城邦奴隶制民主政治发展到顶峰，工商业发展，公民社会地位提高，社会繁荣
思想特点	提倡"礼仪""仁政"，重点强调人的道德修养，人与人、人与社会的和谐	提出"认识你自己""知识即美德"，重点强调人的独立与精神修养
主要影响	奠定了中国传统文化体系的基础	使哲学真正成为一门研究"人"的学问

5. 正确理解"人是万物的尺度"。

(1)含义：人的需求是衡量事物的标准，判断是非善恶的标准，只能是个人的感觉，强调个人的选择。

(2)意义：①积极：把人置于世界和社会的中心，树立了人的尊严和权威，否定了神的意志是衡量一切的标准，这是在原始宗教和自然统治之下人类自我意识的第一次觉醒。②局限性：重视人的作用，过分强调人的主观感受，忽视人的道德，导致主观随意性和极端个人主义泛滥。

6. 古希腊时期的人文精神：智者学派对雅典民众的思想启蒙和解放起到了积极的促进作用。他们的某些思想是西方思想史上人文主义精神的最初体现。例如，"人是万物的尺度"的主张，一下子就把人置于世界和社会的中心。这是在原始宗教和自然统治之下人类自我意识的第一次觉醒。智者学派人文精神的思想是西方人文精神的起源，而普罗塔哥拉则是西方思想解放运动的先驱。

易错易混

1. 注意雅典民主制的产生，是由经济、历史及文化传统等多方面因素综合决定的，地理环境产生了重大影响。

2. 雅典民主仅仅是对男性公民群体而言的，而非公民。如外邦公民、奴隶和他国公民，没有享受民主的权利。

3. 地理环境对文明的形成有一定的影响，但不是唯一的影响因素。文明的形成是多种因素共同作用的结果。

4. 万民法与公民法的关系是相互补充的，而不是相互对立的。

5. 自然环境对希腊城邦的形成有重要影响，城邦是孕育古代希腊民主的摇篮。

6. 梭伦改革为雅典民主奠定了基础，克利斯提尼改革最终确立了雅典民主制，伯利克里改革使雅典民主制达到鼎盛。

7. 公民大会、五百人议事会和民众法庭(陪审法庭)是民主政体特征的充分体现。公民大会是最高权力机关，负责审议并决定一切国家大事。五百人议事会是公民大会的附属机构，在公民大会休会期间为大会最高权力的代表，负责监督行政官员落实大会决议。陪审法庭是国家最高司法和监察机关。

8.《十二铜表法》的制定，标志着罗马成文法的诞生，《查士丁尼民法大全》标志着罗马法体系的最终完成。

历史概念

1. 城邦：是古希腊的一种国家形态，它一般以一个城市为中心，包括其他周边的村社构成。

2. 君主制：以君主作为实际上的或名义上的国家最高统治者的政体。包括君主专制和君主立宪。

3. 贵族制：统治阶级中的一部分人掌握政权的政体。作为一种集体领导，多实行任期制与选举制。

4. 寡头制：指极少数人执掌政权。

5. 债奴制：是公元4世纪初期古日耳曼人建立法兰克王国后，开始实施的一种土地和奴隶相联系的制度，具体内容是大量平民因为破产而沦落为各个封建领地的领主的奴隶，无偿为领主服劳役。债奴制到了后期由于土地的大量兼并而瓦解。

6. 罗马法：指公元前6世纪末至公元7世纪古代罗马制定和实施的全部罗马法律。它随着罗马国家的发展而发展，呈现出较为明显的阶段性。

7. 习惯法和成文法：习惯法又称为“不成文法”，指由国家认可其具有法律效力的法律。而成文法是指由国家机关制定和公布，以成文形式出现的法律，又称“制定法”。

第五章　世界近代现代史

第一节　资本主义工场手工业时期

阶段特征

世界近代史是资本主义产生和发展，并逐步形成世界资本主义体系和向帝国主义过渡的历史。16 世纪到 18 世纪中期是世界近代史的第一个阶段，即资本主义手工工场时代，也是早期资产阶级革命时代。尽管世界上的资本主义国家还很少，绝大多数国家和地区还处在封建的或封建制以前的发展阶段，但是资本主义已成为历史发展的主流。封建制度的衰亡和资本主义的成长已成为这一时期历史发展的中心内容。资本主义世界市场开始形成。

主干知识

一、意大利的资本主义萌芽

1. 原因：(1)政策：14～15 世纪，意大利出现佛罗伦萨和威尼斯等著名工商业城市，他们纷纷采取鼓励发展工商业的政策，促进了经济和社会的发展。(2)政治：各城市工商业主、银行家等资产阶级控制着城市的政权。(3)位置：这些城市处于地中海航运中心。

2. 表现：佛罗伦萨的繁荣——最具代表性的城市，手工业发达，欧洲的金融中心。

3. 影响：新兴资产阶级兴起(金融家、工场主、商人)与教会、贵族产生深刻矛盾，要求进行思想变革。

二、新航路的开辟

1. 背景

(1)经济根源:商品经济发展,资本主义萌芽产生。

(2)社会根源:欧洲人对贵金属和香料的强烈渴望。

(3)政治因素:欧洲各国君主依仗武力,强化王权。

(4)精神动力:传播基督教是重要推动力。

(5)直接原因:欧洲对东方的贸易是转口贸易,高额利润的诱惑;奥斯曼土耳其控制地中海,导致商路不畅,引发商业危机。

(6)条件具备:

①主观:西班牙、葡萄牙王室的支持。

②客观:造船和航海技术进步等。

2. 过程:

时间	航海家	国籍	支持者	主要贡献
1487 年	迪亚士	葡萄牙	葡萄牙	到达非洲最南端的好望角
1492 年	哥伦布	意大利	西班牙	从欧洲横渡大西洋到达美洲
1497～1498 年	达·伽马	葡萄牙	葡萄牙	绕非洲海岸到达印度,开通了东西方之间最短的海上航路
1519～1522 年	麦哲伦	葡萄牙	西班牙	其船队完成人类史上的第一次环球航行

3. 影响

(1)对欧洲:①通过贸易和掠夺,西欧开始崛起。

②欧洲主要商路和国际贸易中心从地中海沿岸转移到大西洋沿岸。

③引起价格革命,封建主势力衰落,资本主义发展。

(2)对美洲:①美洲传统社会遭到灭顶之灾。

②为欧洲的资本原始积累做出了重要贡献。

(3)对非洲:成为猎获黑奴的场所,非洲丧失大量精壮人口。

(4)对亚洲:①殖民者在亚洲侵占一些大陆沿岸据点和岛屿。

②白银大量流入,刺激了亚洲经济的发展。

(5)对世界:全球逐渐形成了以欧洲为中心的世界经济体系,人类从各民族分散孤立地发展开始走向整体世界,加强了各地区之间的联系,世界市场开始形成。

三、人文主义的兴起:文艺复兴

1. 背景

(1)经济:意大利工商业城市兴起,出现了资本主义萌芽(根本原因)。

(2)政治:新生资产阶级追求财富与人生享乐,力求冲破教会的思想障碍。

(3)文化:意大利本身的文化遗产和人才结构。

(4)思想:基督教会垄断西欧文化教育,人们生活在缺少理性思维和人文精神的蒙昧中。

2. 名称含义:当时资产阶级还没有成熟的思想体系,只得借助古希腊、古罗马文化来表达自己的反封建思想,因此被称为文艺复兴运动。

3. 实质:资产阶级反封建的思想文化运动

4. 指导思想:人文主义

人文主义含义:核心内容是提倡人性,反对神性,主张人生的目的是追求现世的幸福,而不是教会的灭人欲;倡导个性解放,反对盲从盲信的愚昧思想。(这一时期人文主义指向:禁欲主义、蒙昧主义)

5. 代表

(1)前三杰:薄伽丘《十日谈》;但丁《神曲》;彼特拉克《歌集》,被称为人文主义之父。

(2)后三杰:达·芬奇《最后的晚餐》《蒙娜丽莎》;米开朗琪罗《大卫》《摩西》;拉斐尔《西斯廷圣母》。

(3)英国:莎士比亚《哈姆雷特》等。

6. 影响

(1)适应了资本主义发展的需要,为近代自然科学和各种学术的发展清除了思想障碍。

(2)给予封建思想以沉重打击,极大地解放了人们的思想。

(3)推动了欧洲资本主义经济的发展。

(4)动摇了神学的权威,对宗教改革起到了推动作用。

(5)推动了反封建斗争的高涨,为新航路开辟以及殖民扩张注入了精神活力。

(6)创造了光辉灿烂的文化,开辟了世界文明的新篇章,促进了科学的发展和生产力的进步。

7. 局限

(1)披着宗教外衣反宗教神学,具有软弱性、妥协性。

(2)如果对人文主义过分推崇,会造成个人主义泛滥。

四、人文主义的发展:宗教改革(这一时期人文主义主要指向教会的宗教特权)

1. 背景

①经济:资本主义生产方式的产生和发展。

②政治:资产阶级力量壮大。

③思想:文艺复兴推动了人文主义的发展。

④社会:天主教会腐败堕落。

2. 马丁·路德宗教改革

(1)原因:①根本原因:教会压迫严重阻碍了资本主义发展。②导火线:教皇兜售赎罪券。

(2)主张:因信称义。人只有依靠信仰才能得救,不能靠善功、圣礼和神职人员。

意义:这一思想使人获得精神上的自由和灵魂得救的自主权,带有鲜明的人文主义色彩,否定了天主教会及其神学的绝对权威。

(3)序幕:《关于赎罪券的功效》(《九十五条论纲》),揭开宗教改革的序幕。

(4)意义:①宗教改革在德国拉开了序幕,这是反对天主教会的社会、思想改革运动(性质)。

②改革后创立的新教登上历史舞台,与天主教、东正教形成三足鼎立的新局面。

3. 加尔文宗教改革

(1)加尔文宗教改革的背景

①受马丁·路德宗教改革的影响;

②受文艺复兴时期人文主义的影响;

③深入研究《圣经》宣传宗教改革。

(2)加尔文宗教改革的内容

①坚持《圣经》绝对权威,反对教皇权威,主张简化宗教仪式;

②主张"先定论",宣扬选民或弃民;

③主张选民要有奋斗精神,要具有简朴、诚实、讲信用等高尚美德;

④主张建立共和式的长老制度;建立政教合一的政权。

(3)加尔文宗教改革的历史作用

对西方资本主义的兴起影响极大,比路德教产生了更为广泛的国际性影响。加尔文教义传入英国,成为英国清教徒的宗教信条。日内瓦也由此成为“新教的罗马”。

4. 宗教改革的影响

(1)实质:宗教改革运动实际上是一场在宗教外衣掩饰下发动的反对封建统治的政治运动,是文艺复兴之后欧洲又一场思想解放运动。

(2)历史意义

①欧洲的宗教改革运动沉重打击了天主教会的神权统治,促进了欧洲民族意识的高涨和民族国家的成长和发展。

②宗教改革打击了西欧的封建势力,使得大量教会财产转到新兴资产阶级手中,有利于欧洲资本主义的发展。

③宗教改革否定了罗马天主教会的权威,解放了人们的思想,为资本主义的兴起和发展奠定了基础。

④宗教改革所形成的新教为早期资本主义发展提供了思想武器,成为日后尼德兰革命以及此后的英国资产阶级革命的政治旗号。

⑤进一步打破天主教会精神枷锁,解放思想,人文主义得到进一步传播和发展。

四、人文主义的成熟:启蒙运动

1. 启蒙运动的兴起

(1)背景:

①经济、阶级基础:资本主义经济的发展,资产阶级壮大。

②思想基础:文艺复兴、宗教改革进一步解放了人们的思想。

③思想武器:自然科学的进步提供了锐利的思想武器。

④政治障碍:封建制度阻碍了资本主义的发展。

(2)性质:资产阶级反封建的思想解放运动。

(3)含义:启迪和开导人们的反封建意识,给处于黑暗中的人们带来光明与希望。

(4)主张(共性):

①民主、科学,自由、平等、博爱。

②提倡用理性而不是用外界的权威来判断一切事物,只敬畏真实,尊重科学,不再信奉传统的偶像与教条,把批判的锋芒直指封建专制制度及其宗教思想体系。(这一时期人文主义指向专制主义和教权主义)

2. 中心:

法国。(高潮:18 世纪中叶,此时的中国正处于清朝时期)。起源于英国。

(1)孟德斯鸠:

①代表作:《论法的精神》。

②主张:三权分立;君主立宪。

③评价:后来成为资产阶级政治制度的基本原则。

(2)伏尔泰:

①主张:自由平等,天赋人权;开明君主制(英国式的君主立宪制)。

②评价:比同时代的理性学者更尖锐的批判现存制度,更热情地歌颂理性,倡导生而平等、信仰自由和民主政治。他的思想对18世纪的欧洲产生了巨大影响。

(3)卢梭:

①主张:天赋人权,人民主权,社会契约,民主共和。

②代表作:《社会契约论》。

③评价:他是批判封建制度、宣传理性至上的启蒙思想家中最为激进的民主主义者。

(4)康德:

①主张:人非工具,尊重他人;人应自律。

②评价:他是近代西方哲学史上划时代的哲学家。他的理性批判哲学最终确立了人类的主体地位。

3. 影响

(1)性质:启蒙运动是欧洲历史上又一次伟大的思想解放运动。

(2)特点:启蒙思想家阐释的自由、平等、人权、民主、法制和三权分立等思想,丰富和发展了人文精神的内涵,把反封建和反宗教神学的斗争推进到反对封建专制制度、建立资产阶级理想王国、根据资产阶级利益建构政治制度的高度,从而比文艺复兴人文主义更为彻底、更具鲜明的政治革命性质。

(3)作用:这一思想解放运动不仅为资产阶级革命做了舆论准备,而且还为人类社会创造了宝贵的精神财富。

(4)对世界:①极大地鼓舞了殖民地和半殖民地人民争取民族独立的斗争(为美国独立战争提供了思想武器,为美国政治体制奠定了理论基础)。②为亚洲各国先进人士改造社会提供了思想武器。

五、英国君主立宪制的建立

1. 确立——《权利法案》的颁布

(1)背景:

①历史渊源:13世纪初,颁布《大宪章》以限制王权,逐步形成召开议会

决定重大事宜的制度。

②经济基础:资本主义经济发展。

③阶级基础:英国资产阶级和新贵族力量壮大。

④政治前提:1640～1688年资产阶级革命成功(标志:光荣革命—不流血的政变)。

(2)标志:1689年颁布《权利法案》,确立了议会主权,限制了国王权力。

(3)影响:

①英国建立了君主立宪制政体,实行议会与国王集体统治,统治方式从人治转向法治。

②英国社会从此进入长期稳定发展的时期。

2. 发展——责任内阁制的形成

(1)形成:①"光荣革命"后,国王逐渐退出内阁,成为"统而不治"的国家元首,内阁承担实际行政职责。

②1721年,罗伯特·沃波尔成为英国历史上第一任内阁首相,主持内阁会议,协调各部门工作。

(2)特点:①内阁全体成员对政府事务集体负责,并与首相在政治上共进退。②如果议会通过了对政府的不信任案,内阁就要下台,或者提请国王宣布解散议会,重新选举。

(3)变化:19世纪中期,随着选举权的逐步扩大和两党制的发展,议会选举变成两大政党之间的权力角逐,大选中获胜的多数党上台组阁。

3. 完善——1832年议会改革

(1)原因:工业革命深入发展,新兴工业资产阶级力量壮大。

(2)影响:①工业资产阶级取得更多席位。②确保了资产阶级民主政体的稳定和资本主义经济迅速发展。③为其他国家的民主化提供了借鉴。

4. 特点

(1)基础:代议制民主(间接民主)

(2)核心:责任内阁制

(3)国王:国王是国家元首,平常仅扮演仪式性的角色,"统而不治"。

(4)内阁:名义上对国王负责,实际上是对议会负责。

(5)首相:是实际上的最高行政首长,由议会多数党领袖担任,掌握行政权和立法创议权,事实上成为国家政治生活的最高决策者和领导者。

5. 英国君主立宪制的影响

(1)对英国:大大削弱了国王权力,议会和内阁掌握了治理国家的权力。结束了英国的封建专制制度,走上了资产阶级政治民主化的道路,有利于资本主义的发展，促进文化繁荣。

(2)对世界：树立了民主典范，影响深远。

6. 英国政治制度演变的特点

(1)连续性。近现代英国的主要国家机构和政治制度几乎无一不是从中世纪继承下来的历史遗产。从《大宪章》到《权利法案》，从英王的内阁到责任内阁制。

(2)渐进性。英国制度的发展变化都是徐缓渐进式的，英国君主立宪制在17世纪末形成，以后逐渐发展完善，实现了全面的民主化。

(3)创新性。如内阁本是国王召集的咨询行政机构，革命后内阁作为国王的私人会议的成分减弱，内阁逐渐独立行事，于是形成了现代意义上的责任内阁制。

六、殖民扩张与世界市场的拓展

1. 表现

国家	范围	方式	结果
荷兰	西北欧、亚洲、美洲	①进行海上贸易 ②组建大型商业公司	17世纪上半叶是荷兰海上贸易的黄金时代，成为头号贸易强国，有“海上马车夫”之称
英国	全球	①海盗式掠夺 ②商业战争 ③在殖民地进行商业活动和掠夺 ④黑奴贸易	18世纪下半叶，确立了海上霸主的地位，建立了广阔的海外殖民地，成为最大的殖民帝国

2. 影响：

(1)对世界的影响：

①世界市场扩展：北美、大洋洲、欧洲内地、亚洲内地都卷入世界市场。

②世界市场格局变化：欧洲成为世界贸易的中心。

(2)对殖民国家的影响：为西欧提供了广阔的海外市场和原料产地，促进了资本主义的发展。

(3)对殖民地的影响：①消极：打断了亚非拉的历史发展进程，给殖民地带来了深重灾难，造成这些地区长期落后。②积极：带来先进的生产方式、生活方式和思想观念，客观上促进了殖民地的发展，使之逐渐融入世界市场。

七、经典力学的形成和发展

1. 伽利略——经典力学的奠基者(意大利人)

(1)背景:16 世纪中期以来,受文艺复兴运动的影响,科学逐渐从神学桎梏中解放出来,科学新时期开始了。

(2)成就:

①物理学:发现落体定律,确定匀速运动和匀加速运动两个概念——为经典力学的建立奠定基础。②天文学:用自制望远镜观察天体,证明哥白尼“日心说”的正确性。

(3)意义:开创了以实验事实为根据并具有严密逻辑体系的近代科学,为后来经典力学的创立和发展奠定了基础。

2. 经典力学体系的形成——牛顿(微积分+经典力学)

(1)标志:1687 年《自然哲学的数学原理》提出物体运动的三大定律和万有引力定律构成牛顿力学体系,即经典力学体系。

(2)特点:以实验为基础、以数学为表达形式。

(3)影响:海王星、冥王星的发现证明了牛顿理论的科学预见性,标志着近代科学的形成,推动了物理学的发展。

重点难点

1. 不同阶段的思想解放运动对人文精神的诠释:

阶段	对人文精神的诠释
文艺复兴	强调人的尊严和人的价值;肯定人的现世生活,要求个人自由和个性解放,昭示了一种全新的个人主义的伦理观;对教会与贵族的虚伪和腐败进行猛烈批判,从侧面揭露禁欲主义与人性的冲突和对人性的扭曲
宗教改革	强调人只有依靠信仰才能得救,实际上否定了教皇的权威,使人民获得了精神上的自由和灵魂得救的自主权,从而具有鲜明的人文主义色彩
启蒙运动	由思想领域深入到政治领域,要求从根本上变革国家体制,实行民主政治制度;提出了无神论;倡导经济自由、人身自由、政治平等、议会制民主、三权分立等

2. 文艺复兴和启蒙运动倡导思想的异同

(1)相同点:都注重人的价值;都是资产阶级反封建的思想解放运动;为资产阶级取得政治、经济上的统治地位作了思想准备。

(2)不同点:①背景上,文艺复兴是资本主义萌芽的产物,主要是反对天主教神学对人的束缚;启蒙运动是资本主义发展的结果,对教会及世俗君主专制提出了批判。②内容上,文艺复兴提倡"人性"、反对天主教神学的束缚,强调追求现世幸福;启蒙运动高举"理性"旗帜,反对教会与君主专制,追求政治平等和经济自由。③影响上,文艺复兴推动了近代自然科学事业的产生及发展,影响了宗教改革;启蒙运动打击了专制主义世俗统治,引领了欧洲乃至全世界的资产阶级革命浪潮。

3. 西方不同时期人文精神的重心及内涵

(1)古希腊先哲的精神觉醒:重心是探究人活着的意义是什么。智者学派将人置于世界和社会的中心,强调人的价值和决定作用;苏格拉底更加注重人的伦理道德和知识。

(2)文艺复兴:重心是探究人应该过怎样的生活。批判神权统治,鼓吹人性解放的思想自由。

(3)宗教改革:重心是探究人应该过怎样的宗教生活。宗教改革强调以人为中心,肯定人的价值和尊严,提倡追求自由幸福生活,反对封建宗教禁锢。挑战教皇的权威。

(4)启蒙运动:重心是探究人应该过怎样的政治生活。将人文主义发展为理性主义,反对迷信,反对权威。

易错易混

1. 1689年英国通过《权利法案》确立了君主立宪制,但国王仍有较大的行政权,可以领导政府和内阁,但受到议会制约,责任内阁制确立后英王才开始处于"统而不治"的地位。

2. 英国的封建专制统治与中国的封建专制统治是不同的。中国是绝对君主专制,君主大权独揽,到明清时期达到高峰;而英国在中世纪时,王权就受到贵族的挑战。

3. 古希腊实行的是直接民主制,近代资产阶级代议制实行的是间接民主制。

4. 文艺复兴与宗教改革反对的是封建的教会与宗教思想,并不是放弃基督教。

5. 启蒙运动发生在英国,高潮在法国。这是因为法国资本主义的发展受到封建专制阻碍在思想上的反映。

6. 英国是议会制君主立宪制,君主是虚,议会是实;德国是二元制君主立宪制,议会为虚,君主是实。

7. 英国君主立宪制的形成

一条主线：议会的发展演变（即代议制的确立、发展、完善）。

两个趋势：国王权力逐渐削弱，议会权力不断增强。

三个转移：立法权由国王转移到议会；行政权力由国王转移到内阁；政治权利由贵族民主转移到工业资产阶级民主，并下移到公民民主。

8. 资产阶级代议制形式的统一性表现

一个核心：代议制民主。

两种政体：君主立宪制、总统制共和制或议会制共和制。

三项原则：民主化、法律化、制度化。

9. 比较英国君主立宪制、美国总统制、法国总统制、德国君主立宪制：

项目	英国君主立宪制	美国总统制	法国总统制	德国君主立宪制
国家元首	国王	总统	总统	皇帝
国家元首产生方式	世袭	民选（任期四年，可连任两届）	选举（任期七年，可连选连任）	世袭
国家元首任期	终身制	任期制	任期制	终身制
国家元首有无实权	无	有	有	有
政府首脑	内阁首相	总统	内阁部长	宰相
政府产生方式	议会产生	总统任命	总统任命	皇帝任命
国家权力中心	议会	总统	议会	皇帝
行政权	内阁首相	总统	总统和内阁	皇帝与宰相
政府首脑与议会关系	首相与内阁对议会负责，由内阁协调首相与议会的关系	总统与议会互相制约	总统与内阁部长共同对议会负责，总统可解散众议院	宰相只对皇帝负责而不对议会负责
立法机构	议会	国会	议会	帝国议会、联邦议会

历史概念

1. 新大陆：是欧洲人于15世纪末发现美洲大陆及邻近的群岛后对这片

新土地的称呼。

2. 黑奴贸易:15世纪～19世纪末,欧洲及美国殖民者从非洲大量掠夺黑人,贩运至美洲作为奴隶高价出售的罪恶活动。近400年的黑奴贸易,使非洲丧失了上亿人口,却为资本主义发展提供了资本的原始积累。

3. 世界市场:它是指随着社会生产力水平的提高与国际分工的发展,各个国家和地区之间以商品流通为主要内容的经济交往活动的总和。

4. 君主立宪制度:是资本主义国家的一种政体,它保留君主,君主的权力受宪法限制,也称为"有限君主制"。

5. 内阁制亦称"责任内阁制"。资本主义国家由内阁总揽国家行政权力的政权组织形式。内阁由获得议会多数席位的一个或几个政党组成,经国家元首任命。内阁以总理或首相为首脑,下设有阁员,称为部长或大臣。内阁通常只对议会负责,并受议会监督。

6. 国家制度,包括国体与政体,即内容与形式两个方面。国体(国家的性质),就是国家的阶级本质,是指社会各阶级在国家中的地位。政体:是国家政权的组织形式,指统治阶级采取何种形式去组织自己的政权机关,它与国家的阶级性质相适应。

7. 资本主义:以资本家占有生产资料和剥削雇佣劳动为基础的社会制度。所谓资本主义国家是资产阶级反对封建制度革命胜利后建立的国家,是维护资本主义生产关系和资产阶级根本利益的工具。

第二节　资本主义第一次工业革命时期

阶段特征

这个阶段(18世纪中期～19世纪中后期),是资产阶级最后战胜封建主义,资本主义制度在世界范围内确立统治的时期或资本主义世界体系的初步形成或自由资本主义时期。因此,社会的主要矛盾表现为资本主义同封建主义的矛盾。同时,无产阶级、人民群众同资产阶级的矛盾、殖民地、半殖民地同殖民主义宗主国矛盾,资本主义国家之间的矛盾,也都很尖锐。这种矛盾状况集中体现在工业革命后出现的三大历史潮流上,即资产阶级革命或改革、工人运动和社会主义运动以及民族解放运动。三大潮流中,资产阶级的革命或改革运动是当时世界历史发展的主流。

主干知识

一、第一次工业革命

1. 首先发生在英国的条件

(1)政治前提:资产阶级代议制在英国确立;

(2)经济因素:经济稳步发展,工场手工业发达;

(3)市场条件:海内外市场不断扩张(根本动力、直接原因);

(4)技术条件:许多行业掀起技术革新的热潮;

(5)资本:殖民掠夺、海外贸易、圈地运动进行了资本原始积累;

(6)劳动力:圈地运动使许多人成为自由劳动力,人口自由流动;

(7)政府:政策支持;

(8)资源:煤铁资源丰富,殖民地提供原料;

(9)知识:牛顿力学创立和普及。

2. 发明及成就:

	主要发明	意义
棉纺织业	哈格里夫斯:珍妮机	各个部门实现机械化
	阿克莱特:水力纺纱机	
	水力织布机	
冶金采矿		提高炼铁和采煤技术
动力	瓦特:改良蒸汽机	人类进入蒸汽时代
交通	史蒂芬孙:火车	铁路时代
	富尔顿:汽船	加强洲际之间的联系

3. 影响

(1)生产力:使生产力飞速提高,实现了从工场手工业到机器大工业的飞跃,人类进入蒸汽时代。

(2)生产组织:工厂成为工业生产的主要组织形式。

(3)经济结构:推动社会经济结构发生变化,工业在国民经济中的比重提高,城市化进程加快。

(4)社会关系:促进社会关系发生重大变化,工业资产阶级和工业无产阶级成为社会的两大对立阶级。

(5)世界市场:英国成为世界工厂,也是世界贸易中心,扩大了海外贸易,扩大了与世界各地的联系;促进了世界市场的初步形成,推动了世界经济的发展。

二、美国共和制的确立

1. 1787 年宪法

(1)背景:①独立:1775 年,美国独立战争爆发。1776 年,英属北美 13 个殖民地发布《独立宣言》宣布独立,结成松散的邦联,美利坚合众国诞生。②变革要求:1783 年独立战争胜利结束。邦联制存在缺陷,使美国政治领袖们意识到需要变革政治体制,形成强有力的中央政府来稳定统治秩序,保护国家利益与主权。

(2)制定:1787 年在费城召开的制宪会议制定了联邦宪法。(麦迪逊坚持分权制衡原则,被后人称为"美国宪法之父")

(3)内容:①联邦制政体:联邦政府拥有一系列主权权力,联邦法律是全国的最高法律,联邦政府有权强制各州实施联邦法律。各州保留较大自主权。②三权分立原则,对联邦政府权力进行分割。国家权力分为立法权、行政权、司法权三部分,分别由国会(参议院、众议院)、总统、最高法院行使,又相互制约。③人民主权原则。总统和议会议员都由选举产生,实行任期制。总统对选民和宪法负责。

(4)评价

①是近代世界第一部成文宪法。②美国成为联邦制的总统制共和国,保证了美国的长治久安,促进了美国社会经济的发展。③三权分立防止独裁,有利于民主政治发展。④局限性:允许奴隶制度存在和种族歧视等。

2. 维护联邦统一的斗争——美国内战

(1)背景:州权主义活跃。

(2)过程:1861 年内战爆发,林肯总统提出"为联邦统一而战"的口号。

(3)结果:1865 年内战结束。国会通过宪法第 13 条和第 14 条修正案,废除奴隶制,肯定了联邦宪法的至上性(议会立法权)。

(4)影响:维护了美国的统一与稳定,成为美国社会经济迅速发展的一个重要政治前提。

3. 政党政治:两党制是美国分权制衡体制中的重要组成部分

三、欧洲大陆的政体改革

1. 法兰西第三共和国宪法

(1)背景:1870 年,法兰西第三共和国建立;1875 年宪法全文通过,确立了共和制。

(2)内容:

①立法权由参议院及众议院两院行使，参议院由间接选举产生，众议院由普选产生。②行政权由总统和内阁掌握，总统由议会选出；总统是国家元首，可在参议院同意的条件下解散众议院，可任命内阁，但内阁对议会负责。总统命令须经各部部长副署。

(3)巩固：共和派通过议会对宪法进行修正和补充。

①将《马赛曲》定为法国国歌；7 月 14 日定为国庆日。②宪法修正条文宣布："凡曾经统治过法国的家族不得当选为共和国总统。"堵塞了所有君主派的复辟之路。

(4)意义：共和制的确立和巩固，使法国社会稳定发展。

2. 德意志君主立宪制

(1)背景：德意志的统一及帝国建立：

①统一及帝国建立的背景：

a. 14 世纪以来，德意志陷入封建割据状态(缺乏统一的国内市场)；

b. 法国大革命的震撼；

c. 德意志爱国人士要求统一；

d. 一些邦国推行了立宪改革；

e. 19 世纪中期，普鲁士成为德意志最强大的邦国之一。

②特色：保持专制主义和军国主义传统。

③统一：从 1864～1870 年，在首相俾斯麦的筹划下，普鲁士先后进行了三次王朝战争，完成了德国的统一。

④帝国建立：1871 年 1 月，德意志帝国宣告成立。

(2)确立：1871 年 4 月，颁布《德意志帝国宪法》，实行联邦制和君主立宪制。

(3)内容：

①帝国是一个"永久性联邦"，军事、外交等权力归中央政府。②普鲁士国王是世袭的联邦主席，并享有"德意志皇帝"的称号。有权任命帝国首相和帝国官员，有权召集和解散联邦议会和帝国国会，有权签署和公布帝国法律，统帅军队。皇帝在军事、财政问题上享有否决权。③首相主持帝国政府，只对皇帝负责而不对议会负责，首相是帝国唯一的大臣，首相之下不设立各部。④联邦议会和帝国国会是立法机构，行使立法权。联邦议会由各邦代表组成，帝国国会由普遍、直接的选举产生。帝国国会的立法必须获得联邦议会的多数同意。

(4)特点：实际上是一个半专制的君主立宪制国家，普鲁士的专制主义和军国主义传统得以延续。

(5)评价:①它巩固了国家的统一,促进了资本主义经济的发展。②帝国的专横统治引起社会不满,并把德国拖进一战的灾难。

四、马克思主义的诞生

1. 历史条件

①经济条件:工业革命推动了生产力发展,资本主义制度的弊病日益显露。②阶级条件:工人阶级力量壮大,三大工人运动表明工人阶级作为独立的政治力量登上历史舞台。③思想条件:空想社会主义思潮形成。代表:法国的圣西门、傅立叶和英国的欧文。④主观条件:马克思、恩格斯的革命实践。

2. 标志——《共产党宣言》的发表

(1)制定:1847 年,马克思、恩格斯为共产主义者同盟撰写宣言,即《共产党宣言》,1848 年发表。

(2)内容:

①肯定资本主义在人类历史上的积极作用:创造了巨大的社会生产力。

②揭示了资本主义的内在矛盾:资产阶级与无产阶级的矛盾。

③宣告了工人阶级的历史使命:暴力推翻资产阶级统治,建立无产阶级政权,解放全人类。

④昭示了未来共产主义社会的原则:每个人的自由发展是一切人自由发展的条件。

(3)意义:

①《共产党宣言》的发表,标志着马克思主义的诞生。

②马克思主义成为国际无产阶级无比锐利的思想武器,在它指导下,工人运动蓬勃兴起,对人类社会的进程产生了深远影响。

五、巴黎公社

1. 背景

①1870 年普法战争爆发,法国战败,普鲁士军队包围巴黎。(法国建立法兰西第三共和国)。②巴黎人民成立国民自卫军,保卫首都。③1871 年,资产阶级临时政府妄图解除国民自卫军的武装。

2. 成立

工人群众发动起义,市民选举产生自治政府巴黎公社。

3. 措施

(1)政治:①由直接选举产生的公社委员会是最高权力机关。②所有公职人员的工资不得超过熟练技术工人的工资。③人民有权监督和罢免他们。

(2)经济:努力维护劳动者权益。

(3)其他:用世俗教育全面代替宗教教育、实行义务教育。

4. 性质:新型的工人政权。

5. 失败:1871 年 5 月资产阶级临时政府反扑,巴黎公社遭镇压。

失败根本原因:资本主义正处于上升期,是当时世界历史发展的主流,无产阶级尚不足以战胜资本主义。(社会经济还没有发展到铲除资本主义制度的程度)

6. 意义:巴黎无产阶级的英勇斗争和革命首创精神,为全世界无产阶级和进步人士树立了光辉典范。

六、俄国 1861 年农奴制改革

背景	政治上	农奴制和沙皇专制统治的基础受到严重威胁(主要)	地主对农民的穷凶极恶的压榨和奴役,引起农民不断的骚动。从而引发农奴制的危机。严重威胁着沙皇和贵族地主的统治
	经济上	农奴制使俄国资本主义缓慢发展,与西欧国家差距很大	农奴制给俄国社会经济的发展造成消极影响(自由劳动力短缺、工业资本缺乏、国内市场狭窄)俄国工业发展的速度远远落后于其他西欧主要资本主义国家
	社会上	革命民主主义者积极发动武装起义,准备推翻俄国农奴制。新思潮的涌动	越来越多有识之士意识到,农奴制已经成为阻碍俄国社会发展的重要障碍,废除农奴制的呼声日益高涨,出现了十二月党人起义和知识分子的反沙皇斗争,促进人民的觉醒,对俄国专制统治造成了很大的冲击
	军事上	克里米亚战争的失败所带来的消极影响	原因:西欧资本主义列强与沙皇俄国之间在土耳其问题上的矛盾尖锐化的结果。另外土耳其处在欧亚非三大洲交界的地方,地理位置颇为重要 目的:俄国为了扩大势力范围、攫取更多的土地和转移国内矛盾,一直想侵吞奥斯曼帝国的土地,控制海峡 时间:1853～1856 年 双方:俄国——英、法、土、奥、撒丁王国同盟 结果:俄国惨败(武器的落后、运输工具的落后、军需品的不足等,以及政治、经济体制的落后) 影响: 1. 俄国的国际地位一落千丈 2. 加剧了俄国国内的阶级矛盾,爆发了席卷全国的农民运动 3. 震撼了贵族地主的统治,使俄国统治者从政治昏睡中清醒过来,客观上加速了改革的步伐
	亚历山大二世深受西方文明的影响,上台后深刻意识到农奴制的落后		

续表

<table>
<tr><td rowspan="2">目的</td><td colspan="2">直接:化解日益激化的矛盾,增强国力,重振俄国的大国威望</td></tr>
<tr><td colspan="2">根本:巩固统治,维护沙皇专制政权</td></tr>
<tr><td>焦点</td><td colspan="2">如何化解来自封建地主的阻力——农民如何获得自由和土地</td></tr>
<tr><td>时间</td><td colspan="2">1861年俄历二月十九日(公历3月3日)亚历山大二世正式签署一系列废除农奴制的法令和宣言,史称“二一九法令”</td></tr>
<tr><td rowspan="3">内容</td><td rowspan="3">二一九法令</td><td>农民获得人身自由权</td></tr>
<tr><td>农民通过赎买获得份地,但付清赎金之前须负担一些临时义务</td></tr>
<tr><td>加强了村社制度,加强对农民的管理</td></tr>
<tr><td rowspan="2">评价</td><td>进步性</td><td>1. 促进了俄国农业经济的发展和农业资本主义经济发展(改革使广大农奴获得人身自由,提高了农民生产积极性,改革后很快出现农民分化,从而产生农业资本主义)
2. 促进了俄国工业资本主义的迅速发展(提供了必需的劳动力、市场和资金)
总之:改革使俄国的生产关系一定程度上适应了生产力的发展,实现了生产方式由封建性向资本主义方式的过渡,是俄国历史的重大转折点</td></tr>
<tr><td>局限性</td><td>原因:“二一九法令”实际上是妥协的产物。这次改革没有改变沙皇专制主义的本质,沙皇只是在形势所逼下作了一些“让步”
表现:1. 不彻底性:农民很大程度上仍被束缚在土地上,贵族地主土地所有制仍然存在,封建剥削方式在农村继续保留
2. 掠夺性:“解放”后的农奴被剥夺得一干二净
3. 欺骗性:改革远远没有满足农民的要求,而且农民大量的土地和金钱被地主夺去,改革后农民土地比原来还少,无法维持生计,只得重新租种地主土地,受到更大的盘剥与奴役
影响:1. 它以牺牲农民利益来发展资本主义,必然给发展中的资本主义带来不良影响(特别是不利于国内市场的扩大)
2. 社会矛盾依然尖锐,农民暴动和起义不断</td></tr>
<tr><td>性质</td><td colspan="2">由沙皇政府和贵族地主阶级主持进行的一次自上而下资产阶级性质的改革</td></tr>
</table>

续表

		作用	局限
俄国近代化	经济	1. 促进了俄国农业经济的发展和农业资本主义经济发展 2. 促进了俄国工业资本主义有了迅速发展	1. 它以牺牲农民利益来发展资本主义，必然给发展中的资本主义带来不良影响 2. 对外国资本尤其是法国资本依赖严重 3. 资本主义经济发展非常不平衡
	政治	参照西方资产阶级代议制模式，建立了近代政治体制：建立地方和城市的自治机构，有利于政治的民主化	实际权力仍为沙皇任命的行政官僚掌握，仍然是沙皇封建君主专制。落后的政治体制严重阻碍资本主义的进一步发展
	政治	参照西欧模式进行司法改革，建立近代司法制度：进行无等级审判，还建立了陪审制度和律师制度，实行公开审判。有利于法制化的发展	农村改革有限
	军事	建立西方式的军事管理体系：缩短服兵役的期限；实行普遍义务兵役制，加强对军官的培训。有利于军事的近代化	带有一定的军国主义色彩
	教育	鼓励社会和个人办学，扩大大学的自主权，允许引进西方书籍。促进了教育的近代化	
	思想	西方资产阶级的思想和统治方法开始传入俄国，越来越多的俄国人看到了沙皇统治下的俄国同资本主义国家的差距，变革愿望越来越强烈，俄国出现了思想观念的近代化	

七、日本明治维新

<table>
<tr><td rowspan="8">历史条件</td><td colspan="2" rowspan="4">德川幕府的腐败封建统治</td><td></td><td>表现</td><td>影响</td></tr>
<tr><td rowspan="2">政治</td><td>实行幕藩体制：天皇是名义上的最高统治者，实权在幕府将军手中，地方设“藩”</td><td>实际上是封建分裂割据，不利于统一的国内市场的形成</td></tr>
<tr><td>推行严格的等级制度：天皇、士(将军、大名、中下级武士)，农、工、商、贱民</td><td>激化了阶级矛盾和统治阶级内部矛盾。农民无法承受沉重的剥削和压迫，起义不断；工商业者也不满严格的限制和掠夺；中下级武士阶层地位恶化，迫于生计，不得不从事商业和手工业，逐渐产生了反抗思想。1837 年大盐平八郎起义表明日本封建社会统治基础已开始动摇</td></tr>
<tr><td>外交</td><td>采取“锁国政策”</td><td>阻碍了日本社会经济和新兴资本主义生产关系的发展</td></tr>
<tr><td>资本主义萌芽产生</td><td colspan="4">19 世纪上半期，新的生产方式的出现，从根本上动摇了幕府统治基础，为明治维新准备了一定的社会经济前提</td></tr>
<tr><td rowspan="3">西方列强的殖民侵入</td><td>原因</td><td colspan="3">1. 19 世纪中期，随着工业革命的完成，资本主义国家急需扩大海外市场和掠夺原料
2. 日本闭关锁国、封建落后</td></tr>
<tr><td>过程</td><td colspan="3">1. 1853 年，美国海军将军佩里“黑船事件”
2. 1854 年日美签订《日美亲善条约》打开日本的大门
3. 英、俄、法等国也效仿美国迫使日本允许开国通商、享有领事裁判权、片面的最惠国待遇和设租界及协定关税</td></tr>
<tr><td>影响</td><td colspan="3">1. 使之陷入半殖民地危机中，民族经济遭到打击，人民生活更加困苦，阶级矛盾进一步激化，农民起义剧增，社会危机加剧
2. 客观上刺激了日本资本主义经济发展，进一步动摇了幕府统治基础
3. 更加暴露幕府腐朽、虚弱，使之成为众矢之的
4. 社会阶级结构进一步分化。新兴地主和高利贷商人不满政治上无权；西南诸藩大名不满现状；中下级武士，因经济状况的日趋恶化，对现实更加不满，进一步动摇幕府统治基础
5. 促使一些有识之士，认识到西方的先进，开始向西方学习。
西南诸藩，采取自强的改革措施，促进了当地社会经济的发展，从而成为后来倒幕运动的重要基地和主要力量</td></tr>
</table>

续表

<table>
<tr><td rowspan="5"></td><td rowspan="5">尊王攘夷运动</td><td>原因</td><td>外国势力的入侵，导致民族矛盾的加剧；幕府统治者对外妥协和对内镇压</td></tr>
<tr><td>时间</td><td>1860～1864 年</td></tr>
<tr><td>口号</td><td>“尊王攘夷”就是尊奉天皇，赶走外国侵略者。攘夷是核心</td></tr>
<tr><td>领导与主要参与者</td><td>尊攘派。以中下级武士为主体（高杉晋作的“骑兵队”）</td></tr>
<tr><td>结果</td><td>失败。原因：尊攘派对幕府存有幻想，没有明确提出推翻幕府的要求；幕府对尊攘派的严厉镇压以及西方列强的围攻</td></tr>
<tr><td rowspan="7">过程</td><td rowspan="7">倒幕运动</td><td>原因</td><td>尊王攘夷运动的失败，使尊攘派认识到要挽救民族危机，建立富强国家，必须推翻幕府的统治</td></tr>
<tr><td>目的</td><td>推翻幕府统治</td></tr>
<tr><td>时间</td><td>1866～1869 年</td></tr>
<tr><td>领导</td><td>倒幕派：西乡隆盛、大久保利通、木户孝允等</td></tr>
<tr><td>根据地</td><td>西南强藩：萨摩、长州、土佐</td></tr>
<tr><td>过程</td><td>倒幕派利用年幼的明治天皇的名义武装倒幕
幕府将军德川庆喜为消除倒幕派讨伐的借口，上奏要求把政权“奉还”给天皇，这就是所谓的“大政奉还”
“大政奉还”后，幕府仍拥有实权，时刻准备反扑。倒幕派为了真正掌握国家的政权，决定彻底打败幕府，史称戊辰战争
1868 年鸟羽、伏见战役，打败幕府军队
庆喜不战而降。德川幕府名实俱亡
经过一年的征战，才最终彻底打败幕府，结束了战争</td></tr>
<tr><td>结果</td><td>1. 打败幕府：从国内来讲，幕府统治不得人心；大名、大商人、人民群众、支持政府军作战；新政府废幕府苛政，减租减税获得人民支持；政府军作战目标明确，士气旺盛，战斗力强。从国际方面来说，西方列强宣布中立；英国商人把大批武器卖给倒幕派
2. 1868 新政府改元“明治”。1869 年，政府从京都迁到东京，为在日本实行一系列的资产阶级改革准备了条件</td></tr>
</table>

续表

<table>
<tr><td rowspan="7">过程</td><td rowspan="7">明治维新</td><td rowspan="3">政治——废旧建新</td><td>废藩置县</td><td>彻底结束了封建割据局面,统一的中央集权政府开始建立起来,为国内统一市场的形成创造了条件</td></tr>
<tr><td>废除封建等级制度“四民平等”</td><td>平民可以自由择业和迁徙,为资本主义发展提供了大量自由劳动力;华族和士族的上层利用巨额公债投资于新兴工业,成为资本家。许多士族下层因为贫困不得不进入工厂做工谋生。这就建立了一种与资本主义经济发展相适应的社会体制</td></tr>
<tr><td>制定宪法</td><td>1889年宪法虽然确立了日本资产阶级君主立宪制,但带有浓厚的封建性,天皇拥有绝对的权力。但毕竟是近代亚洲的第一部资产阶级宪法。它规定了人民的某些基本权利和参政权,形式上确立了“三权分立”的国家体制,有利于社会进步和历史发展。它的颁布标志着日本天皇制地主资产阶级联合专政的统治秩序基本确立,巩固了明治维新后确立的日本近代天皇制度。</td></tr>
<tr><td rowspan="4">经济——发展新经济</td><td>币制改革</td><td>以金本位的纸币日元作为全国唯一货币</td></tr>
<tr><td>改革土地制度</td><td>内容:废除封建领主土地所有制,确认土地私有,允许土地买卖
影响:提高了土地所有者经营农业的积极性,促进了农业的发展</td></tr>
<tr><td>改革地税</td><td>内容:一律按地价的3%向土地所有者征收土地税,并以货币税取代原来的实物税。
作用:推动了农村商品经济的发展,增加了政府财政收入,为国家工业化提供了政策保障</td></tr>
<tr><td>“殖产兴业”</td><td>内容:
1. 利用政府力量引进技术和设备,创办“样板”企业,供私人企业效仿
2. 由国家兴办近代交通通信事业,为工业发展奠定基础
3. 利用政府力量大力扶植和保护私人资本主义的发展。具体措施:①政府把铁路和军工企业以外的大部分国营企业无偿或以优惠的价格转让给私人资本家。②政府通过补助金和优惠贷款等形式给予私人资本家资金支持
影响:
在政府示范企业的刺激和政府的扶持下,日本出现了兴办工业的热潮。至19世纪90年代初日本初步实现了资本主义工业化</td></tr>
</table>

续表

<table>
<tr><td rowspan="4">过程</td><td rowspan="3">文教——倡导“文明开化”</td><td>了解西方文明</td><td>派遣留学生，翻译西方著作，改革教育</td></tr>
<tr><td>改革教育</td><td>内容：1871年明治政府成立了文部省，统一管理全国的教育，开始逐步建立了小学、中学和大学三级教育体制
作用：为日本社会经济发展提供大批掌握西方先进科学技术知识的人才
局限：向学生灌输忠君思想，封建色彩浓厚</td></tr>
<tr><td>生活习俗西化</td><td>采用西方历法，穿西服、喝牛奶、吃西餐、住洋房等
文明开化政策实质是西方资产阶级化</td></tr>
<tr><td>军事——建立新军队</td><td colspan="2">措施：1. 实行义务兵役制，取消了武士垄断军事的特权
2. 仿照欧美组建一支常备军
3. 改进军事装备，引进新式武器
4. 建立现代化军工企业
5. 设立军事院校，培养军事人才
局限：效忠天皇（皇军），接受武士道教育，封建军国主义色彩，使日本迅速走上对外侵略扩张的道路
作用：建立了一支现代化军队，对于提高日本的国家地位有重要作用</td></tr>
<tr><td>结果</td><td colspan="3">1. 使日本由一个封建落后国家逐渐变成一个封建色彩浓厚的近代资本主义国家
2. 基本实现了富国强兵的目的</td></tr>
<tr><td>性质</td><td colspan="3">资产阶级性质的改革</td></tr>
<tr><td rowspan="5">影响</td><td rowspan="4">作用</td><td colspan="2">1. 政治上：建立了统一的中央集权国家；确立近代资产阶级君主立宪制，开始民主化</td></tr>
<tr><td colspan="2">2. 经济上：日本近代资本主义工业体系开始确立，到19世纪90年代初，日本已经成为亚洲资本主义经济最发达的国家</td></tr>
<tr><td colspan="2">3. 军事上：建立了一支现代化军队，并不断得到加强</td></tr>
<tr><td colspan="2">4. 国际地位：日本完全废除了列强强加的不平等条约，获得国家主权的独立和完整，成为当时亚洲唯一独立的国家，并逐步成为列强之一</td></tr>
<tr><td>局限</td><td colspan="2">1. 保留了大量的封建残余（忠君思想接受武士道教育，封建军国主义色彩浓厚；天皇拥有绝对的权力；实行华族制度意味着新的不平等；有所谓“全盘西化”的极端化倾向等）
2. 踏上对外扩张之路，侵略琉球与朝鲜，侵略中国，这不仅给被侵略国家的人民带来灾难，而且还给日本人民带来了极大的灾难</td></tr>
</table>

八、破解生命起源之谜

1. 教会的禁锢

(1)当时世界上各种文化传统都相信世界是神创造的——神创说。

(2)欧洲封建社会时期,基督教会是封建统治的精神支柱。基督教神学宣扬上帝创世说,精神独裁,神学教义被视为天经地义。

2. 生物进化论

(1)背景:19 世纪以前,基督教宣扬的“神创论”占统治地位。

(2)创立:1859 年,达尔文发表了《物种起源》,建立起以自然选择为基础的严密的生物进化理论。

(3)主要观点:①物竞天择,适者生存。②物种变异是自然选择的结果。③生物进化规律是由低级到高级、由简单到复杂。

(4)论证:①1863 年,赫胥黎发表《人在自然界中的地位》,进一步从解剖学的角度论证了人猿同祖的学说,进化论逐渐被科学界普遍接受。②1871 年,达尔文发表了《人类的起源》,进一步论证了人类是从古猿进化而来的观点。

(5)历史意义:①从根本上改变了 19 世纪绝大多数人对人类和其他生物在生物界中位置的看法,是对上帝造人说的颠覆(引起教会的极大恐慌与围攻)。②对近代中国思想界产生了巨大影响(严复译述了赫胥黎的部分著作,名曰《天演论》)。

重点难点

1. 西方科技在近代领先的原因

(1)新兴的资本主义生产方式为科学技术的发展奠定了物质基础,提供了动力。

(2)文艺复兴运动和启蒙运动解放人们的思想,为科学技术的发展提供了思想武器。

(3)资产阶级革命浪潮不仅巩固和发展了资本主义生产方式,确立了资产阶级文化,而且还为科学技术的发展提供了政治保障。

(4)工业革命使科学技术得到迅速发展。

2. 工业革命对近代西方政治、思想、科技发展有何重要影响

(1)政治方面:工业革命促使资本主义经济迅速发展,工业资产阶级力量壮大;英美资产阶级代议制进一步健全,法德崛起。

(2)思想方面:19 世纪初,随着工业革命的发展,西欧社会贫富分化日益

明显，形成空想社会主义思潮。20世纪三四十年代随着工业革命的扩展，资本主义制度的弊端日益暴露，马克思主义诞生；资本主义发展中自由主义经济思想盛行。

(3)科学技术：工业革命促进了近代科学技术的发展，科学技术在生产力中作用日益重要，科学和理性日益主宰人类的意识形态和思维方式。

3. 工业革命对城市化的推动

(1)蒸汽机的发明和使用，工厂制日益普及。

(2)交通运输的迅速发展，为人口流动、制成品和原材料的流通提供了快捷、安全的交通工具。

(3)市场不断扩大，商品经济日益繁荣等，这些都推动了城市的发展。

4. 马克思主义诞生给世界和中国带来的影响

(1)对世界的影响：马克思主义的诞生标志着社会主义理论从空想变为科学，开辟了社会主义理论发展的崭新历程，为国际无产阶级运动提供了锐利的思想武器，国际工人运动从此蓬勃兴起，对人类社会进程产生了深远的影响。

(2)对中国的影响：十月革命后，马克思主义传入中国，与中国工人运动相结合诞生了中国共产党。中国共产党以马克思主义为指导，取得了新民主主义革命和社会主义革命与建设的伟大成就。

5. 影响近代欧美资产阶级代议制确立发展的经济、思想因素

(1)随着新航路的开辟和工业革命的开展，西方资本主义迅速发展，资产阶级队伍壮大，要求获得更多的政治权力，发展资本主义，建立民主政体。

(2)文艺复兴、宗教改革和启蒙运动，解放了人们的思想，为资产阶级反封建斗争扫清了思想障碍，为资产阶级代议制的确立构筑了理想的蓝图。

6. 比较近代英国和德国的君主立宪制：

<table>
<tr><th rowspan="2">相同点</th><th colspan="3">不同点</th></tr>
<tr><th>内容</th><th>英国</th><th>德国</th></tr>
<tr><td rowspan="3">都属于资产阶级代议制；国家元首是君主且君主世袭</td><td>君主</td><td>统而不治</td><td>掌握最高实权，专制主义色彩浓厚</td></tr>
<tr><td>内阁</td><td>内阁首相是议会多数党领袖，内阁对议会负责</td><td>首相由皇帝任命，对皇帝负责，不对议会负责</td></tr>
<tr><td>议会</td><td>国家政治活动中心，拥有实权，限制王权</td><td>只拥有制定法律和预算的权力，对政府、皇帝没有监督权</td></tr>
</table>

7. 比较英、美两国政体的区别：

项目		美国	英国
国家元首	名称	总统	国王
	产生方式	选举	世袭
	任期	任期制	终身制
政府	首脑	总统	首相
	内阁	对总统负责	对议会负责
国家权力中心		总统	议会

易错易混

1. 科学社会主义是马克思主义的重要组成部分，而不是全部。马克思主义是一套完整的科学理论体系，包括三个组成部分：辩证唯物主义和历史唯物主义、政治经济学、科学社会主义。其中科学社会主义是马克思主义哲学和马克思主义政治经济学的归宿和落脚点，是马克思主义的核心。

2. 俄国的二月革命不是社会主义革命，而是资产阶级民主革命。它只是推翻了沙皇统治，是十月革命的开端和准备，而十月革命推翻了资产阶级临时政府，建立了社会主义国家。

3. 巴黎公社革命的爆发具有偶然性与突发性，并不是资本主义经济发展的必然结果。因为当时资本主义正处于上升阶段，因此巴黎公社的失败是必然的。

4.19 世纪三四十年代欧洲三大工人运动失败的历史根源不是没有科学理论的指导，而是社会经济还没有发展到能够铲除资本主义制度的程度。

历史概念

1. 应用数学：是应用目的明确的数学理论和方法的总称，研究如何应用数学知识到其他范畴(尤其是科学)的数学分支。

2. 工业革命：又称“产业革命”，是以机器生产逐步取代手工劳动，以大规模工厂化生产取代个体工场手工生产的一场生产与科技革命，是资本主义工业化的早期历程。

3. 蒸汽机：是将蒸汽的能量转换为机械功的往复式动力机械。

4. 自由主义：是一种意识形态、哲学，以自由作为主要政治价值的一系列思想流派的集合。更广泛地说，自由主义追求保护个人思想自由的社会、以法律限制政府对权力的运用、保障自由贸易的观念、支持私人企业的市场经济、透明的政治体制以保障少数人的权利。

5. 自由放任：是自由主义最主要的一项内容，其核心内容是资本主义的经济秩序能够通过市场机制自行调节，政府对经济领域中的问题应当实行自由放任的原则。

6. 资本主义世界体系：是指19世纪六七十年代至20世纪初形成的资本主义世界政治经济体系，即世界范围内通过资本主义国家和其他非资本主义国家之间的相互经济联系而形成的统一的经济整体。它包括资本主义世界政治体系、经济体系和殖民体系。

7. 邦联制：即“国家的联合”，是指若干个独立的主权国家为实现某种特定目的（如军事、经济方面的要求）而组成的一种松散的国家联合。邦联制比联邦制松散，是主权国家的联盟，通常根据条约组建。

8. 联邦制：即“联合的国家”，是一种国家结构形式，联邦制国家由各个联邦成员组成，各成员单位先于联邦国家存在。联邦成员国在联邦国家成立之前，是单独的享有主权的政治实体；加入联邦之后，虽然不再有完全独立的主权，但在联邦宪法规定的范围内，联邦成员的主权仍受到法律的保护。

9. 共和制：是指国家的权力机关和国家元首由选举产生并有一定任期的政权组织形式。共和政体包括总统制共和制和议会制共和制。

10. 总统制共和制：是资本主义民主共和制之一。总统既是国家元首又是政府首脑，总揽行政权力，统率陆、海、空三军，行政机关（政府）和立法机关（议会）相互独立；由当选的总统组织政府。

11. 议会制共和制：资本主义民主共和制之一。议会拥有立法、组织和监督政府（内阁）等权力；政府（内阁）由占议会多数席位的政党或政党联盟来组织，政府对议会负责，当议会通过对政府不信任案时，政府就得辞职或呈请国家元首解散议会，重新选举；作为国家元首的总统受内阁总理制约。

12. 代议制：是一国统治阶级从各阶级、阶层、集团中，选举一定数量能够反映其利益、意志的代表组成代议机关，并根据少数服从多数的原则决定、管理国家政治、经济、文化和社会生活等重大事项。代议制度，是间接民主的形式，包括议会主权形式（以英国为典型）和人民主权形式（以美国为典型）。我国实行的人民代表大会制是社会主义性质的代议制。

第三节　资本主义第二次工业革命时期

阶段特征

垄断成为这一时期(1870～1918 年)社会最基本的特征,并占统治地位。(注意,第二次工业革命时期占统治地位的是私人垄断资本主义。国家垄断资本主义模式从罗斯福新政开始,二战后广泛被资本主义国家所应用)资本主义的世界体系最终形成。垄断资产阶级越来越多地干涉国家的政治和经济生活,资本主义进入帝国主义阶段。资本主义世界市场最终形成。资本主义各国先后完善了资产阶级的民主自由政治,资本主义制度进入了成熟、稳定和繁荣时期。

主干知识

一、第二次工业革命

1. 条件

(1)政治前提:资本主义制度在世界范围内确立,政治环境相对稳定。

(2)经济基础:第一次工业革命促进资本主义经济的发展;殖民掠夺和海外贸易积累了大量资金;资本主义世界市场提供了广阔的市场。

(3)技术条件:19 世纪自然科学研究取得重大进展。

(4)劳动力条件:无产阶级队伍进一步壮大。

2. 特点

(1)英、德、美、法等几个发达国家同时开始。

(2)科学成为技术进步的最重要推动力。

(3)重要发明出自科学家的实验室。

(4)以重工业为主。

3. 成就

(1)电力的广泛应用。

(2)内燃机的发明与应用。

(3)新兴化学工业和钢铁工业的发展。

(4)汽车、飞机等新型交通工具。

(5)新的工业部门兴起:电力工业、电器工业、化学工业、石油工业、汽车工业。

4. 影响

(1)生产力:从根本上改变了工业生产的面貌,直接改变了人类的生活,世界开始进入电气时代。

(2)产业结构:兴起一些新的工业部门,重工业成为整个工业的主导。

(3)经济组织:大企业时代到来,主要资本主义国家向帝国主义过渡。

(4)世界市场:推动世界市场最终形成。

二、世界市场最终形成

1. 根本动力:两次工业革命推动。

2. 方式:国际贸易、资本输出、武力逼迫。

3. 结果:19 世纪末 20 世纪初,以欧美工业国为主导的统一的世界市场最终形成。

4. 表现

(1)亚非拉广大地区成为欧美列强殖民地、半殖民地。

(2)欧美工业国从世界范围内获得原材料并倾销工业品或进行投资。

(3)工业国之间货币可以自由兑换,一国发生经济危机会影响全世界。

5. 资本主义世界市场形成的影响

(1)对欧美的影响:拥有更为广阔的原料产地、商品市场和资本输出场所,从而促进了欧美资本主义经济的发展。

(2)对殖民地半殖民地的影响:①成为列强的原料产地、商品市场和资本输出场所,经济命脉被列强控制,受到列强的经济剥削和掠夺、殖民统治,从而更加贫穷落后。②客观上极大地冲击了相对落后的社会经济体制,传播了新兴的资本主义生产方式和思想观念,有利于资本主义的发展和社会进步。

(3)对世界的影响:世界成为密不可分的整体,资本主义世界体系最终确立。

三、俄国十月革命

1. 背景

(1)社会状况:①1861 年俄国农奴制改革,推进工业化,为资本主义的发展创造条件。②改革不彻底(政治上保留沙皇专制制度,经济上存在农奴制残余),严重阻碍社会进步。③20 世纪初进入帝国主义阶段,在西方列强中处于落后地位,社会矛盾尖锐。

(2)一战影响:一战暴露沙皇俄国的落后与腐朽,加深人民群众的不满,加速革命的爆发。

(3)阶级领导:俄国工人阶级力量壮大;工农联盟,广大农民支持;成熟的布尔什维克党的领导。

(4)二月革命:①过程:1917年二月革命爆发,推翻了罗曼诺夫王朝。②结果:沙皇专制被推翻,资产阶级建立临时政府。③特点:出现两个政权并存的局面。④性质:资产阶级民主革命。

(5)《四月提纲》:①发表:列宁发表《论无产阶级在这次革命中的任务》,即《四月提纲》。②内容:指出俄国的形势需要无产阶级夺取政权,实现社会主义革命,通过无产阶级政权去实行土地改革,退出战争。③意义:成为布尔什维克党的纲领,逐渐得到人民的支持拥护,无产阶级明确了自己的革命任务(最大意义)。

(6)方针确定:临时政府使用武力镇压革命,制造七月流血事件,两个政权并存局面结束,布尔什维克党确定了武装起义的方针。

(7)时机成熟:越来越多的地方苏维埃政权的领导权转移到布尔什维克党手中。

2. 经过:1917年11月,彼得格勒工人士兵发动起义,推翻资产阶级临时政府。

3. 成果:建立了世界上第一个社会主义国家。

(1)全俄工兵代表苏维埃第二次代表大会在彼得格勒举行。宣布一切权力转归工兵代表苏维埃,通过了《和平法令》和《土地法令》,组成新政府——人民委员会。

(2)到1918年春,全国各地普遍建立起苏维埃政权,新型的社会主义政治体制在苏俄初步确立。

(3)政体特点:苏维埃意即"代表会议",立法权与行政权统一,代表由人民民主选出。全俄苏维埃代表大会是最高权力机构,选举政府即人民委员会,人民委员会拥有立法权。

4. 意义:

(1)性质:是人类历史上第一次获得胜利的社会主义革命。

(2)对俄国:在短时间内摆脱了封建残余的束缚和剥削阶级的统治,建立起新型的无产阶级专政,开辟出社会主义发展的道路。

(3)对世界:给各国无产阶级和殖民地半殖民地人民展示了一条崭新的寻求解放的道路,开创了社会主义现代化的新模式。

四、现代物理学的进步——相对论与量子理论

1. 背景:经典物理学出现危机。

2. 表现：

内容	成就	意义
相对论	①提出：20 世纪初爱因斯坦提出 ②内容：包括相对性原理和光速不变原理	①是物理学领域最伟大的革命，很大程度上解决了经典物理学危机，创立一个全新的物理学世界，极大地扩展了物理学应用的领域 ②打破了经典物理学绝对化的思维模式，为人们提供了辩证看待世界的途径
量子理论	①提出：1900 年，普朗克提出量子假说 ②发展：爱因斯坦提出光的量子理论；玻尔提出原子的量子理论	①使人类对微观世界的基本认识有了革命性进步 ②影响其他科学领域，带来许多划时代的技术创新。直接推动了社会生产力的发展，从根本上改变了人类的物质生活

3. 影响：①物理学：量子理论和相对论一起，构成了现代物理学的基础，弥补了经典物理学的不足，描绘了一个崭新的宏观宇宙世界和微观粒子世界。

②认识论：大大开阔了人们的视野，改变了人们看世界的角度和方式。

③思维方式：对整个人类的思维产生了不可磨灭的影响。

重点难点

1. 理解经典力学、量子论和相对论之间的关系

(1)牛顿力学的创立为相对论的提出奠定了基础。

(2)量子论和相对论的提出，使人们对物质世界的认识深入到微观领域和宏观宇宙世界。量子论和相对论一起，构成了现代物理学的基本理论框架，开阔了人们的视野，改变了人们认识世界的角度和方式。

(3)相对论是对牛顿力学的继承和发展，否定了牛顿力学的绝对时空观，将牛顿力学概括在相对论力学之中，推动物理学发展到一个新的高度。

2. 从结果和国际影响分析巴黎公社革命与俄国十月革命的不同

结果：

(1)巴黎公社革命失败是因为当时法国资本主义正处于上升时期，无产阶级在思想上、政治上还不成熟，革命未得到农民的支持，不能从根本上摧毁资本主义制度。

(2)俄国十月革命成功是因为当时俄国资本主义发展表现出较强的落后性，俄国资产阶级也表现出政治上的软弱性，工人阶级在斗争中接受并发展了马克思主义，具有较强的组织性、战斗性。

国际影响：

(1)巴黎公社革命未能开辟一个国际工人运动发展的新阶段，其后的工人运动并未继承巴黎公社武装夺取政权打碎旧国家机器的传统，而是以合法斗争和经济斗争为主。

(2)十月革命成为世界无产阶级革命新纪元的开端。由于一战后资本主义各国经济受到严重削弱，各国阶级矛盾激化，加之十月革命的鼓舞，战后初期无产阶级斗争形成了一系列高潮。

3. 俄国十月革命胜利的启示

俄国革命具有特殊性，这是由其特殊的国情决定的，他国不能盲目照搬，否则，有可能对革命事业造成损失。如王明的“城市中心论”，将俄国革命的经验神圣化，给中国革命造成了极大伤害。向苏俄学习、走十月革命的道路，要求把共性和个性结合起来，即把马克思主义的普遍真理和本国国情结合起来，走自己的路。

易错易混

1. 最终确立资产阶级统治地位的不是垄断组织的出现而是工业革命。

2. 资本主义世界市场开始形成、初步形成、最终形成标志性事件分别是新航路开辟、工业革命时期、第二次工业革命时期。

3. 工业革命开始的标志是哈格里夫斯发明的珍妮纺纱机，而不是凯伊的飞梭，也不能说成是瓦特改良蒸汽机。

4. 工业革命完成的标志不是大机器生产取代工场手工业，而是用机器制造机器。

5. 爱因斯坦的相对论只否定了牛顿的绝对时空观，没有否定整个牛顿力学。牛顿力学是相对论力学在低速状态下的一个特例。牛顿力学是整个力学的基础，牛顿所创造的概念，至今仍指导着我们的物理学思想。相对论发展了牛顿力学，打破了传统的绝对时空观。

6. 工场和机器生产：

二者虽然都是具有资本主义生产关系性质的生产形式，都属于资本主义经营方式，但二者有明显的区别：在手工工场里，生产仍以手工技术和手工劳动进行，而机器生产是使用机械化劳动；规模不同，通常情况下，手工工场的规模要小于机器生产；手工工场是大机器生产的过渡形式。

7.(1)蒸汽机的发明推动了第一次工业革命的开展，人类社会进入蒸汽时代；(2)发电机和其他电力技术发明的出现，促进第二次工业革命到来，人类社会进入电气时代；(3)以互联网为代表的信息技术迅速发展，极大改变了人们的生活，人类社会进入信息时代。

历史概念

1. 资本主义世界殖民体系：也叫“帝国主义殖民体系”。它是指资本主义世界体系中受帝国主义压迫剥削的殖民地、半殖民地和附属国的体系。20世纪初，帝国主义国家奴役和控制了世界上的绝大部分人口和土地，资本主义世界殖民体系最终形成。

2. 马克思主义：是关于全世界无产阶级和全人类彻底解放的学说。它由马克思主义哲学、政治经济学和科学社会主义三大部分组成，是马克思、恩格斯在批判地继承和吸收德国古典哲学、英国古典政治经济学、法国空想社会主义学说基础上于19世纪40年代创立的，并在实践中不断地丰富、发展和完善的无产阶级思想的科学体系。

3. 社会主义：指科学社会主义，是共产主义的初级阶段。在社会主义社会，无产阶级掌握了国家政权。社会主义国家，一般指实行社会主义制度的国家。标志是共产党执政，而且往往是采用共产党一党制，因此在世界上又被称为“共产主义者的国家”。

4.“苏维埃”：是俄文“СОВЕТ”的汉语音译（英文为Soviet），意即“代表会议”或“会议”。苏维埃制度是苏联的政治基础，是俄国劳动人民在反对沙皇专制统治的革命斗争过程中创造出来的政权组织形式。

5. 国家垄断资本主义：是资产阶级国家同私人垄断资本相结合而形成的一种垄断资本主义。其实质是垄断资本直接控制和利用国家政权，并通过国家政权干预和调节社会经济生活，加强计划指导性以保证垄断资本获得高额垄断利润及社会经济生活的正常运转。

6. 量子：在物理学中常用到量子的概念，量子是一个不可分割的基本个体。例如，一个“光的量子”是光的单位。而量子力学、量子光学等更成为不同的专业研究领域。

第四节　“一战”后到“二战”的东西方世界

阶段特征

本阶段从1918～1945年第二次世界大战结束，这是战争与革命的阶段。这一时期是社会主义国家的兴起和现代资本主义的发展阶段，也是战后动荡走向暂时稳定，并从大危机大动荡再次走向世界大战的时期。

主干知识

一、苏联社会主义经济体制的建立及改革

1. 战时共产主义政策

(1)背景:①苏俄建立:1917 年十月革命胜利,苏俄建立,需要巩固新生政权。②外患:英、法、美、日等资本主义国家对苏俄进行武装干涉。③内忧:国内战争爆发,苏俄面临严峻的政治经济形势。

(2)内容:

方面	内容
农业	余粮收集制,粮食以极低价格交售国家
工业	普遍实行工业国有化,将大中企业收归国有,对小企业实行监督
商业	取消商品贸易,一切生活必需品都由国家集中分配
产品分配	强制劳动,实行“不劳动者不得食”的原则

(3)评价:①积极:在特殊的历史条件下最大限度地集中了全国的人力、物力、财力,保证了军事斗争的胜利。②消极:许多措施超出了战时需要的限度,侵害了农民的利益,造成社会不稳定、生产下降。不是向社会主义过渡的正确途径。

2. 新经济政策

(1)背景:①经济危机:战争严重破坏了经济,国家无力直接领导和组织所有企业的生产。②政治危机:农民对战时共产主义政策日益不满,频繁发生暴动。

(2)目的:解决国内的经济困难和政治危机。

(3)内容:

方面	内容	特征
农业	以固定的粮食税代替余粮征集制	①无产阶级掌握国家经济命脉,公有制为主 ②一定限度内恢复资本主义;多种所有制形式存在
工业	关系国家经济命脉的企业仍归国家所有,由国家经营; 中小企业和国家暂时无力经营的企业,允许本国和外国资本家经营;恢复私人小企业	
商业	由产品交换转为允许自由贸易	利用市场和商品货币关系
产品分配	按劳分配	

(4)意义:①理论上:新经济政策的实施表明俄共(布)放弃了直接过渡到社会主义的设想和实践,找到了一条使落后的俄国过渡到社会主义的正确途径。②现实中:受到广大工人和农民的支持,使国民经济得到恢复和发展,苏维埃政权得到巩固。

3. 斯大林模式

(1)确立

①步骤:经过工业化和农业集体化,实施国民经济发展五年计划,逐步取消新经济政策。②时间:20 世纪 30 年代中期,苏联确立新的经济体制。

(2)特征:①所有制度:实行单一的公有制,包括全民所有制和集体所有制。②管理体制:实行高度集中的经济管理体制。③经济体制:实行排斥市场的指令性计划经济。④管理手段:主要以行政手段管理经济。

(3)评价

①积极:国家得以按照计划调配和使用全部人力、物力、财力资源,苏联的社会主义建设取得突出成就,形成了比较齐全的工业体系,基本上实现了工业化;为日后战胜德国法西斯奠定了物质基础。

②消极:

a. 片面发展重工业,使农业和轻工业长期处于落后状态,造成国民经济比例严重失调,影响国民经济的持续发展。

b. 由于忽视消费品生产,人民生活水平提高缓慢。

c. 国家为了积累资金,从农民身上拿走的东西太多,农民生产积极性不高。

d. 长期僵化的执行计划指令,压抑地方企业的积极性,阻碍经济的进一步发展。

(4)经验教训:制定政策时一定要坚持生产关系适应生产力发展的原则;要从国情出发,坚持可持续发展战略,农、轻、重按适当比例平衡发展。

二、空前严重的资本主义世界经济危机——大萧条:1929~1933 年资本主义经济危机

1. 原因:①根本原因:资本主义社会基本矛盾(生产的社会化和生产资料资本主义私人占有之间的矛盾)。②直接原因:供需矛盾突出。③具体原因:股票投机过度(导火线)。

2. 特点:①来势猛,范围广:从美国开始波及所有资本主义国家和经济部门。②持续时间长:长达四年。③破坏性大:银行倒闭,企业破产,生产下降,失业剧增,农业破坏。

3. 影响:①国际关系:主要资本主义国家以邻为壑、转嫁危机,实行提高关税和货币贬值，国际关系日趋恶化。②经济：生产力遭到极大破坏，世界经济进一步陷入混乱，加深危机。③政治：人们对整个资本主义制度产生怀疑，法西斯主义在一些国家开始泛滥，资本主义面临着严重的政治危机，资产阶级民主制度摇摇欲坠。

三、罗斯福新政

1. 背景：①经济大危机爆发。②美国胡佛政府延续自由放任政策，无法解决危机。③1933 年，以“新政”为口号的罗斯福当选总统。

2. 首要任务：尽快让美国走出经济危机的阴影。

3. 内容：①整顿财政金融：恢复银行正常的信贷活动，重建银行信誉。②调整工业生产：通过《全国工业复兴法》，发起“蓝鹰运动”，防止盲目竞争。③调整农业生产：减少耕地面积和农产品产量，政府收购剩余农产品以控制市场价格。④实行社会救济和以工代赈：政府通过《社会保障法》，采取社会保障措施；政府举办公共工程，提供大量就业机会。

4. 特点（核心内容）：国家干预经济，用国家的力量扩大消费，调整供给与需求的矛盾，缓和社会矛盾。

5. 影响：①直接：美国逐渐从经济危机的阴影下走了出来，社会生产力在一定程度上得到了恢复，广大中下层民众也从新政中获得了一定的好处。②间接：遏制了美国的法西斯势力，保留了美国的民主制度，缓和了社会矛盾，巩固资本主义统治。③深远：标志着资本主义告别自由放任时代，进入了政府大规模干预经济的时代；资本主义经过这一重大调整，获得了新的发展空间和活力，推动了现代化的发展。

(6)实质：在维护资本主义制度前提下，局部调整资本主义生产关系。（不可能改变资本主义制度的本质，无法从根本上消除资本主义经济危机）

重点难点

1. 新经济政策和罗斯福新政中的“新”

(1)从新理论方面来看，前者利用商品市场理念；后者利用国家干预经济的理论（凯恩斯主义）。

(2)从新特点方面来看，前者利用商品货币关系发展社会主义；后者为采用国家干预经济的措施。

2. 工业革命以来资本主义国家经济管理模式发生了哪些变化

(1)自工业革命时代自由主义兴起至 1929 年经济大危机爆发前，推行“自由放任”模式，主张“自由经营、自由贸易、自由竞争”。

(2)1929～1933年经济危机,迫使资本主义国家改变了国家管理经济的模式,罗斯福新政开创了国家干预经济的新模式。

易错易混

1. 战时共产主义政策与新经济政策

前者是苏俄在特定环境下采取的军事性非常措施,适应了战时需要,具有必要性。同时它又是苏俄直接过渡到共产主义的设想和实践,但违背了经济发展规律。后者是利用市场和商品货币关系促进生产发展,是一条向社会主义过渡的正确途径。

2. 各国解决经济危机的方式大致是相同的,即国家干预经济,美国是全面干预经济,而德、日则是将国民经济纳入军事化轨道。

3. 罗斯福新政只是对生产关系的调整,并没有改变资本主义制度,即"旧民主秩序的新应用"。

4."国家垄断资本主义"既不是指垄断资本日益排挤中小企业,也不是指国有企业占主导地位,而是指国家对经济的控制加强。

5. 重商主义、自由主义、凯恩斯主义

三者分别是工场手工业时期、自由资本主义时期、垄断资本主义时期的资本主义经济思想。它们的核心内容分别是:发展工商业,鼓励对外贸易,多储备金银;自由经营、自由竞争、自由贸易;政府从信贷、投资、生产、销售各方面干预经济。

历史概念

1. 共产国际:即第三国际。列宁领导创建的世界各国共产党和共产主义团体的国际联合组织。于1919年成立,1943年解散。

2. 共产主义:是推动建立一个以全体社会成员共同占有生产资料为基础的无产阶级和国家的社会经济体系学说。

3. 信息化:是指培养、发展以计算机为主的智能化工具为代表的新生产力,并使之造福于社会的历史过程。

第五节　二战后的世界格局及其演变

阶段特征

本阶段从1945年到20世纪90年代,这是革命与战争逐渐转向争取和平与发展的阶段。这一阶段是社会主义和资本主义两种社会制度冷战和激烈竞争的和平共处时期;也是当代资本主义和当代社会主义曲折发展的时期;同时也是民族解放运动向纵向发展的时期;还是第三次科技革命兴起、发展及对全球影响深化扩展时期。

主干知识

一、战后资本主义世界经济体系的形成

1. 布雷顿森林体系的建立(以美元为主导的国际货币金融体系)

(1)背景:①吸取二战教训:二战后期,建立有效机制以稳定世界经济成为共识。②契机:二战打破了旧有的世界经济体系,冲击了欧洲的中心地位,使原有的世界经济格局发生深刻变化。③动力:美国实力膨胀,企图确立在世界经济中的霸主地位。

(2)建立:布雷顿森林会议。①召开:1944 年夏,美、英、中等 44 个战时盟国的代表,在美国的布雷顿森林召开联合国货币金融会议,简称“布雷顿森林会议”。②内容:会议最终基本上按照美国的方案通过了《布雷顿森林协定》,决定成立国际货币基金组织和国际复兴开发银行这两个国际货币金融组织。③意义:《布雷顿森林协定》的签订标志着布雷顿森林体系的建立。

(3)组织:

①成立:1945 年,国际货币基金组织(IMF)和国际复兴开发银行即世界银行(WB)正式成立。

②宗旨:

a. 国际货币基金组织的宗旨:稳定国际汇率,消除妨碍世界贸易的外汇管制,加强国际货币合作,通过提供短期贷款缓解成员国国际收支不平衡。

b. 世界银行的宗旨:向成员国提供贷款,以促进该国的经济恢复和发展,推动并促进国际贸易的均衡增长。

③特点

a. 由成员国认缴资金,并根据认缴资金的数额决定投票权的多少。

b. 成员国有义务实行固定的汇率制,各国的货币与美元的汇率基本固定,美元与黄金的比价固定,美元取得了高于其他国家货币的地位。

(4)评价:

①布雷顿森林体系的建立标志着以美元为中心的国际货币金融体系的建立。

②美元成为国际支付手段和储备货币,从而确立了美国在“二战”后相

当一段时期内左右世界经济的霸主地位;满足了美国对外经济扩张的需要。③在一定程度上稳定了世界金融货币秩序,促进了世界贸易,有利于世界经济的发展。

2. 以美国为中心的国际贸易体系

(1)背景:①贸易保护主义严重阻碍了国际贸易的发展,使人们认识到加强国际贸易协调与合作的必要。②美国积极倡导建立国际贸易组织,以有利于其商品输出。

(2)形成:1947 年,美国、中国等 23 国签署了《关税及贸易总协定》,简称"关贸总协定"。

(3)目的:使各缔约国通过谈判削减关税,消除贸易壁垒,实现贸易自由化,充分利用世界资源,促进经济发展。

(4)性质:是一个有关关税和贸易政策的国际性多边协定,实际上一直起着国际经济组织的作用。

(5)影响:确立了国际自由贸易体制,形成了以美国为中心的国际贸易体系。削减关税,促进世界贸易的增长和经济全球化,维持了美国经济的繁荣和扩张。

3."二战"后资本主义世界经济体系

(1)形成:世界银行、国际货币基金组织和关贸总协定成为战后支撑世界经贸关系的三大支柱。在此基础上,"二战"后资本主义世界经济体系形成。

(2)评价:①在三大支柱中,美国拥有特殊地位,有利于美国对外经济侵略,有利于以美国为首的资本主义世界经济的发展。②它们的出现顺应了经济全球化的历史趋势,改变了战后世界经济的无序状态,反映了第二次世界大战后世界经济向着体系化、制度化的方向发展。

二、两极世界的形成

1."冷战"的兴起

(1)含义:泛指美苏之间除了直接交战即"热战"以外的一切敌对行动。

(2)原因:

①合作基础丧失:二战结束后,法西斯国家被打败,美苏失去了战时同盟的基础。

②目标冲突:

a. 美国确立了称霸世界的全球战略,把苏联看作其称霸全球的障碍,企图遏制苏联。

b. 苏联的国际威望大大提高，努力扩大自己在世界上的影响，存在大国沙文主义。

③社会制度与意识形态：美苏两国在社会制度与意识形态方面根本对立，均将对方视为主要敌人。

④猜疑、不信任：美苏两国之间存在严重的猜疑和不信任，夸大对方对本国的威胁。

(3)表现：

	美国	苏联
政治	1947 年，杜鲁门主义，“冷战”开始	1947 年，共产党和工人党情报局
经济	1947 年，马歇尔计划，“欧洲复兴计划”	1949 年，经济互助委员会
军事	1949 年，成立北约	1955 年，成立华约

①杜鲁门主义：1947 年 3 月，美国总统杜鲁门在国会发表国情咨文，要求美国援助“受到共产主义威胁的希腊和土耳其”，并公开宣称，美国要在全世界一切地方与苏联和共产主义对抗。这一反苏、反共纲领被称为杜鲁门主义。它标志着“冷战”的兴起。②“马歇尔计划”：1947 年，美国国务卿马歇尔提出援助西欧的“欧洲复兴计划”。这是杜鲁门主义的一次大规模运用。③柏林危机：1948 年，美苏“冷战”出现第一次高潮，爆发了柏林危机。④北约：为了遏制苏联，加强对西欧的控制，1949 年，美国策动签订《北大西洋公约》，成立北大西洋公约组织。⑤华约：为对抗北约，1955 年，苏联等社会主义国家签订《华沙条约》，成立华沙条约组织。至此，两大军事集团在欧洲全面对峙，标志着美苏两极对峙格局的正式形成。

(4)影响：

①美苏“冷战”关系压倒了其他国际关系，世界被分裂成两部分。②美苏两国全面对抗，进行军备竞赛，使世界处于毁灭性的核战争的威胁之下。③两大集团势均力敌，彼此不敢轻易动武，使得近半个世纪没有爆发新的世界大战。④美苏两国为争夺势力范围和世界霸权，肆意践踏国际法，干涉别国内政，甚至不惜大举用兵，严重破坏了世界和平。

2.“冷战”中的“热战”

(1)朝鲜战争：①概况：1950～1953 年，以美国为首的“联合国军”借朝鲜内战进行干涉。②影响：使中美关系彻底破裂，美国采取遏制中国的政策，“冷战”从欧洲扩大到亚洲。

(2)越南战争：

①概况：1945～1954 年，越南北方人民打败法国侵略者。美国乘虚而入

发动越南战争。1973 年，美军全部撤出越南。1975 年，越南统一。②影响：耗费了美国大量的人力、物力和财力，导致美国的霸权地位相对衰落，军事实力被苏联赶上。美国全球战略发生变化，由进攻转向防御。

三、战后资本主义发展的新变化

1. 背景

①吸取 20 世纪 30 年代大危机的教训。②借鉴罗斯福新政的成功经验。③接受凯恩斯主义，大力干预经济。④第三次科技革命的推动。⑤借鉴社会主义国家经验。⑥顺应二战后经济调整的世界潮流。

2. 表现

(1)国家干预经济

①措施

a. 实行国有化，建立国营企业；

b. 制定经济计划，指导经济发展；

c. 扩大政府开支，政府直接采购，利用税收等财政政策调节社会生产。

②评价

a. 积极：一定程度上避免了私人生产的盲目性，保证了生产的社会性。

b. 消极：国有企业普遍存在着经营不善、效益低下的弊端。

(2)企业经营变化：人民资本主义和经营者革命

①出现“人民资本主义”，股票分散化；

②产生“经营者革命”，所有权和经营权分离。

(3)福利国家出现

①原因：生产力提高；吸取经济危机的教训；国家垄断资本主义发展的推动。

②特点：由单纯的救济发展成为公民的社会权利，种类多，覆盖面广。

③评价：

a. 实质：国家进行国民收入再分配的一种形式，反映了分配领域社会化的趋势。

b. 积极：使低收入阶层的生活得到基本保障，缓解了社会矛盾，扩大了社会消费，稳定社会秩序，促进经济发展。

c. 消极：使一些国家财政支出扩大，造成财政赤字，降低了人们的工作积极性。

3. 影响

20 世纪 50～70 年代，发达国家进入了经济高速增长的“黄金时代”。

4. 新变化

①原因:1973 年,“黄金时代”结束,发达国家出现经济“滞胀”现象。

②措施:减少国家对经济的干预,出售部分国有企业,削减社会福利开支。

四、苏联的改革与解体

<table>
<tr><th colspan="2"></th><th>赫鲁晓夫改革</th><th>勃列日涅夫改革</th><th>戈尔巴乔夫改革</th></tr>
<tr><td colspan="2" rowspan="2">背景</td><td colspan="3">斯大林体制的弊端成为社会发展的障碍</td></tr>
<tr><td>农业问题尤为突出</td><td>赫鲁晓夫改革失败造成混乱局面</td><td>经济衰退,社会陷入危机边缘</td></tr>
<tr><td rowspan="2">措施</td><td>农业</td><td>用收购制代替农产品义务交售制,扩大集体农庄自主权,开垦荒地,扩大谷物生产,种植玉米运动</td><td>扩大农场和农庄自主权,提高农产品价格</td><td rowspan="2">从根本上触动经济体制,要求国家用经济方法管理经济,打破单一的公有制形式,允许个体经济存在;提出“加速发展战略”,重点放在重工业上。后转向政治体制改革</td></tr>
<tr><td>工业</td><td>扩大地方和企业权限,推行“物质利益原则”</td><td>推行新经济体制,注意运用价值规律扩大了企业的经营自主权</td></tr>
<tr><td colspan="2">评价</td><td>①积极:一定程度上冲破了传统观念的束缚,取得一定成效
②问题:只是在维持原有经济体制的基础上进行局部改革,没有从根本上突破斯大林模式;目标脱离实际;改革缺乏全面和一贯的战略方针和思路,带有很大的盲目性;个人作风急躁,反复无常,造成混乱</td><td>改革没有突破原有经济体制的框架,陷入停滞;20 世纪 70 年代下半期,经济发展速度放缓;80 年代初,经济全面滑坡</td><td>使原本已经严重畸形的经济结构更加失调,缺乏具体可行的配套措施,给予企业自主权等政策没有真正实行,改革阻力重重。改革陷入困境,经济继续滑坡,政治体制改革偏离社会主义方向,导致苏联解体</td></tr>
</table>

五、世界多极化趋势的出现

1. 欧共体的形成

(1)背景:①二战后,西欧国际地位下降,依附于美国。②20 世纪 50 年代,西欧各国生产力发展——根本原因。③反抗美苏超级大国的控制,保障自身安全与发展的需要。④西欧有共同的文化遗产和心理认同感,经济发展水平相近。⑤法德两个大陆宿敌的和解。

(2)经过:

①1951 年,欧洲煤钢共同体。②1958 年,欧洲经济共同体和欧洲原子能共同体。③1967 年,合并为欧洲共同体。

(3)合作:建立了关税同盟,实行共同的农业政策,建立欧洲货币体系,加强科技合作

(4)影响。①经济上:促进了西欧国家经济的发展和实力的增强,成为美国的竞争对手。②政治上:力图推行独立自主的外交政策。③国际关系上:严重削弱了美国的霸权地位,迫使美国调整对欧政策(欧洲对美国,依附—伙伴),冲击了美苏两极格局,使世界朝着多极化方向发展。

2. 日本成为世界经济大国

(1)原因

①美国扶植。

a. 原因:美国把日本作为远东的反共桥头堡。

b. 措施:减免战争赔偿,提供资金和物资援助。

②美国在日本推行民主化改革,铲除了残余的封建因素,为经济腾飞创造条件。

③日本政府重视科技与教育。

④政府把发展经济放在首要位置,采取了制定经济计划等方式,利用国家政权大力推动经济发展。

⑤朝鲜战争和越南战争爆发,美军大批军事及后勤物资订货,进一步刺激了日本经济的发展。

(2)表现:1956～1972 年呈现高速发展局面,成为仅次于美国的资本主义世界第二经济大国。

(3)影响:①对日本的影响:改变了战后初期向美国一边倒的政策,实行以日美关系为轴心的全方位外交。②对世界的影响:资本主义世界经济领域呈现出了美、日、西欧三足鼎立的局面,挑战了美国的霸权,冲击了美苏两极格局。

3. 不结盟运动兴起

(1)背景:①二战后,亚非拉地区掀起了民族解放斗争的浪潮,诞生了许多新兴独立国家。②它们在国际上处于弱势地位,成为美苏争霸的战场。③谋求维护自身独立、主权、发展和和平的有效途径。

(2)标志——第一次不结盟国家和政府首脑会议。

①召开:1961 年在贝尔格莱德举行。②内容:通过了《不结盟国家和政府首脑宣言》,确立了独立、自主、不结盟、非集团的基本原则和宗旨。

(3)含义:不结盟的含义不是消极的中立,而是要积极地反对殖民主义和霸权主义,主张用和平共处代替"冷战",实行全面裁军,销毁核武器。

(4)影响:不结盟运动的兴起,标志着第三世界国家以独立的力量登上了国际政治舞台,开始改变由超级大国和西方国家决定世界事务的局面。

4.20 世纪 70 年代以来的多极化趋势

(1)出现原因:①根本原因:根源是世界经济格局的多极化。②具体原因:欧共体形成,日本成为经济大国,不结盟运动兴起,社会主义阵营瓦解,中国在联合国合法席位恢复(中国崛起)。

(2)影响:冲击着美苏两国的霸权主义,冲击着两极格局,促使世界格局向多极化方向发展,有利于世界和平与发展。

六、当今世界的经济区域集团化

1. 欧洲经济区域一体化

(1)原因:①西欧有着共同的文化遗产和心理认同感,经济发展水平相近。②战争造成的灾难和痛苦的教训,二战使欧洲各国普遍削弱,国际地位下降。③美苏"冷战"威胁欧洲各国的安全。④法、德两个宿敌的和解,为欧洲联合奠定了基础。⑤20 世纪 50 年代西欧各国经济恢复,生产力发展,联系加强(根本原因)。⑥地理位置接近,矿产资源互补。

(2)进程

①欧共体成立

a. 1952 年,欧洲煤钢共同体,标志着欧洲经济一体化的开始;

b. 1958 年,欧洲原子能共同体和欧洲经济共同体;

c. 1967 年,欧洲共同体成立,是经济合作组织。

②经济一体化

a. 1968 年,建立关税同盟,实现贸易自由化;

b. 1968 年,实施共同的农业政策;

c. 着手建立欧洲货币体系,稳定成员国之间的汇率;

d. 1993 年,欧洲统一大市场正式开始运作。

③成立欧盟

a. 目的:加快政治、经济一体化进程。

b. 成立:1991 年签订《欧洲联盟条约》即《马斯特里赫特条约》;1993 年欧盟正式成立。

c. 意义:标志着欧共体由一个以经济合作为主的组织转变为一个具有经济和政治双重性质的组织。欧洲一体化的内容从最初的经济合作扩大到政治、经济、军事合作,欧洲各国的合作更为广泛和紧密。

④欧元诞生:2002 年 1 月 1 日,欧元正式启用。

意义:欧元诞生是欧洲一体化进程中具有历史意义的里程碑,有利于整个欧洲经济稳定的发展;加强了民众的认同感,使欧洲一体化成为由欧洲公众参与推动的自下而上的进程;冲击了美元的霸权地位。

(3)意义:①对欧洲:符合欧洲的整体利益和欧洲各国的利益,有利于欧洲地区的经济发展、和平与稳定。②对世界:反映了 20 世纪下半期经济区域化的趋势,改变了世界格局,极大地提高了欧洲在国际上的地位。

2. 北美自由贸易区

(1)原因:①20 世纪 80 年代末,世界经济全球化发展。②欧共体日益成熟,亚洲的经济区域化起步的推动。③美国、加拿大和墨西哥需要应对全球化的挑战。

(2)成立:①1992 年,美国、加拿大和墨西哥签订了《北美自由贸易协定》。②1994 年,北美自由贸易区正式成立。

(3)影响

①积极:a. 三国之间取消贸易壁垒,进行公平竞争,促进了合作,增加了就业机会。b. 三国之间的经济交流大大加强,在经济上形成互补。c. 较好地实现了发达国家和发展中国家的合作,为三国贸易的扩大带来了极大的便利,促进了经济的发展。

②消极:造成墨西哥国内一些企业陷入困境,民族经济受到冲击。

3. 亚太经合组织

(1)背景:①20 世纪 70～80 年代,亚太地区经济增长最快,区域内经济联系密切。②受经济区域化趋势的推动。③欧洲一体化成功的影响。

(2)成立:1989 年,亚太经合组织在澳大利亚首都堪培拉成立。

(3)宗旨:保持经济的增长与发展,促进成员间经济的相互依存;加强开放的多边贸易体制;减少区域贸易和投资壁垒,维护本地区人民的共同利益。

(4)特点:成员间差异性明显,互补性强;分散性,开放性,非强制性约束性。

(5)原则:相互尊重和平等原则,开放的地区主义原则,协商一致和自愿的原则,渐进的方式实施目标的原则(APEC方式)。

(6)作用:①使亚太地区在世界经济和政治格局中的地位与作用大大提高。②在区域经济合作和一体化发展中创造出了一个新模式,产生深远影响。

七、世界经济的全球化进程

1. 历程

①开始:新航路开辟,世界市场开始形成,经济全球化启动。②发展:第一次工业革命促使世界市场初步形成,第二次工业革命使世界市场最终形成。③破坏:一战、经济大危机、二战破坏了世界市场。④重建:战后资本主义经济体系形成。⑤加快:20世纪90年代以来,两极格局结束,全球化速度大大加快。

2. 经济全球化迅速发展的原因

(1)科学技术发展,生产力迅速提高,提供了坚实的物质基础和根本推动力。

(2)新型交通和通信方式提供了基本的技术手段。

(3)两极格局的结束为经济全球化的发展消除了障碍。

(4)绝大多数国家实行了市场经济体制,疏通了商品流通的渠道。

(5)跨国公司是推动全球化的主要力量。

(6)各种区域性经济组织的活跃。

3. 表现

(1)贸易全球化:国际贸易迅速发展,范围不断扩大,贸易额不断增加,世贸组织成立并不断扩大成员国。

(2)生产全球化:国际分工日趋成熟,跨国公司成为活跃在世界经济中的主体。

(3)金融全球化:货币的交换和流动规模日益扩大,速度加快。

4. 意义

经济全球化使经济活动跨越了民族国家的疆域在世界范围内扩展,加强了国家之间的相互依存,有效地利用和配置世界各地的资源,提高生产率,为各个国家提供了更多的发展机会,也极大地丰富和方便了人们的日常生活。

5. 实质

以发达资本主义国家为主导、资本在全球范围内的新一轮扩张。

6. 问题

①发达国家与发展中国家的贫富差距进一步加大。②加剧了世界经济的投机性和风险性。③发达国家对发展中国家进行产业转移和对资源的掠夺性开采，破坏发展中国家的自然环境，进一步引发全球性生态危机。④加剧了全球范围内文明和价值观的冲突。

7. 展望

①经济全球化是无法改变的历史趋势，是社会经济发展的必然结果。②对策：建立公正合理的国际经济政治新秩序，对经济全球化因势利导、趋利避害。

八、世纪之交的世界格局

1. 苏联解体与两极格局瓦解

(1)苏联解体原因：①根本原因：高度集中的政治经济体制。②直接原因：戈尔巴乔夫改革。

a. 改革内容：政治改革中，提出"人道的、民主的社会主义"取代科学社会主义，指导思想发生根本改变；取消共产党的领导地位，实行多党制。

b. 改革影响：国内政局逐渐失控，民族纷争迭起，各派政治力量激烈争斗，一些加盟共和国脱离苏联独立，苏联迅速走向解体。

(2)东欧剧变：1989 年，东欧大多数国家实行多党制，共产党和工人党丧失了政权，社会制度发生了根本性变化。1990 年，德国以德意志民主共和国合并到德意志联邦共和国的方式实现统一。1991 年，经互会和华约组织相继解散。苏联在欧洲构筑的政治、经济和军事体系全线崩溃。

(3)苏联解体：①1991 年，"8·19 事件"成为苏联解体的催化剂。②1991 年 12 月，独立国家联合体建立。苏联最高苏维埃举行最后一次会议，宣告苏联停止存在。至此，苏联完全解体，两极格局最终瓦解，冷战宣告结束。

(4)苏联解体、东欧剧变的实质：社会制度的根本变化(由社会主义制度演变为资本主义制度)。

2. 当今世界国际局势特点

(1)总体上趋于缓和，和平与发展日益成为时代主流，但缓和与动荡并存。

①缓和：原因：a. 两极格局瓦解结束了两大集团的对峙，大国间的军事对抗和军备竞赛减弱。b. 多极化趋势的加强

②动荡:原因:a. 两极格局瓦解打破了原有的国际力量对比平衡,被“冷战”掩盖的民族及宗教纠纷、领土争端暴露出来;b. 出现霸权主义和恐怖主义等严重威胁世界和平的因素。

(2)多极化趋势加强

①因素(表现):a. 美国成为唯一超级大国,试图建立一个由其主导的单极世界,积极推行单边主义;b. 欧盟、日本、俄罗斯、中国、发展中国家等多种政治力量不断壮大。

②影响:a. 有利于抑制和削弱霸权主义强权政治;b. 有利于推动建立公正合理的国际政治经济新秩序;c. 有利于世界和平与发展。

九、从蒸汽机到互联网

(一)“蒸汽时代”

1. 背景:①18 世纪上半叶,英国已知道用蒸汽机矿井排水。②英国工业革命开始,机器越来越多代替手工劳动,需要高效新动力的支撑与推动。

2. 瓦特改良蒸汽机:①18 世纪 60 年代,瓦特在汽缸后加了一个冷凝器,提高效率。②后来将蒸汽机的动力臂改为连续均匀的圆周运动,可以驱动其他的机器工作。被称为“万能蒸汽机”。③1785 年“万能蒸汽机”运用于纺织业,很快得到推广。

3. 瓦特改良蒸汽机的影响:①蒸汽机是工业革命时期最伟大的发明,推动人类社会由此进入“蒸汽时代”。②促使工业革命轰轰烈烈地展开,形成了许多工业城市和工业国家。③蒸汽轮船和火车出现,交通运输业的革命,使各地经济和文化联系日益密切。

(二)“电气时代”

1. 背景:1831 年英国法拉第发现“电磁感应”现象——为发电机的研制奠定理论基础。

2. 过程——科学实践运用:电能的产生

(1)1866 西门子——发电机、格拉姆—电动机,电力开始成为一种新能源。(2)经过科学家的努力,发电厂建立起来,同时,长距离的输变电技术也日益成熟。(3)到 20 世纪,电力成为工业发展的主要动力。(4)使用电力新发明的涌现,电进入人们生产生活各领域,人类进入“电气时代”。

(三)蒸汽机和电广泛应用的意义——推动社会变革的动力

1. 社会生产力大幅度提高——最直接的变化。

2. 改变社会结构和世界形势——资产阶级日益壮大,开始确立对世界的统治。同时,随着信息交流和交通运输的便捷,世界各地联系更加密切,世界日益成为一个整体。

3. 推动了近代城市化的兴起发展和人们生活更加丰富多彩。

(四)"信息时代"——互联网的诞生("第四媒体")

1. 诞生:1946 年第一台电子计算机在美国诞生。

2. 发展方向:(1)存储量更大,运行速度更快;(2)体积更小,更轻便实用。

3. 网络特点:信息量大,信息传播与交流迅速快捷;开放性,可以资源共享。

4. 现代信息技术对人类社会的影响:把人类带入信息文明时代;信息产业为经济发展提供了新的增长点;推动了全球化,改变人们的思想观念、思维方式和生活方式。

重点难点

1. 雅尔塔体系、两极格局、"冷战"

(1)雅尔塔体系:第二次世界大战结束后,世界大国按照雅尔塔会议等国际会议确立的基本原则,重新划分世界版图和势力范围所建立的以美苏为主导的国际关系新体制。它奠定了二战后世界两极格局的基本框架。

(2)两极格局:以美苏为中心,以两大军事政治集团、两大阵营全面对抗为特点的国际格局。

(3)"冷战"泛指美苏之间除了直接交战以外的一切敌对行动。

(4)雅尔塔体系是二战后两极格局的框架,两极格局是雅尔塔体系的一个组成部分和集中体现,从属于雅尔塔体系;两极格局下对抗的主要形式是"冷战","冷战"的加剧促进了两极格局的形成;一般而言,两极格局的结束意味着"冷战"结束和雅尔塔体系瓦解。

2. 杜鲁门主义与"马歇尔计划"的关系

杜鲁门主义与"马歇尔计划"在本质上是一致的,其针对的都是以苏联为首的社会主义阵营,最终目的都是遏制苏联等社会主义力量,稳定资本主义秩序,确立美国的霸主地位。杜鲁门主义侧重于政治手段,是美国争夺世界霸权的宣言书,它的出台标志着美国对外政策已由局部扩张转向全球扩张。"马歇尔计划"承担着抗衡苏联和控制西欧的双重任务,着眼于经济手段,是更加隐蔽的"杜鲁门主义",是杜鲁门主义的一次大规模运用。

3. 二战后初期美国对西欧的控制

美国通过在经济上实行马歇尔计划,军事上建立北大西洋公约组织,政治上推行杜鲁门主义和对德国进行分区占领等手段,实现了对欧洲的控制。

因此有人说“欧洲不再是欧洲人的欧洲”。但其中主要的控制手段还是比较隐蔽的经济手段。

4. 多极化趋势加强的影响

(1)世界格局的多极化是世界经济多极化的结果,它将进一步推动世界经济的发展;(2)多极化的实质是国际关系的民主化,它是对霸权主义和强权政治的否定和抑制,有利于世界的和平、稳定与发展;(3)有利于促进世界政治经济多样性;(4)多极化趋势给发展中国家既提供了机遇,又提出了挑战。

5. 世界格局多极化趋势下中国的对策

(1)积极参与国际经济政治事务,为世界的和平与发展做出应有的贡献;

(2)抓住和平发展的有利时机,加快改革开放的步伐,努力快速提升综合国力;

(3)站在维护全人类共同利益的立场上,积极推动建立公正合理的国际政治经济新秩序,既要反对霸权主义和强权政治,又要反对恐怖主义,伸张正义,维护世界的和平与正义。

6. 21 世纪以来中日关系的特点及影响中日关系发展的主要因素

21 世纪以来,中日关系的特点明显表现为政治上“冷”,经济上“热”。主流是健康的,但也有不和谐的因素。影响中日关系发展的主要因素有以下几点:

(1)政治方面的社会制度与意识形态的不同;文化差异;领土、领海纷争,特别是钓鱼岛问题;台湾问题;中日历史问题和日本政要参拜靖国神社、日本历史教科书问题等。

(2)经济方面两国以互补合作为主,但随着中国经济的迅速发展,两国在能源、制造等领域竞争的趋势也在日益加强。

(3)美国一直是影响中日关系的极其重要的因素。

易错易混

1. 战后资本主义国家制定经济计划,但不是计划经济体制,经济计划只是发展经济的手段。

2. 二战后,以美苏为主导的雅尔塔体系的确立,只是奠定了两极格局的框架,并不意味着美苏两极格局的完全形成。1955 年华沙条约组织的建立,标志着美苏两极格局最终确立。

3. 美国的“冷战”政策是指二战后东西方阵营之间和美苏两个超级大国之间,除直接军事交战以外,一切敌对行动的总称,但这并不是说当时世界上没有发生战争。美国在“冷战”的大背景下,在局部地区实行“热战”,如朝鲜战争和越南战争。

4. 欧洲一体化的根本原因是经济发展的需求,而不是摆脱美国的控制。

5. 世界由两极格局向多极化方向发展的根本原因是经济格局多极化,而不是东欧剧变、苏联解体。

6.“冷战”结束后,“一超多强”的局面出现,但这并不能说明多极化格局已经定型,因为多极化是一个趋势,有一个发展过程。

7. 东欧剧变、苏联解体只能说明斯大林模式的失败,而不能说明社会主义制度的失败。

8. 苏联高度集中的经济政治体制在前期是必要的,而且起到了很大的作用。只是到了后期,因苏联领导人没有坚持实事求是的原则调整生产关系,此体制越来越阻碍生产力的发展。

9. 赫鲁晓夫改革、勃列日涅夫改革是对斯大林体制的局部调整,而戈尔巴乔夫改革并非局部改革,而是对斯大林体制的彻底否定,即放弃社会主义制度。

10. 欧洲经济一体化的根本原因不是美苏“冷战”的威胁,而是欧洲各国经济发展与经济联系的需要。

11. 欧洲经济一体化起步于欧洲煤钢共同体的正式成立,而不是欧洲经济共同体的正式成立。

12. 经济全球化的最大受益者是发达国家,而不是发展中国家。这是因为经济全球化是发达国家主导的。相比之下,发达国家在资本、技术、市场和经营管理方面占绝对优势。

13. 1973 年以美元为中心的资本主义世界货币体系解体,并不能说明美元已不是世界上最主要的国际货币,而是反映了美国经济霸主地位的动摇。

14. 当今世界经济发展趋势是经济全球化而不是全球一体化,两者既有联系又有区别,而不是同一概念的两种说法。

15. 注意亚太经济合作组织的性质是经济论坛和磋商机构。

历史概念

1. 福利国家:是资本主义国家通过创办并资助社会公共事业,实行和完善一套社会福利政策和制度,对社会经济生活进行干预,以调节和缓和阶级矛盾,保证社会秩序和经济生活正常运行,维护垄断资本的利益和统治的一种方法。

2. 知识经济:通俗地说就是“以知识为基础的经济”。按照世界经济合作及发展组织的说法，知识经济就是以现代科学技术为核心的，建立在知识和信息的生产、存储、使用和消费之上的经济。

3. 工业化：机器大工业在国民经济中发展并取得优势地位的过程，它推动整个国民经济的技术改造，使生产日益社会化，工人阶级队伍不断扩大，城市迅速发展。有社会主义工业化和资本主义工业化，它们的目的、道路和方法各不相同。

4. 区域集团化：指同一区域的一些国家在维护共同利益的基础上，加强经济合作，通过某种形式（条约、协议）组成贸易组织，其目的是巩固扩大集团内部市场，增强经济实力，加强同外部世界的竞争。它是政府契约性的、有形的经济组织。

5. 经济全球化：是指随着社会生产力的不断发展，世界经济活动超越国界，通过对外贸易、资本流动、技术转移、提供服务、相互依存、相互联系而形成的全球范围的有机经济整体。

6. 法西斯：原指中间插着一把斧头的“束棒”（古罗马使用的权力标志棒），象征由人民赋予的权力。近代指对内恐怖统治，对外侵略扩张的资产阶级专制独裁政权。德国纳粹主义、意大利法西斯主义、日本军国主义是世界法西斯主义的三大形态。

7. 联合国：是二战后期建立的战后国际合作组织，是一个统一的世界性综合性的政府间国际组织，其宗旨是维护国际和平与安全，发展各国间的平等友好关系。

8. 霸权主义：是指在世界上或在某个地区称王称霸的政策。泛指大国、强国不尊重他国主权和独立对他国强行干涉、控制和统治。

9. 世界格局：在一定时期内，国际上各种基本力量对比所形成的相对稳定的结构和体系。

10. 雅尔塔体系（雅尔塔体制），是美、英、苏三国首脑主要通过雅尔塔会议所确定的战后世界秩序和政治格局的基本蓝图，其实质是美苏两分天下。

11. 两极格局：是以美、苏为中心，以两大军事政治集团、两大阵营全面对抗为特点的格局。

12. 多极化趋势：出现于 20 世纪六七十年代两极格局期间。既包括世界经济力量结构的多极化，也包括国际政治格局的多极化，通常所指的多极化主要是国际政治格局的多极化。

13. 第三世界：是指经济发展比较落后，在国际政治经济关系中地位比较低的国家和地区。在地域上大多处于发达国家的南边。第三世界国家也称为发展中国家、南方国家。

14."独联体":是"独立国家联合体"的简称。"独联体"是独立主权国家的协调组织,以主权平等为基础。它的宗旨是为各成员国进一步发展和加强友好、睦邻、信任、谅解和互利合作服务,为各成员国在国际安全、裁军、军备监督和军队建设方面协调政策。

第六节 19世纪以来的世界文学艺术

主干知识

一、文学的繁荣

(一)浪漫主义文学——19世纪上半叶

1. 欧洲浪漫主义潮流产生的社会背景:

(1)18世纪末到19世纪30年代,欧洲发生多次革命和战争,局势混乱。(2)大革命后确立的资本主义制度,不像启蒙思想家描绘的那样美妙,引起人们的失望和不满,于是浪漫主义潮流应运而生。

2. 浪漫主义文学主要特点:(1)不再刻意突出理性,而是发掘人的感情世界。(2)在创作中,以想像力丰富的构思。

3. 主要代表:雪莱《解放了的普罗米修斯》;法国雨果把浪漫主义文学推向顶峰《巴黎圣母院》《悲惨世界》;德意志海涅《德国,一个冬天的故事》。

(二)现实主义文学——19世纪中期

1. 产生的社会背景——19世纪30年代以后,欧美资本主义国家社会矛盾日益尖锐。

2. 主要特点——强调真实表现现实生活,剖析揭露社会矛盾;对现存社会秩序进行批判;热衷于塑造和赞扬英雄人物和正面人物形象。

3. 主要代表:

国家	代表人物及作品/概况
法国	巴尔扎克作品集《人间喜剧》——堪称资本主义的"社会百科全书"
英国	狄更斯《大卫·科波菲尔》
俄国	普希金《叶甫盖尼·奥涅金》奠定俄国现实主义文学的基础;列夫·托尔斯泰(《战争与和平》《安娜·卡列尼娜》)
挪威	易卜生《玩偶之家》

(三)20世纪的世界文学

1.20世纪西方现实主义文学

英国萧伯纳《苹果车》,法国罗曼·罗兰《约翰·克利斯朵夫》;

2. 现代主义文学

(1)产生的社会背景:资本主义垄断时代的产物。两次世界大战、经济大危机、冷战使西方各国的社会问题层出不穷。

(2)主要特征——强调集中表现自我,在文学表现方法上,往往没有开头、结尾和情节,故事背景也不明确,很难理解其中因果关系,语言风格与传统大相径庭。

(3)现代主义文学家及代表作:法国剧作家贝克特《等待戈多》;美国海明威《老人与海》。

(四)20世纪苏联和亚非拉美的文学

1.20世纪苏联文学发展概况:(1)20世纪上半期,苏联社会主义文学繁荣。——代表:高尔基《母亲》等奠定了苏联社会主义文学的基础。奥斯特洛夫斯基《钢铁是怎样炼成的》。(2)20世纪50年代以后,出现解冻文学(否定斯大林模式的思潮和触及尖锐社会问题的文学,以爱伦堡《解冻》为标志)。

2.20世纪的亚、非、拉美文学:

背景:20世纪民族民主运动的高涨。

特点:体现了反对殖民压迫和爱国主义精神。

代表:印度泰戈尔《戈拉》,中国鲁迅《呐喊》,哥伦比亚马尔克斯《百年孤独》,尼日利亚的索因卡《狱中诗抄》。

二、美术的辉煌

(一)新古典主义美术——18世纪末19世纪初

1. 背景:18世纪末19世纪初的法国社会动荡;资产阶级追求古代希腊罗马的英雄主义精神。

2. 特点:强调理性,选择重大题材,注重严整和谐。

3. 代表:法国的大卫《马拉之死》《拿破仑加冕式》和安格尔《泉》。

(二)浪漫主义美术——19世纪上半叶

1. 背景:拿破仑统治结束后,人们对启蒙运动宣扬的理性王国感到失望。

2. 特点:注重感情表现和画面整体,不拘泥局部和细节。强调色彩的作用。

3. 代表：法国德拉克洛瓦《自由引导人民》。

(三)现实主义美术——19 世纪中期

1. 特点：注重社会现实。

2. 代表人物以及代表作品。

法国米勒主要表现农民的感情和生活，代表作品《播种者》《拾穗者》；俄国列宾注重民族忧患意识，代表作品《伏尔加河上的纤夫》。

(四)印象画派——19 世纪 60 年代起

1. 早期印象画派特点：借助当时光学研究新成就，探讨用光和色描绘外部世界。

代表：法国莫奈《日出·印象》

2. 后期印象画派——19 世纪末 20 世纪初

特点：主张抒发个性，并吸收包括中国水墨画在内的东方艺术的一些特点。线条粗犷、夸张、色彩明快。

代表：荷兰画家凡·高《向日葵》；法国塞尚，被称为"现代绘画之父"。

(五)现代主义美术——20 世纪以来

1. 背景：20 世纪以来，爆发了两次世界大战——心灵创伤；工业化——快节奏，紧张感；科学技术的发展——拓展视野。

2. 特点：反传统和理性，重视主观感受和表现形式，更趋极端化。

3. 代表人物和代表作品：西班牙毕加索《格尔尼卡》对法西斯暴行表示强烈抗议。

4. 现代主义美术的新发展——二战以后现代主义美术进一步发展。

三、音乐与影视艺术

(一)19 世纪的音乐流派与杰作

1. 时代背景：①经济基础：资本主义发展和资产阶级力量壮大。②精神动向：解脱束缚，更加世俗化、人性化。③时代要求：各国面临社会问题不同，民族性更强。

2. 特点：多样性，民族性更明显。

3. 浪漫主义音乐：(1)流派中心：奥地利和德意志。(2)发展：19 世纪兴起，19 世纪中叶走向鼎盛。(3)艺术风格：注重抒情性、自传性和心理刻画，弘扬民族特性。(4)表现形式：伴随工业化，出现交响乐团和大型歌剧。

4. 名家名作：(1)德意志：贝多芬(乐圣)《英雄交响曲》《命运交响曲》——连接古典主义和浪漫主义音乐的桥梁。(2)奥地利：约翰·施特劳斯(圆舞曲之王)《蓝色的多瑙河》。(3)歌剧——意大利：威尔第《茶花女》；

法国:比才《卡门》。(4)民族乐派——俄罗斯:柴可夫斯基《天鹅湖》《胡桃夹子》(芭蕾舞剧)。

(二)20 世纪的现代主义音乐

1. 一战前后,爵士音乐的兴起(源于 19 世纪末新奥尔良黑人音乐)。

2. 二战后,摇滚、蓝调、爵士乐风靡欧美,其中摇滚音乐成为主流,歌手乐队:"猫王"普莱斯(美国);"甲壳虫"乐队(英国)。

3. 20 世纪 70 年代后的音乐追求更多风格,商业化更明显。

4. 当代世界音乐格局

(1)经典精华与大众化、多元化并存。(2)民族特色与跨国交流、共同繁荣。

(三)电影的起源与发展——"第七艺术"

1. 标志:"电气时代"法国卢米埃尔兄弟在巴黎公映电影短片(1895 年)。

2. 20 世纪初——美国格里菲斯发展拍摄、构图与剪辑技术,代表作《一个国家的诞生》。

3. 无声片(1927 年前)——美国卓别林、苏联的《波将金号战舰》。

4. 有声电影与彩色电影——美国华纳公司(1927 年、1935 年《浮华世家》)。

5. 二战后电影技术发展迅速——多元发展。

20 世纪 50 年代以后:宽银幕和立体声电影出现。

(四)电视的起源与发展——"第八艺术"

1. 产生:1928 年电视图像的传送与 1929 年英国电视的诞生。

2. 发展:20 世纪 30～40 年代电视艺术在英、美的发展;40 年代初,美国出现彩色电视节目。

3. 普及:二战后大规模普及应用。

重点难点

1. 全面把握世界主要文艺流派:

派别	特点	代表作	形成背景
浪漫主义	注重艺术家的主观性和自我表现,以壮美的自然为素材,抒发对理想世界的追求,以瑰丽的想象、夸张的手法塑造形象,表现激烈奔放的感情	拜伦和雪莱的诗;雨果的《巴黎圣母院》;德拉克洛瓦的《自由引导人民》;贝多芬的音乐	19 世纪初波旁王朝复辟后,社会各阶层对启蒙运动设想的理性王国深感失望,努力寻找新的精神寄托

续表

派别	特点	代表作	形成背景
现实主义	关注社会问题。典型地再现社会风貌,深入剖析社会生活的本质,揭露和批判社会的罪恶	巴尔扎克的《人间喜剧》;列夫·尼古拉耶维奇·托尔斯泰的《战争与和平》;米勒的《拾穗者》	19世纪中期资本主义发展,贫富分化加剧,社会矛盾日趋尖锐;浪漫主义的幻想和呐喊不能满足人们的需要;真实反映生活、揭露和批判社会黑暗的现实主义文学逐渐成为文学的主流
印象派	强调人对外部世界的印象;牺牲意念上的清晰,追求新颖、微妙、朦胧、瞬间的意境变化;画家追求丰富的明暗层次和浓淡色彩,音乐家强调声音的响度和色彩	莫奈的《日出·印象》《干草堆》;德彪西的《牧神午后·前奏曲》	19世纪后半期,一些青年画家对统治欧洲艺术的种种清规戒律表示不满;受19世纪科学技术的启发
现代主义	反对传统和理性,重视艺术家的主观感受和表现形式,艺术上更趋于极端化;体现出时代的快节奏、现代人的精神创伤和心理困惑、强烈的个人主义和虚无主义	贝克特的《等待戈多》;毕加索的《格尔尼卡》;摇滚乐和爵士乐的兴起	20世纪以来,两次世界大战给人们的心灵造成巨大创伤;工业化带来快节奏生活;科技的发展拓宽了艺术家的视野;20世纪以来社会思潮的影响

2. 在近代史上,各种文学流派的盛行与当时的历史条件有密切的联系

(1)18世纪末至19世纪30年代,浪漫主义文学反映了社会各阶层对启蒙思想家提出的“理性王国”感到失望,它追求主观理想,不再突出人的理性,注重抒发个人情感。

(2)19世纪30年代至20世纪初,现实主义文学随着资本主义社会矛盾的复杂化和尖锐化发展而来,一方面,它力图真实地表现现实生活;另一方面,对现存的社会秩序进行无情揭露和强烈批判。

易错易混

现代主义文学与现实主义文学的区别:

1. 从产生和繁盛的时间来看，现实主义文学在西方由来已久，从19世纪30年代起成为文学的主流。现代主义文学兴起于19世纪晚期，20世纪二三十年代达到繁盛时期。

2. 从兴起的社会根源来看，现实主义文学的发展是由于工业革命后资本主义社会的矛盾日益显露，社会问题日益突出而出现的。现代主义文学的发展是由于在第二次工业革命后，经济危机、世界大战等社会问题使人们对资本主义产生了恐惧，从而使他们迷茫、痛苦，找不到出路。

3. 从创作特点来看，现实主义文学强调真实，具体地描写现实生活，详细分析人类行为相互冲突的趋势，再现特殊环境中的典型人物。现代主义文学是一种流派纷呈、风格各异的多元化文学，其特点是集中表现自我，在艺术手法上反传统。

历史概念

1. 浪漫主义(19世纪早期)：特点是深入发掘人的主观感情世界，注重画面整体的完整和统一，强调色彩的作用。

2. 现实主义(19世纪中期)：特点是注重表现客观社会现实。

3. 印象主义(19世纪后半期至20世纪初)：特点是19世纪60年代出现对光和色有浓厚的兴趣。

4. 现代主义(20世纪以后)：主要特征是反对传统和理性，重视艺术家的主观感受和表现形式，艺术上更趋于极端化。

第二单元　高中历史史学研究的基本方法及命题规律

历史是一门既包括描述也包括解释的学科。

随着历史课程改革的推进，史料教学的重要性越来越突出，我们的历史教学越发地散发"历史味"。运用史料解释历史、还原历史现场，进而理解历史，成为新课程改革以来中学历史课堂教学改革的亮点之一，也是实现三维目标的必由之路。可以说，几乎每一节历史课，都需要历史材料来支撑。同时，在近几年来的高考命题改革中，作为一种重要的能力考查，史料分析的色彩和比重在试卷中将越来越显著。几乎可以说，没有史料无以成题。下面，对这类高考试题进行简单的梳理总结，以期对大家的备考复习有所帮助。

第一章　历史学基础知识

第一节　历史是什么

“历史”的含义在中文中最早仅用“史”一字代表。甲骨文中“史”字与“事”相似，指事件。许慎《说文解字》说：“史，记事者也；从又持中，中，正也。”便指出“史”的本意即记事者，也就是“史官”。所以有人这样论述：历，人类之足迹；史，人类故事的记载。

在马克思主义历史学诞生之前，一般从广义上来界定历史学，即对史学的定义与对历史的定义往往是同一的，很少有人对两者进行严格的概念上的区分。根据第四版《牛津高阶英汉双解词典》，History 第一义项即指“历史学”——对过去事件的研究；第二义项才是“历史”——过去的事件，尤指从整体意义上来认识的过去事件；第三义项实际上是从第一义项中引申出来的——对过去事件的系统叙述。可见，“历史学”和“历史”是其本义。在西方历史学家对历史学的定义或解说中，History 具体所指为何，一般应视具体的文本语境而定。

关于“历史”，我们今天通俗的有四种解释：

1. 自然界和人类发展过程，也指某种事物的发展过程和个人的经历；

2. 过去的事实；

3. 过去事实的记载；

4. 指历史学，通常说的“历史”，是指人类发展过程以及人类与自然界之间关系的发展过程。

第二节　历史学是什么

如果通俗地理解历史是一个广义的内容，历史学就是一门学科。

我们认为，历史学是一门关于人类社会以往运动发展过程的学问。一般说来，它包括历史过程的记录、历史经验的总结、历史规律的探讨和历史发展趋势的预见。有人从不同角度作了下面的分类：

1. 从宏观上分，可以分为自然史和人类史。而自然史又包括天文、地理、海洋、生物；人类史又包括经济、政治、文化、教育、军事、民族、城市、社区、村镇、移民、工业、农业、个人传记，等等。

2. 从世界范围内分，可以分为地区史、国别史、国际关系史。

3. 根据研究方法分，可以分为计量史学、口述史学、心理史学、比较史学等。

4. 从时间分，可以分为古代史、近代史、现代史。

第三节 历史学的主要功能

一、认识历史的主要途径

历史是由人创造的，有了人，才有人类的历史。但不要忘记，人也是历史的产物，如果古往今来，人们都不学历史，不懂历史，人也就不成其为人，这就和动物没有什么区别了。人的智慧虽然主要来自社会实践，但社会实践本身就是一个不断积累和创新的过程。在这里，一个重要的途径就是学习历史知识。历史是人类的记忆，是人类生产和生活的记录。通过学习历史，人们了解和吸取先辈的经验和智慧，在此基础上进行新的实践，然后再把自己的经验和智慧留给后人。

二、文明延续的重要纽带

四大文明古国中，只有中国是唯一没有出现文明中断的古国。之所以如此，其中有很多原因。中国历史上存在的政权，从来没有为外力所中断；中国文化发展的连续性，商朝出现较完备和成熟的文字——甲骨文，秦统一之后秦始皇统一文字为小篆，以后发展演变为隶书，一直到现今电脑中的各种书写形式；思想发展的连续性，儒家思想自春秋战国出现以后，至汉代形成为中国占主导地位的思想，至今仍然影响着中华民族的发展；历史学发展的连续性，以中国古代的正史“二十四史”为代表的中国古代的史书，记述着中华民族所走过的历程。

三、民族精神传承的载体

中国是世界文明兴起最早的国家之一，中国已有了将近 4000 年的有文字可考的历史。中华民族不但以吃苦耐劳著称于世，而且还是酷爱自由、富于革命传统的民族。以汉族的历史为例，可以证明中国人民是不能忍受黑暗势力的统治的，他们每次都用革命的手段达到推翻或改造这种统治的目的。在汉族的数千年的历史上，有过大小几百次的农民起义，反抗地主和贵族的黑暗统治。而多数朝代的更换，都是由于农民起义的力量才能成功的。中华民族的各族人民都反对外来民族的压迫，都用反抗的手段解除这种压迫，他们赞成平等的联合，而不赞成互相压迫。在中华民族的几千年的历史中，产生了很多的民族英雄和革命领袖。到了近代在外国资本主义、帝国主义列强的侵略、凌侮面前，更激发出了中国人民强大的爱国主义精神。

四、治国安邦的历史经验宝库

丰富的历史知识中可以得出很多历史教训，有些东西过时了，有些东西永远不会过时。如“兼听则明，偏信则暗”“水能载舟，亦能覆舟”“得人心者得天下”等等。中国的史学和世界的史学，都把历史学的借鉴功能作为撰史的重要目的。如司马迁撰写《史记》的目的之一，就是“网罗天下放矢旧闻，王迹所兴，原始察终，见盛观衰”，然后以为今人、后人的鉴诫。《资治通鉴》的编写更是突出的例子。略举一二，便可知治国安邦的经验在历史学中反映得最为突出。

五、启迪人生的向导

一个人短暂的一生，能够或多或少地在历史上留下一点痕迹，使一生不致虚度，很重要的一点就是要借鉴历史的智慧。历史给各种各样的人都提供了无穷的知识、有益的经验和教训，而现实中就没有这么丰富的来源。因为在现实中，一个人能接触到的毕竟有限，而从历史上去看，见于记载的人物、事件、经验是如此丰富多彩，应有尽有。尽管现在传媒越来越发达，当代也有非常多值得学习和借鉴的事物，但是无疑，历史比现实更加丰富。

第四节　史料的分类

一、历史资料的分类

1. 按是否为文字记载可分为文字史料和非文字史料两大类

(1)文字资料：史书、档案文书、思想或学术著作、文学作品、日常生活中的文字遗留、报刊杂志、口述史料。其他：包括如碑刻、墓志、家谱，等等。

(2)非文字史料：

①图像类：绘画、壁画、刺绣图案等；

②实物类：古代建筑、家具、衣物、器物、饰品、钱币、墓葬等；

③风俗类：借由对于当今流传风俗文化的观察，作为讨论历史现象的依据；

④社会调查所得的资料；

⑤由人物专访所得的史料即口述史料。被访者亲历、亲见、亲闻，即以搜集和使用口头史料来研究历史的一种方法。

2. 按其加工程度、内容性质、实用价值可分为第一手材料、第二手材料

(1)第一手资料即是当事人、亲历者直接记录或留下的资料和遗物、遗迹等原始资料。其特点，一是具有原始性，二是具有真实性。

(2)第二手材料不是当时当地耳闻目睹者的直接记载，而是间接得来的有关研究对象的材料。从史实到史料的运用，如果超过一个人的加工处理，便成为第二手材料。

3. 按史料的表现形式可分为文献史料、实物史料和口述史料三大类

(1)文献史料——凡是用文字记载的，包括铭刻、文书、著述等都是文献史料。

(2)实物史料——考古遗迹和遗物都属于实物史料。

(3)口述史料——当事人叙述的往事回忆，它是一种重要的历史信息来源。

4. 其他史料分类

(1)有意史料与无意史料

①官方组织编写的史书和成文的历史著述、回忆录和公开的报道等，应属于"有意的史料"；

②官方遗留下来的文书档案、军事文件及其私人信件、日记等，这都是当时的人们在无意中留下的证据。应属于"无意史料"。

(2)"正史"(官方记载)与"野史"(民间记载)

①正史：一般认为是指由宫廷史官记录的史书；

②野史：一般认为是指古代私家编撰的史书，与官修的史书不同的另一种史书，与"正史"相对而言。

二、史料的判断价值

1. 文献/实物/口述

(1)历史文献是对历史的客观记载，能比较全面地反映历史的全貌。但受材料、视角、方法、素养等诸条件的限制，史家的论述也会存在错误。

(2)实物本身是最好的历史证据，足以弥补文献的空白；但作为实物史料的遗迹、遗物未必能反映历史的全貌和原貌；作为实物史料的遗迹遗物是凝固的过去，而不是活着的过去——只有物，没有人；作为实物史料的遗址遗物，遗址是固定的，但遗物是可以移动的。

(3)口述史的重要性与危险性并存：口述者的记忆、知识程度、个人情感等都会影响到史料的真实性。

2. 图画/文字/音像

(1)图画能表现具体实在的形象，是记载历史的一种辅助手段；图画和雕塑的真实与否取决于作者的技法，也受到客观条件的制约。

(2)文字的表达能力远远高于图画(符号)，所能表达的内容也比口耳相传得更加深刻、更加细致；除了故意歪曲、篡改外，文字史料相对能比较忠实地保持记录者的原意。

(3)音像是历史的主要载体，并且具有文字无法取代的作用；口述历史的兴起和扩展在很大程度上得益于录音技术；音像材料中，纪录片与非纪录片有别，照片也需要鉴别，才能构成支持史实的证据。

3. 神话/民间故事/新闻/文学艺术/史家的论述

(1)神话虽然不是历史，但它在某种程度上反映了历史，而且世界上任何民族的古老历史往往都离不开神话；

(2)民间故事一般是指在非官方的途径产生和流传，在流传中又经过传播者的不断加工，经非正式的历史记载保存下来的内容，它不是历史；

(3)新闻可以是将来编写历史的资料来源，但是新闻绝对不等于历史；

(4)文学作品中的史实，通常以间接的、夸张的、局部的、变化的等诸多形式来表达；文学作品绝非信史，但可以把它看成作者所处时代和作者本人思想、实践的反映；

(5)艺术作品可以反映历史，艺术作品可以反映一个时期普遍存在的社会心态，也可以写实地再现当时的历史场景；

(6)受材料、视角、方法、素养等诸条件的限制，史家的论述也会存在错误。

第二章　史学高考命题规律探究

随着课程改革和高考改革的逐渐深入，史学研究类试题作为一种新的题目类型，在近年高考试卷中的地位日益凸显，呈现得越来越多。这一特点反映了高考历史命题改革的新方向，根据对近几年高考试题进行简单的梳理，希望能对教学和高三复习备考有所帮助。

第一节　侧重对“史学要素”的考查

关于史学的基本要素，由于分析角度的不同，有很多不同的说法。就近年的高考试题分析，主要分两种：

一、对史料、史料解释、历史叙述、历史评价等概念的考查

史料，是指关于记录历史的资料。

史料解释，注重的是对史料的解读，要求不加入个人的观点，不能有预先的设定，必须从史料本身以及史料发生时候的社会背景等方面分析。

历史叙述，是指对历史的描述、记录。

历史评价，是从某个角度对历史上的人或者事情进行评价，必须有鲜明的立场。比如是从唯心主义，或者唯物主义，还是具有相当的主观性。

例 1：(2012 · 上海卷 · 5)①在公元前 44 年的罗马牧神节上，执政官安东尼两次把王冠戴在恺撒的头上，都遭到了人群的抗议。②于是恺撒取下王冠，把它存放在朱庇特神庙。③在那一天，他没有获得皇帝称号。④事实上自公元前 49 年起，恺撒已成为罗马的最高统治者，共和制名存实亡。以上文字中属于历史解释的是(　　)

A. ①　　B. ②　　C. ③　　D. ④

解析：①②③是对当时历史事件的记录，属于历史史实；“恺撒已成为罗马的最高统治者，共和制名存实亡”，④是对①②③中历史史实的解释，属于历史解释。

答案:D

例 2:①1840 年以后,列强对中国发动了鸦片战争、中日甲午战争、八国联军侵华战争等一系列战争。②清政府被迫签订了《南京条约》《马关条约》《辛丑条约》等不平等条约。③拥有独立主权的中国逐步沦为受外国支配的半殖民地半封建国家。④中国的历史发展进程发生了重大转变。以上叙述中属于历史评价的是(　　)

A. ①③　　　B. ②③　　　C. ②④　　　D. ③④

解析:①②属于历史史实;③④是关于近代历史的解释评价。

答案:D

例 3:(2007·上海卷·33)历史学的基本要素是:史料、史料解释、历史叙述和历史评价。阅读下列材料,回答问题:

孟子,名轲,邹人,是孔子的孙子子思的再传弟子。他认为人生来就有仁、义、礼、智四端,即对他人苦难的同情,对不义之事的羞辱,辞让的心情及辨别是非的能力。他把孔子的"仁"发展为"仁政",特别强调"民为贵,社稷次之,君为轻",即主张民贵君轻;又说"君仁莫不仁,君义莫不义,君正莫不正",认为社会上一切不仁不义不正行为的根源在于君主。这种带有民主色彩的见解,为后世儒家所不及,也为我们留下了珍贵的思想遗产。

问题:(6 分)

(1)文中哪些属于史料?(2 分)

(2)文中哪些属于史料解释?(2 分)

(3)文中哪些属于历史评价?(2 分)

解析:关键是理解概念。史料,是指关于历史记录的资料;史料解释,是指后人对历史资料的解释;历史评价,是指某人或者某类人对历史的一些看法等。所以,孟子的原话就是史料;对史料的解读就是史料解释;然后发表观点就是评价。

答案:

(1)史料:"民为贵,社稷次之,君为轻。""君仁莫不仁,君义莫不义,君正莫不正。"(2 分)

(2)史料解释:民贵君轻。社会上一切不仁不义、不正行为的根源在于君主。(1 分)

(3)历史评价:这种带有民主色彩的见解,为后世儒家所不及,也为我们留下了珍贵的思想遗产。(2 分)

例 4：(2014·四川卷·14)历史叙述、历史解释和历史评价是历史学习能力的重要组成部分。阅读材料，回答问题。

材料一

(1)经济全球化呈现出“从无序向有序”发展的趋势。参照图 1，结合所学知识叙述这一趋势。(10 分)

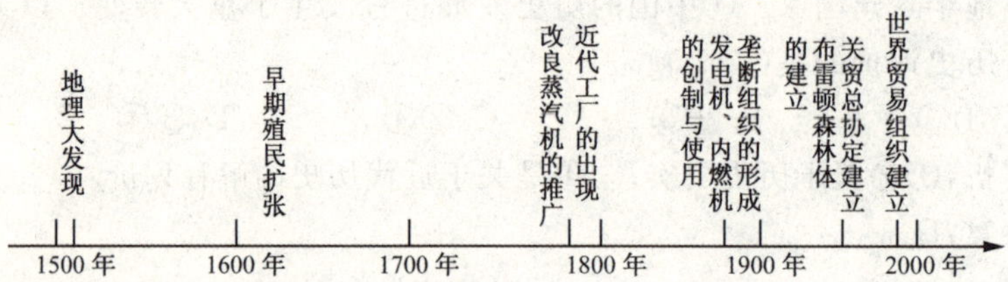

图 1

材料二

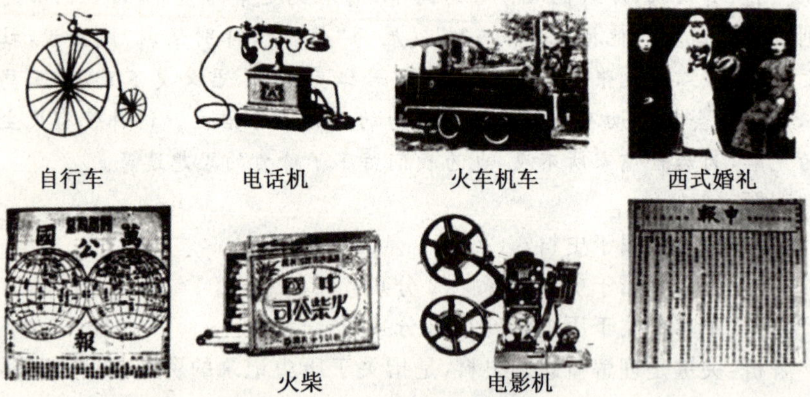

图 2　近代中国出现的新事物(部分)

材料三　将零散而混乱的过去信息整理成有条理的历史知识是历史解释的基本任务；探讨因果是历史解释的重要形式——据李剑鸣《历史学家的修养和技艺》。

(2)根据材料三对历史解释的认识，结合所学知识解释图 2 所示近代中国新事物的出现。(10 分)

解析：

(2)此题考查近代中国社会生活的变迁知识点，应从信息的整理与现象成因两个方面答题。信息整理应依据图 2 事物类别分类归纳，主要涉及物质生活和社会习俗的变迁(如西式婚礼)、交通与通信工具的更新(如自行车、电话机等)和大众传媒的变迁(如电影机、报纸等)。社会生活的变迁是一定时期社会政治、经济的反映。因此,原因的分析应结合当时的政治、经济背景。

答案:

整理:图2所示新事物具体表现在物质生活与社会习俗的变迁、交通和通信工具的变迁、大众传播媒介的更新等几个方面,集中体现了近代中国社会生活的变化。

因果:鸦片战争后,中国被卷入资本主义世界市场,先进的西方工业文明对传统中华文明的冲击;部分先进的中国人倡导向西方学习和社会变革运动的影响。这些新事物的出现,促进了人们行为方式、思想观念等方面的变化。

二、把史料、史论和史观融合起来考查

如2011年山东文综27题,以"史料、史论、史观"层层深入的形式组织材料和问题,通过新颖的形式展示了这几个基本的概念的内涵,很好地考查了学生的思维能力,体现了"史论结合、论从史出"的基本原则。

例5:(2011·山东卷·27)(25分)17～18世纪,中国和西方都出现了新的社会思潮,黄宗羲和孟德斯鸠分别是其重要的代表人物。清末,孙中山曾刊印黄宗羲的《明夷待访录》宣传革命,他对孟德斯鸠及其思想也推崇备至。阅读材料,回答问题。

材料一　史料

故我之出而仕也,为天下,非为君也;为万民,非为一姓也。

缘夫天下之大,非一人之所能治,而分治之以群工。

夫治天下犹曳(yè,拖拉)大木然……君与臣,共曳木之人也。

臣之与君,名异而实同耶。

——摘自黄宗羲《明夷待访录》

材料二　史论

黄氏之说,根本上不脱儒家思想理路,却将儒家政治、社会观推演为一更具民本精神之制度化蓝图……若以为其所论仍与"现代"不侔(móu,相当)而定其为无新见,则失于以"现代"事物为绝对尺度。

——赵轶峰《十七世纪中国政治、社会思想诉求的维度》

材料三　史观

我们专注于两个主题——“传统”和“交流”的研究，以此来理顺世界历史。这两个主题集中反映了人类发展的最重要的特征，概言之，它们可以对人类社会发展的原因作出解释。

——[美]杰里·本特利《新全球史：文明的传承与交流》

(1)据材料一、材料二，概括说明黄宗羲的思想中哪些“不脱儒家思想理路”，哪些又体现了“新见”。(8分)

(2)材料二主张用什么方法去评价黄宗羲的思想？运用这一方法，评价孟德斯鸠的“三权分立”思想。(8分)

(3)结合黄宗羲与孟德斯鸠的思想在中国近代民主革命进程中的影响，谈谈你对材料三的认识。(9分)

解析：

该题注重对历史理论和历史方法的考查，但又不显空洞。它做到了抽象与具体、理论与史实的结合，既使得考查具有一定的高度，又不脱离考生的认知水平。

第(1)小题将史料与史论相结合，要求考生通过解读材料一(史料)的信息，论证材料二(史论)的观点，体现了史论结合的历史学习特点。

第(2)小题要求考生掌握评价历史事物的两种方法，也是论从史出。要求考生运用这一方法去评价“三权分立”思想，考查层次由了解、理解到运用，逐步深化。同时，由史料到主干知识，所考查的内容与考生的知识背景越来越贴近。

第(3)小题是对更为抽象的史观的考查，题目要求结合黄宗羲和孟德斯鸠思想在中国近代民主革命进程中的影响作答。明确的指向性，使考生不可能空泛地去谈理论，抽象地历史认识变的具体化。

答案：

(1)以民为本(民本思想，民贵君轻)；保留君主制。(4分)

反对君主专制(君臣分治)；君臣平等。(4分)

(2)方法：放在特定的历史条件下评价(历史的评价)；进行全面的评价(辩证的评价)(2分)。评价：否定了君主专制制度，为资产阶级建立政权提供了制度设计，适应了资本主义发展的时代要求；它主要代表了资产阶级的利益和要求，其实质是维护资产阶级的民主自由权利。(6分)

(3)①黄宗羲的思想作为中国传统思想的重要组成部分，其反对君主专制的主张被近代资产阶级革命派所继承，成为反封建斗争的思想武器；(3分)②孟德斯鸠的三权分立思想传入中国，不仅为资产阶级提供了反封建斗争的思想武器，而且还为资产阶级政治实践和制度设计提供了借鉴；(3分)③两者的思想都促进了近代中国的思想解放，推动了中国近代民主革命的进程，共同影响了中国近代社会的发展与进步。(3分)

第二节　侧重对史学研究方法的考查

史学方法是中学历史学习方法的重要组成部分，旨在引导我们了解历史知识的产生过程和历史认识的形成过程，进而能运用这些基础的史学方法判断史料的可靠性，揭示史实形成和史实之间的逻辑关系，以唯物史观观察、分析、解决历史问题，由此逐步形成历史学习中的证据意识、逻辑意识和科学意识，提升历史思维的品质。从本质上说，史学方法，是理论化系统化的认识历史的方法。史学方法是一个完整的体系，我们近几年高考涉及较多的有：

一、实证方法

获取史料的途径，通常有以下五种：一是去图书馆或相关机构查阅档案、文字史料、图片史料；二是参访当事人或目击者获得口述史料；三是观看纪录片的影视资料；四是到当事人活动过的地方探访遗迹或获取实物资料；五是进行现场考古(或考古现场的实迹复原)等。一般说来，搜集史料，要力求广泛、丰富；运用史料，必须经过考订鉴别，以确认它的真实性和可靠性。

例6：(2013·浙江卷·13)司马迁的《史记》记载了商王的世系，但长期以来并不能确定该记载是否真实。19世纪末到20世纪初殷墟甲骨文的发现，证实《史记》的记载基本上是正确的。这说明

A. 考古资料比文献材料更真实

B. 历史记载不存在纯粹客观性

C. 历史记载必须经过考古发现证实

D. 考古发现是历史研究的重要依据

解析：本题考查史学研究与考古发现的关系。考查对材料信息的理解和所学知识的运用能力。解答本题首先要搞清楚题干材料所体现出的主旨含义，其次要搞清楚史料的分类。据题干材料信息看，强调的是考古发现对文献史料的论证作用。因此正确答案选D。A、B、C各项的表述都过于绝对化，而且也与题干主旨不符。

答案：D

例7:(2014·上海卷·13)据《史记·太公自序》记载,司马迁为了完成父亲的遗业,大量阅读朝廷金匮石室之书,还到各处实地探访,搜集遗闻,最终写成了不朽名著《史记》。由此可见司马迁

A. 侧重口述史料收集　　B. 具有史料考证意识

C. 注重史学文学价值　　D. 秉承朝廷旨意著史

解析:考查司马迁与《史记》。材料"到各处实地探访"说明A错误,B项符合题意;司马迁因秉笔直书而遭"宫刑",故D项错误,应排除;C项材料没有体现。故应选B。

答案:B

例8:司马迁在《史记》中写道:"二十而南游江、淮,上会稽,探禹穴,窥九疑,浮於沅、湘;北涉汶、泗,讲业齐、鲁之都,观孔子之遗风,乡射邹、峄;戹困鄱、薛、彭城,过梁、楚以归。"这段材料告诉我们他获取史料的重要方式是

A. 实地调查　B. 文献查阅　C. 道听途说　D. 考古发掘

解析:从材料信息看,司马迁为了写作《史记》,走遍了祖国的千山万水,说明其获取资料的重要方式是实地调查。

答案:A

二、"二重证据法"

文献资料并非唯一的史料,文献学的方法也并非唯一的认识历史的方法。由于文献资料和文献学方法并不能解决所有历史问题,王国维提出了文献与考古相结合的"二重证据法"。

例9:国学大师王国维提出了著名的"二重证据法":"吾辈生于今日,幸于纸上之材料外更得地下之材料。由此种材料,我辈固得据以补正纸上之材料,亦得证明古书之某部分全为实录,即百家不雅驯之言亦不无表示一面之事实。此二重证据法,惟在今日始得勾之。虽古书之未得证明者,不能加以否定;而其已得证明者,不能不加以肯定,可断言也。"对此理解正确的是

A. 这种史学研究方法更注重地下之资料的研究价值

B. 用这种史学研究方法研究后得出的史学结论应该深信不疑

C. 这种史学研究方法对于具体史实的考证和抽象理论的论证作用很大

D. 新材料不一定是新发现新出土的材料,而是新眼光新视角看待的材料

解析:二重证据法运用"地下之新材料"与古文献记载相互印证,而A更

注重“地下之资料”，所以 A 的说法错误。结合一般历史知识，可知 B. C 的说法过于绝对化，是错误的说法。

答案：D

例 10：(2010 · 江苏卷 · 选修 C)甲骨文的发现以及对安阳殷墟的考古发掘，证实了商王朝的存在。这给了中国学者以极大的鼓舞，他们希望能从考古学上寻找夏王朝的文化遗存。

材料一：如果你对尧舜的盛世给予过多的颂赞，好吧，拿出你的证据来。如果你论及公元前 3000 年大禹在工程上的伟绩，证据也得拿出来。我们得先记住，在这种怀疑的精神之下，单纯的文字记载已不复被认为是有效的佐证了。

——中国考古学家李济(1955 年)

材料二：二里头遗址平面示意图

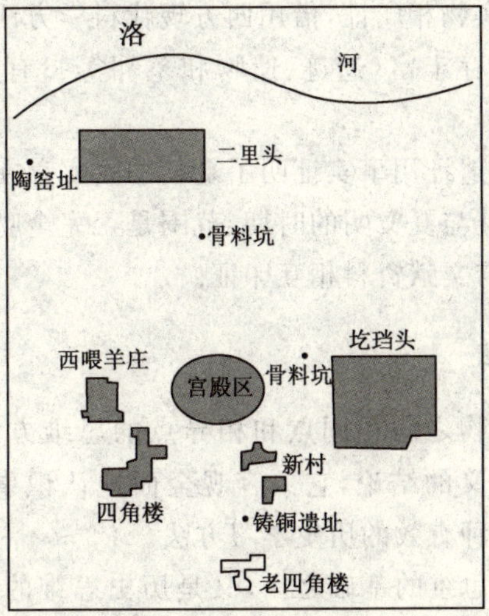

请回答：

(1)结合材料一和所学知识，指出探索夏王朝文明所面临的困境。并分析探秘夏王朝文明遗址有哪些可行性条件?

(2)据材料二，概括二里头遗址表现出的文明特点。

(3)联系材料一与材料二，结合所学知识，概述探寻夏王朝遗址学术领域有着怎样的定论和争论？对二里头遗址奥秘进一步科学解读，需要继续使用什么方法。

解析：

本题以文字材料与历史遗址图为切入点，体现了以能力立意的高考命题趋势，主要考查学生获取有效信息、迁移历史知识进行分析、概括、论证的能力以及基本的考古学常识。第(1)题中的第一问考查考古学的基本常识，历史研究强调科学性，因此遗存是最可信材料，夏朝因为历史久远且文字记载少，从二里头遗址来看较为分散。第二问则从学者的质疑、遗址的发现和研究方法进步等角度作答。第(2)题则根据图片信息如遗存数量、功能等角度概括作答。第(3)题结合所学知识可知“定论”应从证明夏朝的存在角度考虑，“争论”主要在具体的时间和范围等方面，方法是考古成果与文献资料相互印证。

答案：

(1)困境：文字记载少；遗存片段零散。

条件：疑古思辨的推动；学者对夏朝遗存位置的预测；借鉴新的史学方法(传说材料与考古实物相印证，借用西方现代科学方法)。

(2)特点：文化遗存丰富(遗迹、遗物和墓葬等)；有一定经济、政治管理水平。

(3)定论：二里头遗址用事实证明了夏朝的真实存在。

争论：二里头遗址与夏文明的时期、范围是否完全吻合等。

方法：考古成果与文献资料相互印证。

三、比较分析方法

“比较”是确定事物之间相同点和相异点的思维方法，并从比较中归纳出具有实质性或有意义的结论，它为客观全面地认识事物提供了一条重要途径。“比较”也是一种有效的历史学习方法。

比较是形成历史思维的基础之一，又是历史思维的重要组成部分，在时空上有一定距离的历史事件或人物之间的相互联系和区别是我们进行比较性思维的客观基础。通过比较可以进一步说明历史本质或认识某种特定的新情况，从而拓展历史思维的深度和广度。

历史比较思维能力的本质——发散性思维和聚敛性思维的综合。既要能够“同中求异”，又要能够“异中求同”。

历史比较的类型——纵向比较、横向比较。

历史比较思维方法指导：

按历史要素比较(思考的维度)：背景、原因；性质、目的；过程、结果；影响、意义等。

按历史内容比较(思考的维度):政治领域、经济领域、思想领域、文化领域等。

例 11:(2014·全国卷·40)(25 分)阅读材料,完成下列要求。

材料一　宋应星(1587～约 1666 年)青年时曾考取举人,后来连续六次赴京参加进士考试,均名落孙山。45 岁以后,面对明末流民遍地的现实,宋应星不再追求科举功名,转而探求"致富"之术。他全面搜集整理传统农业、手工业技术,撰成《天工开物》一书,书名取"天工人其代之""开物成务"之义。正如宋应星在该书的序言中所说,"是书与科举功名毫无关系",当时士大夫对这部书不屑一顾。后来乾隆时编《四库全书》,不予收录,民间因此更不敢印行。这部书在 19 世纪传入欧洲后,被誉为"17 世纪中国科技的百科全书",是我们今天探讨古代科技成就的重要文献。

——摘编自潘吉星《宋应星评传》等

材料二　牛顿(1643～1727 年)自幼喜欢钻研科学。1687 年,他的《自然哲学的数学原理》出版,阐述了其后被视作真理的物体运动三大定律。该书受到学术界的赞颂,很快销售一空。同年,牛顿被选为国会议员,后被封为爵士,成为英国皇家学会会长和法国皇家学会会员。当时他被公认为活着的最伟大的科学家,英国有学识的人都把牛顿"奉为他们的首领,承认他是他们的主帅和大师"。伏尔泰全面接受了牛顿的自然哲学,并与人合作发表了一本关于牛顿力学体系的通俗著作。18 世纪中期,牛顿的理论体系在欧洲各国得到广泛认可,对整个欧洲和世界的科学与哲学发展产生了深远的影响。

——摘编自詹姆斯·格雷克《牛顿传》等

(1)根据材料一、材料二并结合所学知识,分别指出宋应星、牛顿二人科技成果的特点及它们出现的背景。(15 分)

(2)根据材料一、二并结合所学知识,分析指出二人科技成果命运不同的原因。(10 分)

解析:

(1)根据材料一、二,"宋应星……他全面搜集整理传统农业、手工业技术……是书与科举功名毫无关系……民间因此更不敢印行……是我们今天探讨古代科技成就的重要文献……牛顿……该书受到学术界的赞颂……牛顿的理论体系……对整个欧洲和世界的科学与哲学发展产生了深远的影响"。即可概括出宋应星、牛顿二人科技成果的特点。结合所学知识即可知它们出现的背景。

(2)本题主要考查学生准确解读材料信息的能力,根据材料一、材料二,分析指出二人科技成果命运不同的原因,一般可以从政治、经济、思想文化等角度说明,比如政治角度可以说士大夫热衷于科举功名、轻视农业手工业活动;思想文化方面可以说文化专制,重视科学的社会氛围。

答案:

(1)特点:传统科技的集大成;多总结,少创造。长期实验基础上的理性探讨;突破性的科学成果。

背景:中国传统农业、手工业技术发达;科举失利后的发愤之作。科学冲破了中世纪神学的束缚;近代科学研究方法形成;长期从事科学研究。(15分)

(2)士大夫热衷于科举功名、轻视农业手工业活动;生产方式没有质的变化;文化专制。重视科学的社会氛围;资本主义生产方式产生;提供了认识世界的新方法。(10分)

例12:(2014·四川卷·13)(22分)瓷器是人类文明的见证。阅读材料,回答问题。

材料一　景德镇位于昌江畔,附近盛产造瓷的主要原料高岭土。北宋景德年间,其生产的影青瓷成为贡品,景德镇因此得名。两宋之际和元末的大规模战乱,使定窑、龙泉窑等陆续衰落,相对安定的景德镇,遂成"天下窑器所聚"的瓷都。元代景德镇制坯、烧瓷等分工不断细化,这时创制的青花瓷、釉里红和卵白釉,至今仍有崇高声誉。明朝在景德镇创建御器厂,其组织和分工相当细密,"共计一坯工力,过手七十二,方克成器。"宣德、成化年间制造的御窑瓷器堪称经典。嘉靖至万历年间,商品经济大发展,加之西欧等海外市场的扩大,"景瓷"销量大增。清初对御窑厂进行了诸多改革,如匠役制改为雇募制,使康乾时代景德镇瓷业再度鼎盛。嘉庆后,因"墨守旧法,且有粗制滥造之弊",景德镇瓷业渐趋衰落。

——据叶喆民《中国陶瓷史纲要》等

材料二　1708年,萨克森一炼金师在欧洲率先研制出瓷器。1710年,萨克森王国宣布掌握制瓷专利,并成立梅森皇家瓷器厂。1722年,两把交错的蓝剑成为梅森瓷器的商标且沿用至今。经过不断研发与创新,梅森瓷器逐渐摆脱了中国的影子,被誉为"白色金子"和欧洲第一名瓷。后来受工业化冲击,全手工作业的梅森遇到极大挑战。1864年新厂建成,为保护手工技艺,他们将原厂改为博物馆,专门保存模具,300年的石膏模具至今无一缺失,随时能重新制出原汁原味的梅森瓷器。

梅森瓷器经久不衰，根源在于对质量一丝不苟的奉守，也离不开1万多种绚丽的色彩和精细的浮雕。全球瓷厂中，梅森最早建立了自己的绘画艺术学校，工艺师要完成近4年的技术与艺术教育和10年的经验积累才能上岗。梅森，300年来一直贵为欧洲瓷都，是与严谨的梅森人在坚守传统的同时不断创新分不开的。

——据蒲缇《梅森：300年的白金盛宴》等

(1)据材料一概括景德镇发展成为“瓷都”的主要因素。(8分)

(2)据材料一、材料二说明，与景德镇相比，成就梅森瓷业300年辉煌的独特之处。(9分)

解析：

(1)关键信息：“景德镇位于昌江畔，附近盛产造瓷的主要原料高岭土”、相对安定的景德镇、分工不断细化、“商品经济大发展，加之西欧等海外市场的扩大”、清初对御窑厂进行了诸多改革。本问主要考查学生材料信息的分析归纳能力，解答本问只须抓住关键信息并进行扼要归纳即可。从政治、经济和地理位置等方面分析归纳。

(2)关键信息：萨克森王国宣布掌握制瓷专利、“两把交错的蓝剑成为梅森瓷器的商标且沿用至今。经过不断研发与创新，梅森瓷器逐渐摆脱了中国的影子”“为保护手工技艺，他们将原厂改为博物馆，专门保存模具”“是与严谨的梅森人在坚守传统的同时不断创新分不开的”。依据关键信息，从继承与发展等角度分类扼要归纳梅森瓷器发展的特点即可。

答案：

注重传统文化的保护与传承，如保护模具；重视技术专利和品牌保护，如申请专利和蓝剑商标沿用至今；重视人才培养，如建立专门学校。(9分)

例13：(2015·天津卷·12)(22分)古代中国和古代罗马相距遥远，然而两者的历史发展可作一些比较。阅读材料，回答问题。

历史时期	古代中国	古代罗马
①公元前5世纪～前4世纪	秦国商鞅变法(前356年)	罗马制定《十二铜表法》(前451年)
②公元前3世纪	秦始皇统一中国(前221年)	罗马统一意大利(前270年左右)
③公元前2～2世纪	西汉、东汉王朝强盛时期(前202～184年)	罗马强盛时期(前201～192年)

续表

历史时期	古代中国	古代罗马
④公元3世纪	汉末混乱、三国鼎立(184～280年)西晋统一王朝(280～316年)	罗马“三世纪危机”(192～284年) 罗马帝国中兴(284～336年)
⑤公元4世纪	北方少数民族南下中原东晋南迁(317～420年) 北方十六国时期(308～439年)	罗马帝国首都东迁(330年) 日耳曼人入侵(375年起) 罗马帝国东西分裂(395年)
⑥公元5～6世纪	南北朝对峙(420～589年) 隋朝再次统一中国(589年)	西罗马帝国灭亡(476年)欧洲日耳曼人小国林立

(1)依据材料,概括①至⑤各个时期古代中国和古代罗马的历史特征。(7分)

(2)比较①至⑤时期两国历史发展的特征,你发现了什么现象?再比较其历史轨迹及变化节奏,你又有哪些发现?在此基础上,你有何进一步的理论认识?(8分)

(3)第⑥时期中国和欧洲的历史走向有何不同?试从制度层面分析中国出现这一走向的主要原因。(7分)

解析:

(1)由材料①中古代中国商鞅变法和古罗马制定《十二铜表法》可以看出该时期的历史特征为两者都制定法律;由材料②阶段关键词“统一”可以看出,该时期的阶段特征是国家统一;由材料③中关键词“强盛”可以概括其特征为两者进入强盛时期;由材料④中两个阶段“混乱”到“统一”,“危机”到“中兴”可以概括其特征为两者都出现混乱、分裂或危机,但都走向了统一或中兴;由材料⑤中“南下”“十六国”“入侵”“分裂”可以概括其特征为两者都有其他民族大规模迁入,走向分裂。

(2)第一小问现象,对第一设问的特征概括可以看出两者非常相似;第二小问发现,从纵向来看两者的变化轨迹类似,都呈现出政治统一和分散交替的轨迹;第三小问认识,由本题前两问可以得出认识,即人类历史发展是有共同性的。

(3)第一小问不同,由材料⑥中“对峙”到“统一”,“灭亡”到“小国林立”总结出其不同;第二小问原因,从主要政治制度角度考虑,即中央集权制度的建立,促进了中国统一多民族国家的形成和发展。

答案：

(1)特征：①两者都制定了法律。②两者都实现了国家统一。③两者都进入强盛时期。④两者都出现混乱、分裂或危机，但都走向了统一或中兴。⑤两者都有其他民族大规模迁入，走向分裂。(7 分)

(2)现象：两者虽相距遥远，但各个时期历史特征非常相似。(2 分)

发现：两者历史都呈现了政治统一和分散交替而行的轨迹，变化节奏也十分相近。(4 分)

认识：人类历史发展是有共同性的。(2 分)

(3)不同：中国从分裂走向统一；西罗马灭亡，欧洲走向分散。(4 分)

原因：中央集权制度的建立，促进了中国统一多民族国家的形成与发展。(3 分)

例 14：(2015·北京卷·37)(36 分)历史语境中的语言和文化

材料一　汉语是世界上最古老的语言之一。秦汉时期，汉字形成统一的书写规范。官学、书院、私塾大都使用汉语，科举考试亦然。魏孝文帝改革将汉语作为“正音”。清朝确立在全国的统治后，很快将汉语作为官方语言。日本等周边国家的语言也受到汉语影响。

拉丁语最初是古罗马人的语言。公元 1 世纪，标准拉丁语形成，与希腊语等一起成为罗马帝国学校的教学语言。罗马帝国解体后，拉丁语的日常口语功能逐渐丧失，成为一种书面语言。17 世纪末期以前，西欧的学术著作大都使用拉丁文撰写，意大利、西班牙、葡萄牙、法国等在拉丁语的基础上，发展出自己的民族语言。

材料二　16 世纪，英语主要是英格兰人的语言。到 18 世纪中后期，英语已扩展到英国的殖民地，并在国际商贸活动中广泛使用。二战后，英语逐渐超越其他语言，成为科教领域和众多国际组织的通用语言，被称为语言的“日不落帝国”。

材料三　20 世纪 10 年代，《新青年》杂志有过一场汉字存废问题的讨论。主张废汉字的学者认为：汉字难识难写，不便推广；“新理新事新物之名词，一无所有”；“欲使中国民族为 20 世纪文明之民族，必以废孔学，灭道教为根本之解决，而废记载孔门学说及道教妖言之汉文，尤为根本解决之根本解决”。

近代以来，汉语中出现了大量新词汇。表 1 内容为新词汇示例。

表 1

创造新词的方式	繁体字	1956 年后推行的简体字
音译外来词	沙發、牛頓、布爾什維克	沙发、牛顿、布尔什维克、麦当劳
赋予旧词新含义	共和、格致學、計學、總統	共和、科学(格致学)、经济学(计学)、总统
其他	西學、洋錢	西学、洋钱、孔子学院

(1)阅读材料一，结合所学，概括上述两种语言文字发展演变的异同。(8 分)

(2)阅读材料二，分析英语发展成为语言的“日不落帝国”的历史原因。(12 分)

(3)阅读材料三，结合所学，分析“废汉字”主张提出的时代背景；(6 分)以“挑战与应对——百年来汉语的变迁”为主题，对表 1 进行解读。(10 分)

要求：提取信息充分；总结和归纳准确、完整；解释和分析逻辑清晰。

解析：

(1)第一小问相同，由材料一两段话的第一句可知，两种语言都历史悠久，经历了变迁；“官学、书院、私塾大都使用汉语”“成为罗马帝国学校的教学语言”，可见它们是文明的载体，体现在典籍与文化教育中；“日本等周边国家的语言也受到汉语影响”“意大利、西班牙、葡萄牙、法国等在拉丁语的基础上，发展出自己的民族语言”说明它们对周边国家民族语言产生了影响。第二小问不同，“罗马帝国解体后，拉丁语的日常口语功能逐渐丧失，成为一种书面语言”，说明拉丁语逐渐变为书面语言，而汉语一直作为通用语言使用至今。

(2)英语发展成为语言的“日不落帝国”，其中的历史原因可从政治、经济、文化三个角度分析。政治方面，英国通过殖民确立了世界政治优势；二战后，使用英语的美国成为世界霸主。经济上，英国率先完成工业革命，成为“世界工厂”；二战后，使用英语的美国也成为第三次科技革命的主导者。文化上，英语文化随着殖民者的铁骑扩展到全球，二战后，经济全球化强化了英语的国际语言地位。

(3)第一小问背景，“废汉字”主张提出于 20 世纪 10 年代，联系新文化运动中白话文运动，激进派提出了“民主与科学”“打倒孔家店”“文学革命”等口号；根据材料三，“主张废汉字的学者认为：汉字难识难写，不便推广”“废记载孔门学说及道教妖言之汉文，尤为根本解决之根本解决”，可见当时的激进派把汉字等同于旧思想、旧道德、旧文化，认为汉字成为中国变革图存、融入世界的障碍。第二小问解读，注意解读的对象是表1，要做到提取信息充分、总结和归纳准确、完整、解释和分析逻辑清晰，还要围绕“挑战”“应对”“变迁”等主题。提取表格的有效信息，落脚点要放在创新，创造新词有三种方式，而繁体字简化为简体字，也是传播的创新和需要。回答此问言之有理就可拿分，但要拿高分则需要较强的文字功底和语言驾驭能力、史论结合的能力。

答案：

(1)同：两种语言历史悠久，历经变迁。都是东西方文明的重要载体，体现在典籍与文化教育等方面。都形成了各自的文化圈，对周边国家民族语言产生了影响。(6分)

异：汉语作为通用语言使用至今，而拉丁语逐渐变为书面语言。(2分)

(从其他角度回答，言之成理，酌情给分)

(2)原因：英国由单一民族语言演变为国际通用语言，是近代以来英美资本主义发展的产物。

政治：英国通过殖民活动，在世界范围内确立了政治优势。二战后，美国取代英国成为资本主义世界的霸主。

经济：英国率先完成工业革命，在技术和经济领域确立了主导地位，成为“世界工厂”。二战后，美国取代英国，成为世界经济和技术领域的主导者。

文化：英语文化首先在英属殖民地传播，并逐渐扩展到全球。二战后，经济全球化和政治、文化交流的日益频繁，强化了英语文化的优势地位。(12分)

(3)背景：20世纪10年代中国兴起了新文化运动，其代表人物提出了“民主与科学”“打倒孔家店”“文学革命”等口号，掀起了白话文运动。其中更激进的人士认为，汉字是一切旧思想、旧道德、旧文化的载体，成为中国变革图存、融入世界的障碍，因此提出“废汉字”的主张。(6分)

解读：(略)(10分)

四、跨学科研究

当前历史学研究方法还在不断发展中，如计量史学、口述史学、心理史学、社会文化史学、观念史、图像研究方法以及跨学科研究法，这些新的史学方法可以辅助历史的研究和考证，弥补纯粹史料和实物考证的不足。

1. 把数学方法特别是数理统计方法运用于历史研究的一套方法，就是历史学的计量方法。计量史学方法促进经济史(包括农业史、工业史、商业史）、社会史（包括人口史、家庭史、妇女史）和心态史、政治史等史学领域，向以研究现实社会为主的各门社会科学和软科学接近和交汇，有利于促进历史问题的研究与现实问题的研究的互相配合和衔接。

2. 任何事件、任何现象都不仅发生在一定的时间里，也发生在一定的空间中。如果说历史学是一门以时间为特征的学科，地理学就是以空间为特征的学科。在历史研究中，地理学的视角和方法是非常重要的。

3. 许多历史事件的发生和转变，都与当事人的心理活动存在密切联系。在研究历史上的个人和集体心理的时候，心理学的帮助是非常必要的。

4. 还有许多学科对历史研究有积极作用，如通过文学艺术作品了解时代特征，社会学、人类学的田野调查方法，统计学在经济史研究中的应用等，包括自然科学等都会给历史研究以很大帮助，等等。

例 15：（2013 · 全国卷 · 41）（12 分）阅读材料，完成下列要求。

历史地图包含了政治、经济、文化等多种信息。

图 1　东汉十四州示意图

图 2　唐开元十五道示意图

比较图 1、图 2，提取两项有关汉唐间历史变迁的信息，并结合所学知识予以说明。

解析：

本题考查学生读图并结合所学知识分析和理解问题的能力。两幅图片反映了从东汉到唐开元年间地方行政区划的变迁。解答本题的关键是理清具体的变迁是什么，找准变化，然后再从政治、经济等角度分析说明原因。例如可以从汉代唐代地方区划分布的区域分析变化，并结合经济重心逐步南移这一史实予以说明变化的原因。还可从地方州名与道名角度分析变迁，并结合山川地理形势说明变迁的原因。

答案：

示例一：信息：汉代的州集中于黄河中下游地区，唐代的道南北分布大体平衡。

说明：汉唐间南方社会经济有了很大发展。

示例二：信息：汉代州名与唐代道名有很大不同。

说明：唐代“道”的划分更注重山川地理形势。

例 16：（2013·山东卷·28）（20 分）19 世纪末 20 世纪初，中国文化教育领域发生了重大变化。阅读材料，回答问题。

材料一　表 1 为 1902～1904 年译书统计简表。

表 1

国别 译书类别	英	美	日	其他	总计	百分比
哲学宗教	10	2	23	2	37	7.0
文学艺术	8	3	4	11	26	4.9
史地	8	10	90	20	128	24.0
社会科学	13	3	83	37	136	25.5
自然科学	10	9	73	20	112	21.0
应用科学	3	3	24	26	56	10.5
杂录	5	2	24	7	38	7.1
总计	57	32	321	123	533	—
百分比	10.7	6.0	60.2	23.1	—	100.0

——据左玉河：《从四部之学到七科之学》

材料二　表2为京师大学堂专业设置简表。

表2

科目	专业	备注
经学科	周易、论语、春秋、理学等	各科预科阶段均须开设的课程：经学大义 人伦道德 中国文学 外国语 体操
法科	政治、法律	
文学科	中外史学、地理、文学等	
商科	银行及保险、关税等	
格致科	算学、化学、物理等	
农科	农学、林学等	
工科	机器、造船、电气等	
医科	医学、药学	

——据1904年《奏定大学堂章程》

(1)据表1，说明这一阶段译书活动的主要特点，并分析其形成原因。(8分)

(2)据表2，说明京师大学堂的专业与课程设置如何体现了“中体西用”的办学思想。试从经济和政治两个方面，分析其对中国现代化的影响。(8分)

(3)基于以上分析，概括指出文化教育与社会发展的关系。(4分)

解析：

本题主要考查学生阅读材料的分析归纳能力，第一问依据表1，说明这一阶段的译书特点，并分析原因，共有两问，注意读表的纵横轴，然后分开有条理回答。第二问也有两个小问，读表分析专业课程设置如何体现“中体西用”办学思想，然后从政治，经济两个方面分析中国近代化影响，这样的大题要注意细分成小题来回答，条理清晰，可以得高分。第三问在前两问的基础上概括文化教育与社会政治经济发展的关系。

答案：

(1)特点：地域上，重视翻译日本相关著作；内容上，重视翻译人文社会科学著作。

原因：甲午战争失败，促使中国先进知识分子转向日本寻找救亡的道路；洋务运动破产，让一部分先进知识分子认识到，仅仅引进西方自然科学和应用科学，不可能使中国真正走上富强的道路，转而重点关注西方人文社会科学知识。(若从清末新政角度作答，言之有理可酌情给分)

(2)表现:经学大义等课程列为预科基础课程,大学阶段设置经学科,体现了"中体"思想;设置工科、格致等科,学习近代化学、物理、电气等自然科学和应用科学,体现了"西用"思想。

影响:经济上,从推动中国经济现代化发展角度作答,言之有理即可得分。政治上,从"以经学维护清政府的统治,不利于政治民主化的发展""培养了一大批具有新思想的知识分子,推动了中国政治民主化进程"任一角度作答,言之有理即可得分。

(3)文化教育既是一定社会发展的产物,又对社会发展产生重要影响。

例 17:(2013·江苏卷·24)世界经济大危机动摇了人们对资本主义制度的信心,而罗斯福勇敢地面对这场危机,开辟了国家垄断资本主义的发展道路,其经验教训令人深思。阅读下列材料:

材料一　见下图

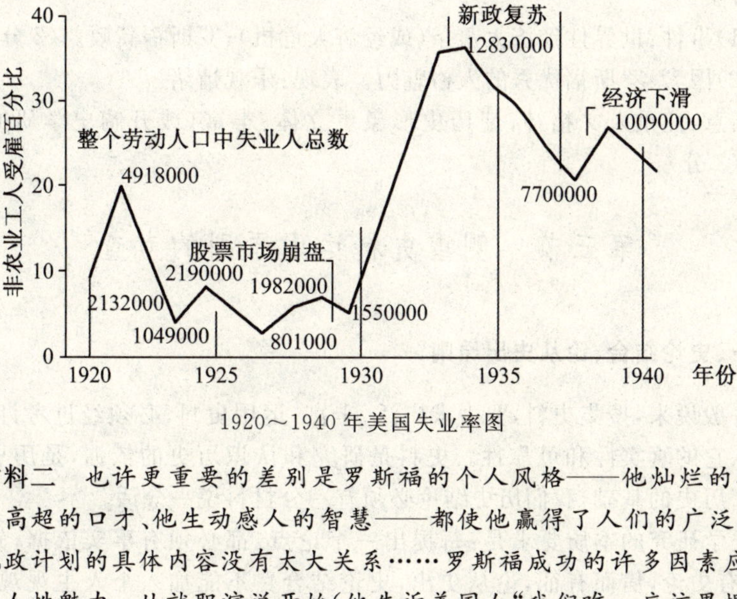

1920～1940 年美国失业率图

材料二　也许更重要的差别是罗斯福的个人风格——他灿烂的微笑、他技艺高超的口才、他生动感人的智慧——都使他赢得了人们的广泛喜爱,而与施政计划的具体内容没有太大关系……罗斯福成功的许多因素应归结于他的人性魅力。从就职演说开始(他告诉美国人"我们唯一应该畏惧的应该是'畏惧'本身"),他就向不断增长的绝望氛围中注入了强大的乐观情绪。他是美国第一个充分利用广播、利用"炉边谈话"的方式向人们阐释其施政方针并充分赢得民众信任的总统。

——[美]布林克利:《美国史》

请回答：

(1)用统计方法对历史资料进行数量分析，是史学研究的重要方法之一。观察材料一曲线图，列举20世纪20年代末至30年代中期影响美国失业率变化的重大事件。

(2)材料二认为罗斯福成功的主要因素是什么？材料二以人物心理活动的哪种表现来说明罗斯福让人们重拾信心的？与其他研究方法相比，材料二的研究视角有何新意？

解析：

考查学生对材料信息的阐释和所学知识的迁移运用能力。第(1)问根据曲线图的时间范围可以判断事件：经济危机、新政。第(2)问第一小问从“罗斯福成功的许多因素应归结于他的人性魅力”中归结出答案；第二小问从“向不断增长的绝望氛围中注入了强大的乐观情绪”中归结答案；第三小问从强调个人因素来看，要从人文精神角度分析。

答案：

(1)事件：世界性经济大萧条(或经济大危机)；罗斯福新政。(2分)

(2)因素：罗斯福优秀的人格魅力。表现：乐观情绪。

新意：注重人文精神，使历史形象更立体、丰富(或开阔史学研究的视野)。(3分)

第三节　侧重史料运用原则的考查

一、史论结合，论从史出原则

一般说来，搜集史料，要力求广泛、丰富；运用史料，必须经过考订鉴别，以确认它的真实性和可靠性。史料是研究和认识历史的依据，是历史学家“重现”历史的基础，我们历史结论必须有一分材料说一分话。

史学研究的本质要求是：每提出一个论点，都必须有事实依据，先有史料，后有史论，信而有征，论从史出，史论结合。不能加入个人主观观点，更不能有史论的预先设定。

例18：(2010·四川卷·23)历史推论离不开对史实的正确解读。下列是全球化进程中的一些重要事件，其中推论符合史实的是

选项	史实	推论
A	15 世纪末 16 世纪初,新航路开辟	世界不同民族开始了经济文化交流
B	19 世纪中后期,资本主义世界市场初步形成	世界不同地区生活方式趋同化倾向加强
C	1920 年初,国际联盟正式成立	世界和平得到了有效保障
D	20 世纪 90 年代,三大区域性经济集团形成	经济区域化导致全球化进程中断

解析:A 项推论错在“开始了”,用“密切了”“扩大了”更符合实际;C 项推论错在“有效保障”;D 项推论错在“全球化进程中断”。

答案:B

例 19:(2014·江苏卷·17)英国学者怀特海论及近代西方科学精神时说:人们“完全有意识地认识到……知识对技术进步的重要性,发现了抽象知识和技术进步相联系的方法,并且也看到了技术进步的无限前程”。能够为这种观点提供论据的史实是

A. 牛顿经典力学体系的建构　　B. 伽利略自由落体定律的创立

C. 瓦特联动式蒸汽机的制造　　D. 法拉第电磁感应理论的应用

解析:本题关键信息是“知识对技术进步的重要性”,C 仅涉及技术进步,排除;A、B 均涉及知识,没有体现技术进步,故排除。“电磁感应理论”是“知识”(理论),“应用”是“技术”,D 符合题意。

答案:D

例 20:(2015·北京卷·12)“苟无事迹,虽圣人不能做《春秋》。苟不知其事迹,虽以圣人读《春秋》,不知所以褒贬。”《四库全书总目》中这段话体现的史学原则是(　)

①秉笔直书　②言必有据　③论从史出　④以小见大

A. ①②　　B. ②③　　C. ①③　　D. ②④

解析:秉笔直书指写史的人不应该被权力部门所威胁而有所隐晦,应该把事实都写出来,材料与此无关,故①错误;“苟无事迹,虽圣人不能做《春秋》”意思是,如果没有事迹,就算是圣人,也写不出《春秋》,说明写史要根据事实来写,即言必有据,故②正确;“苟不知其事迹,虽以圣人读《春秋》,不知所以褒贬”意思是,如果不知道具体的事迹,就算是圣人来读《春秋》,也不理解其中为什么褒扬为什么贬斥,说明观点的得出是从史实出发的,即“论从

史出”,故③正确;以小见大在材料中未体现,故④错误,选择B项符合题意。

答案:B

例21:(2010·江苏卷·24)

材料一　这种氛围不可避免地产生了18世纪占支配地位的观念:科学方法是研究社会活动和自然现象的唯一可行的方法。由于具有自然属性的世界正在被人认识,因此启蒙思想家认为具有社会属性的世界很快也可以用科学的方法去认识,这已成为一种共识。

——[美]罗伯特·E·勒纳:《西方文明史》

材料二　正像卢梭说的,他是“凭假设和条件的推理”来构成他的学说的。其实,所有启蒙思想家无不如此。但在争取人的权利和尊严的问题上,对广大人民来说,首先是在争取生存的问题上,这种学说和原则却具有一种完全新颖的、扣人心弦的含义,起到了使人们为之奋斗的作用。18世纪还不可能出现经济和社会关系的动态的观点。对社会、政治问题的思考,还只能停留在社会关系的静态的幻象上面。

——王养冲:《18世纪法国的启蒙运动》

请回答:

(1)据材料一,分析启蒙运动的起因。结合所学知识,归纳从文艺复兴到启蒙运动时期“理性”思想的变化。

(2)据材料二,指出“静态的幻象”的启蒙学说有哪些局限性?说明19世纪初西方文学对启蒙思想家“理性王国”的反应。

(3)指出材料二关于启蒙运动作用的看法。结合所学知识,试从政治、思想两方面加以说明。从研究性学习中史料与结论的关系看,研究历史最重要的原则是什么?(4分)

解析:

第(1)问能力要求是依据材料提取有效信息和依据所学知识分析归纳历史问题的能力。对材料一进行归纳概括直接回答第一小问即可;第二小问注意两次思想解放运动中“理性”思想的变化实质上就是考查人文精神的发展变化。第(2)问解答的关键是对材料的理解。回答第一小问要注意材料中“凭假设和条件的推理”“起到了使人们为之奋斗的作用”等信息的提取和运用,依据所学19世纪以来的世界文化内容回答第二小问。第(3)问关键是明确问题所指:材料二的看法,不要回答成自己的看法。研究性学习最重要原则“论从史出,尊重历史真实”在本题中得到很好的运用。

答案:

(1)起因:科学与知识进步促成启蒙运动。变化:从肯定人性、尊重人的价值发展到提倡科学与自由平等。(从崇拜人性发展到崇拜理性)

(2)局限性:仅凭假设与推理来构想学说;看不到经济与社会的辩证关系。反应:文学家转而关注个人的感情,产生浪漫主义。(浪漫主义反对崇拜理性,对社会现状不满,强调个人感情)

(3)看法:开启民智。推动法、美等国资产阶级革命;丰富资产阶级思想学说和人文主义内涵。

原则:论从史出。

例 22:(2014·江苏卷·22)(13 分)1885 年早期维新志士王韬主掌上海格致书院,延请洋务大员,命题考士,士子们应时而对,颇多新见。从主考人员、考核内容和考核结果来看,王韬课士的整个过程体现出新旧杂糅的时代特征。阅读下列材料:

材料一　上海格致书院课士题表

类别	命题者	试题
格致(自然科学)类	龚熙瑗	泰西格致之学与近刻翻译诸书,详略得失,何者为最要论。
教育类	刘坤一	中国一乡一邑,皆有书院,大率工文章以求科举。而泰西艺学,亦各有书院……中西书院不同,其为育才一也。或谓纲常政教,中国自有常经,惟兵商二途,宜集思以广益,第中西之载籍极繁,一人之材力有限,果何道而使兼综条贯,各尽所长欤?试互证而详论之。
治术类	周　馥	中国近日讲求富强之术,富以何者为先论。

——据王尔敏:《王韬课士及其新思潮之启发》相关表格简编

材料二　此编所命诸题……巨细精粗,无乎不贯。诸生所对,皆能荦荦举其大端,集思广益,萃众长而备一得。咸有裨于国家大计。盖诸生讲求西学,揣摩时局,日就月将,进而益上。较之前时,已大相径庭矣。

——王韬:《格致书院课艺》

请答题:

(1)材料一中哪句表述典型地反映了洋务运动的什么指导思想?该表述内容的传统性体现在哪里?(3 分)

(2)与传统性相对应的是近代性。综合上述材料,结合所学知识,以“王韬课士的近代性”为主题进行论证。(10 分)(要求:观点明确;史论结合;逻

辑严密；表述清晰；280 字左右）

解析：

本题考查学生解读表格以及史料并分析史料并综合解决问题的能力。

第(1)问中第一小问从材料一表格中“或谓纲常政教，中国自有常经，惟兵商二途，宜集思以广益。”一句中可以得出答案；第二小问指导思想结合所学很容易回答；第三小问结合所学围绕传统性从纲常礼教等角度思考作答。

第(2)问属于历史小论文撰写，解答该类型题目时要依据所给的观点，结合题干所给的材料以及所学进行论证，同时要表述成文，注意字数符合要求，本题的观点是“王韬课士的近代性”，论据可以依据材料一中“自然科学”“教育类”“治术类”以及材料二中“诸生所对，皆能荦荦举其大端，集思广益，咸有裨于国家大计。盖诸生讲求西学，揣摩时局，日就月将，进而益上。较之前时，已大相径庭矣”，围绕洋务运动以及中国向西方学习内容和历程进行论证。

答案：

(1)表述：(或谓)纲常政教，中国自有常经，惟兵商二途，宜集思以广益。

指导思想：中学为体，西学为用。

体现：坚持纲常政教。

(2)略。

例 23：(2015·浙江卷·39)近代的民主思想和科学精神从欧洲兴起后，传播到全世界。1915 年，在民主和科学的大旗下，中国新文化运动拉开了序幕。

阅读材料，回答问题。(26 分)

材料一　在“光荣革命”到来之前，一个伟大的人发现了解释自然现象的钥匙。……人们觉得，理性也能打开人类事务之门。随后，洛克发表《政府论》，他指出：政治权力是每个人交给社会的自然状态中所有的权力，由社会委托给统治者，用来为他们谋福利和保护他们的财产。当统治者滥用权力，破坏而不是保护人民财产的时候，人民可以反抗甚至推翻它。

——据[美]斯塔夫里阿诺斯：《全球通史》等编写

材料二　创建合众国的那一代人——华盛顿、杰斐逊与富兰克林等，无一不是启蒙思想的继承者。他们把新大陆作为“自由与自治”的实验场。接着，理性与自由的信念推动了工业革命的深入。到 19 世纪后半期，科学知识的进步推动了技术发明与创造的空前增长。

——摘编自梁霄羽：《极简美国史》等

材料三　晚清以降,国人科技意识因“师夷”而增长。康有为、梁启超等人冲决专制制度和伦常之网罗,接引“西学”以启蒙。进入民国,各主要报刊加入对《临时约法》的大讨论,民主与科学思想得以倡扬。北洋军阀上台,妄图复古倒退,陈独秀等奋起反击,掀起新文化运动。

关于新文化运动的起因,有学者侧重于从晚清以来西学东渐的演变历程分析,也有的侧重于从1915年前后各种主客观因素分析。

——据李侃等:《中国近代史》整理

(3)阅读材料三,关于新文化运动的起因,您侧重于哪一种观点?试结合史实扼要论述。(6分,只列观点,不说理由不得分。)

解析:

(3)本题属于开放型试题,只要选取其中一种观点,然后结合所学知识进行论证即可,侧重于从晚清以来西学东渐的演变历程分析,可以从“师夷长技”“维新派主张以及革命派提出主张以及影响”的角度阐述;侧重于从1915年前后各种主客观因素分析观点,可以从“民国的建立、民族资本主义进一步发展、新式学堂和留学风气以及北京大学实行‘兼容并包,思想自由’”等角度说明推动了新文化运动的发展。

侧重观点一:“师夷长技”促进了对西方先进技术的学习。维新派传播西方资产阶级的社会政治学说和自然科学知识。革命派提出三民主义思想,辛亥革命和《临时约法》促进了民主与科学思想的传播。(6分)

侧重观点二:民国的建立,促进民主与科学思想的传播。民族资本主义进一步发展。北洋军阀妄图复辟帝制。新式学堂和留学风气促进了先进知识分子对西方民主和科学思想的吸收,成为新文化运动的领军人物。北京大学实行“兼容并包,思想自由”,推动了新文化运动的发展。(6分)

二、史料价值原则

史料在使用之前,一定要对它们进行审查工作,弄清它们是什么时代产生的;是真实的还是伪造的;是第一手材料还是第二、三手材料。在使用这些史料时,一定要采取实事求是和一丝不苟的态度。具体的做法大约有下述几点:

1. 在使用史料时,应尽可能用第一手材料。如无第一手材料,非用第二三手材料不可时,应用年代较早的材料。因年代越晚,错误就越多。

2. 在古代史的研究中应以文献与出土遗物、遗文加以比较印证,不能偏重一方而置另一方于不顾。

3. 史料能否真实地反映历史事实,与多种因素有关,如史料作者对历史事实所持立场，作者写作的目的和态度等等。

4. 使用回忆录、调查材料、新闻报道等类史料时要谨慎。这其中既包含有重要的第一手史料，又可能包含有毫无价值的无根史料，而且鱼龙混杂，较难分辨。在使用时要特别谨慎，要与其他第一手史料认真对照，对其中具体内容分别进行鉴定。研究历史要多使用第一手材料，但是不是说第一手材料就一定可靠。

例 24：(2010·安徽·13)西晋杜育的《荈赋》是我国第一篇以茶为主题的文学作品。某班兴趣小组以此为题材对茶的起源问题进行探究后，形成了以下四种意见，其中最合理的是

A. 文学作品不具有史料价值，不能以此确定茶的起源

B. 文学作品虽是社会生活的反映，仍不能据此确定茶起源于晋代

C. 唐代《茶经》是中国第一部关于茶的专著，应据此确定茶起源于唐代

D. 传说神农氏发现了茶，可据此确定茶起源于神农氏时期

解析：本题考查茶的起源，意在考查学生研究性学习的基本方法和调用知识辨别历史事物的能力。文学作品是社会生活的反映，但不能认为茶的起源就是在晋代，B 项说法最为合理；文学作品反映社会生活，具有一定的史料价值，A 项说法错误；唐代有了关于茶的专著，说明茶的起源应早于唐代，C 项说法错误；神农氏是传说中的人物，关于其发现茶的传说史料价值较小，D 项说法错误。

答案：B

例 25：(2010·全国卷·35)中日双方对 1894 年 7 月 25 日发生的丰岛海战记述各异。中方《济远航海日志》记载："7 点 45 分，倭三舰同放真弹子，轰击我船，我船即刻还炮。"日文出版的《二十七八年海战史》称："7 点 52 分，彼我相距约 3000 米之距离。济远首先向我发炮，旗舰吉野立即迎战，以左舷炮向济远轰击。"这说明

A. 研究者的立场会影响其对历史的解释

B. 历史真相因年代久远而变得模糊不清

C. 通过文献记录最终能够还原历史真相

D. 原始记录比研究文献更接近历史真相

解析：此题考查学生获取和解读信息，并进行描述和阐释事物的能力，体现研究性学习的方向。中方研究是倭舰击我船，我船还炮；日本则是济远发炮，吉野迎战。故选 A。

答案:A

例 26:(2015·江苏卷·2)据秦琅琊石刻,皇帝之土,西涉流沙,东有东海。但西汉学者编写的《淮南子》等书说颛顼帝即已“西济于流沙”,大禹“东渐于海,西被于流沙”,更有“纣之地,左东海,右流沙”。上述差异最能说明(　　)

A.《淮南子》等书以传说贬抑秦始皇

B. 年代久远导致历史记述莫衷一是

C. 历史材料的运用首先要辨别真伪

D. 石刻与文献形成证据链印证历史

解析:本题考查学生解读史料获取信息的能力。材料中的《淮南子》属于文学作品,是二手资料,不足以作为历史研究的主要凭证,所以使用时要谨慎,故C项正确;A只是对文学作品使用史料的介绍;年代相近也可能导致历史记述不同,与“最能符合”不符,故B错误;石刻与文献两者相互矛盾,未能“形成证据链论证”,故D项错误。

答案:C

例 27:(2007·广东卷·26)有研究者在论述“明朝妇女婚姻观的两重性”时,引用过下列材料:

材料一　凡民间寡妇,三十以前夫亡守志(不改嫁)者,五十以后不改节(节操)者,旌表门闾(表彰其家族),除免本家差役。

——《明会典》

材料二　正史中各代烈女数字:《唐书》54人,《宋史》55人;《元史》187人;《明史》“不下万余人”。

——据祝瑞开:《中国婚姻家庭史》

材料三　女子周胜仙与男子范二郎相遇,“四目相视,具各有情”,二人通过巧妙的自我介绍,订下终身。

——据明中后期小说《醒世恒言》

材料四　孟玉楼丧夫后要改嫁,亲戚及乡邻都赞同,“少女嫩妇的,你拦着不教他嫁人,留着他做什么?”

——据明中后期小说《金瓶梅》

(3)上述材料分别来自官方文献、学者著作和小说,你对该研究者利用这些材料进行研究有何看法?(3分)

解析:

该题巧妙地创设了一个类似于史学研究的情境，引导学生运用史学研究的方法去整理分析历史信息，并将这些不同的历史信息进行甄别、审视，形成新的历史认识。第(3)问要求学生对史学材料、文学作品以及学者观点的研究价值进行有效的判断和甄别，从中明确认识“小说是文学作品，作为史料使用应该慎重”“材料三、材料四的现象是个案，不足以说明整个明朝妇女婚姻观的自主性”等结论，这就是历史自主探究的过程和方法。

答案：

①小说是现实的反映，可以作为史料使用。但由于小说经过文学加工，带有作者的主观意识，作为史料使用必须慎重。②材料三、四的现象是个案，而且出现在明中后期，不足以说明整个明朝妇女婚姻观的自主性。

例 28：(2011·山东卷·35)(10分)【历史——20世纪的战争与和平】

下列材料摘编自丘吉尔：《第二次世界大战回忆录》第一卷。阅读材料，回答问题。

材料一　丘吉尔在本卷中探求了二战的起源，他为本卷定下的主题是：“英语民族如何由于他们的不明智，麻痹大意和好心肠而听任恶人重新武装。”

材料二　西班牙内战期间，丘吉尔说：“即使德国继续支持叛军一方，苏联以金钱供给政府一方，我们仍然要采取中立态度。”“我确信，严格遵守中立是目前唯一正确和安全的办法。”

(2)丘吉尔回忆录是研究第二次世界大战的重要史料，使用时应注意什么问题？(4分)

解析：

第二问涉及到史学的研究方法问题，要明确史料不同于历史实物，具有主观性，不可盲信，所以要结合史实，去伪存真辩证客观看待。也可多借助其他的史料多方加以佐证。

答案：

(2)回忆录具有主观性；要注意用其他史料加以印证。

例 29：(2013·山东卷·35题)王安石微服赴江宁，遇一老妪喂鸡豕，唤“啰，啰，啰，王安石来！”鸡豕俱来就食。问其故，老妪曰：自王安石为相公，立新法扰民。妾孀居二十年，也要出免役、助役等钱，钱既出而差役如故。

妾本以桑麻为业，……今桑麻失利，只得蓄猪养鸡，等候吏胥里保来征役钱，或准与他，或烹来款待他，自家不曾尝一块肉。故此民间怨恨新法，入于骨髓。

——据《京本通俗小说·拗相公》

(2)研究王安石变法时，你如何看待宋人话本的史料价值。(4分)

解析：

(2)此题考查的是史料的相关内容。史料分为一手史料和二手史料。当时的人物记载的史学著作和文学作品属于二手史料，需要仔细地研究考证，去除夸张、虚构、歪曲的内容，还原真实的历史后可以作为史学研究的依据。

答案：

(2)话本在一定程度上能反映当时的社会状况，具有一定史料价值；话本属于文学作品，有艺术加工成分，须用其他史料印证。

第四节　侧重“史学观点，历史评价”角度的考查

史学观点是人们将历史作为一个整体来探讨人类社会的进步。有辩证唯物主义和历史唯物主义之分，具体的史学观点有革命史观、英雄史观、社会史观、唯心史观、唯物史观、整体历史观、现代化史观、文明史观等等，因为后面章节对各种史观详细论述，下面重点阐述历史评价之内容。

历史评价通常指人们对历史人物、事件等一切历史现象从价值角度所作的认识。通常也指从属上述价值性认识中的一种评价角度，往往与“道德评价”相对应。

简单说，观点是宏观的，评价是微观的。

评价历史事件的原则有：

1. 放到特定的历史背景中评价，历史的评价原则；

2. 透过现象看本质的评价；

3. 用辩证唯物主义一分为二的评价，也就是辩证的评价原则或者全面的评价原则；

4. 用联系和发展的眼光评价，发展的评价原则。

例30：(2010·福建卷·17)李大钊在《史学要论》中指出：“一时代有一时代比较进步的历史观，一时代有一时代比较进步的知识；史观与知识的不断进步，人们对历史事实的解喻自然要不断地变动。”他在这里强调历史研

究要

A. 与时代同行　　　　　　　　B. 有历史观引导

C. 为现实服务　　　　　　　　D. 充分掌握史实

解析:本题考查考生运用判断、比较、归纳的方法论证历史问题的能力。本题是观点理解型,解题要决是把握观点内在本质联系,李大钊的这句话涉及到三个事物(概念)历史观、知识和历史事实的解喻,其关系是后者受前两者影响,但都具有时代性,故选 A。

答案:A

例 31:(2013·四川卷·11)法国史学家谢和耐说,中国“是一个面积可与整个欧洲相匹,具备近 3000 年有记载历史的国度”,“任何对它的有效论述都必须涉及确切的时间和地点,再不许奢谈什么‘永恒不变’中国了”。他强调的是

A. 中国历史比欧洲历史更加复杂

B. 中国有确切记载的历史长达 3000 年

C. 中国历史不存在任何不变的成分

D. 研究中国历史要注意时空的复杂性

解析:注意题中材料的重点是“对中国历史的有效论述必须涉及确切的时间和地点”,即要把具体的历史事件、人物等的研究放在特定的时空环境中去认识(历史主义的研究方法)。

答案:D

例 32:(2014 年·四川卷·14)(26 分)历史叙述、历史解释和历史评价是历史学习能力的重要组成部分。阅读材料,回答问题。

材料四　“中体西用”后来久被指为包庇封建,其实,那个时候的中国,天下滔滔,多的是泥古而顽梗的士人,在封建主义充斥的天地里,欲破启锢闭,引入若干资本主义文化,除了“中体西用”还不可能提出另一种更好的宗旨。如果没有“中体”作为前提,“西用”无所依托,它在中国是进不了门,落不了户的。

——陈旭麓:《近代中国社会的新陈代谢》

表 1

事件	观点
戊戌变法	康有为的托古改制思想反映了资产阶级的软弱性，不仅没有减轻变法的压力，而且还反而加速了变法的失败
辛亥革命	如果不是武昌起义爆发，新政将按计划进行，中国最终将成为一个君主立宪的资本主义国家
新文化运动	新文化运动是“情绪主义”的产物，导致了各种思想混乱

(3)概括材料四陈旭麓是如何评价“中体西用”的，指出这一评价遵循的原则是什么？(5 分)按照这一原则，任选表 1 中的一种观点进行评价(3 分)

解析：

(3)第一小问评价依据材料四的信息来归纳即可，从“那个时候的中国，天下滔滔，多的是泥古而顽梗的士人”和“如果没有‘中体’作为前提，‘西用’无所依托，它在中国是进不了门，落不了户的”的信息可归纳出当时中国封建顽固势力异常强大，“中体西用”为西学的传入创造了条件。第二小问原则依据材料四中的信息，联系所学可判断出是历史的评价原则，即把评价对象放在当时的历史条件下进行评价。第三小问任选一个观点即可，重点阐述出当时特定的历史条件即可，如关于戊戌变法的观点忽视了当时封建顽固势力强大、维新派实力相对弱小的特定历史条件。关于辛亥革命的观点忽视了当时中华民族危机空前严重、清政府的“新政”步入困境、民主革命势力迅速发展的历史现实。关于新文化运动的观点忽视了当时的专制统治和复古逆流的社会现实，以及新文化运动知识精英试图把中国引入民主政治轨道的追求。

答案：

(3)评价：当时中国封建顽固势力异常强大，“中体西用”为西学的传入创造了条件。

原则：历史评价应把评价对象放在当时的历史条件下进行。

戊戌变法：该观点忽视了当时封建顽固势力强大，维新派实力相对弱小的特定历史条件。

辛亥革命：该观点忽视了当时中华民族危机空前严重，清政府的“新政”步入困境，民主革命势力迅速发展的历史现实。

新文化运动：该观点忽视了当时的专制统治和复古逆流的社会现实，以及新文化运动知识精英试图把中国引入民主政治轨道的追求。

第三单元　高考历史史学观点与真题例析

近年来，在高考历史全国新课标卷中，历史史学观点试题的考查日益重要。高考历史史学观点，往往主要考查以下七大史观：现代化史观（近代化史观）、文明史观、全球史观（整体史观）、社会史观、革命史观、唯物史观、生态史观等。

史观类试题考查的难度、广度与深度都比较高，因此，本单元将着重介绍高考历史试题当中呈现的这七大史观，并以高考历史真题来进行分类解析与指导。

第一章　现代化史观(近代化史观)

理论阐释

现代化也称“近代化”，是指由传统社会向现代社会变迁的过程(即传统农业社会向工业社会的变迁过程)，包括政治上的法制化、民主化，即从人治到法治、从专制到民主等；经济上的工业化，即从传统农业到现代工业、从自然经济到商品经济等，另外还有经济上的全球化；思想文化上的科学化、理性化；社会生活的现代化，即生活方式、习俗的变革，除物质生活的改善和提高外，主要是指城市化、社会福利化、人口控制化和社会组织整合化等；其他还涉及教育现代化、军队与国防现代化、信息传播现代化等。现代化是一场全方位的社会变革，其核心是经济的工业化和政治的民主化。

备考点拨

1. 注意从历史发展的纵向角度理解农业文明向工业文明转化的主线；从横向角度理解人类社会从传统的农业社会向现代工业社会转变的内容，主体是以科技为动力，以经济的工业化和政治的民主化为核心，包括经济制度、政治制度、生活方式乃至思维方式的全方位的社会变革；同时注意横向角度分析对比中国与世界近代化的相互影响与借鉴。

2. 注意世界现代化发展的历史阶段及模式。

世界现代化发生在封建社会后期，资本主义、社会主义是人类实现现代化的两种基本模式，走什么道路是历史的选择，由国情决定。

3. 现代化模式的类型。

现代化模式是指各国现代化的发展道路或发展类型，具有多样性的特点，按照不同标准，可划分为不同的类型。

(1)从现代化的动因和起步时间看，可分为：

内源型现代化模式，即现代化起步的原因主要是该国或该地区社会内部经济、政治和文化自然发展的结果。如：英、法等国的现代化。

外源型现代化模式，即指现代化起步是在外部因素的刺激下开始的。

如：美国、日本和亚、非、拉第三世界国家的现代化。

(2)从经济体制的特点看，可分为：

市场经济模式，如英、法等西方资本主义国家的现代化；

计划经济模式，如苏联的现代化；

混合经济模式，其特点是国家计划经济和市场经济在现代化过程中都起重要作用，如印度等国的现代化。

(3)从社会经济的性质看，可分为：

资本主义现代化模式和社会主义现代化模式。社会主义现代化模式，又可分为苏联模式（即斯大林模式）和中国模式（即中国特色的社会主义现代化模式）。

4. 准确理解现代化。

(1)现代化有西化内容，但不是完全西化。正确的心态是既要保留民族独立、特色，又要向西方学习。

(2)现代化是一种历史进程，是动态的。只要在工业经济时代，现代化就在进行、就在变化。

(3)现代化是一种历史发展的必然趋势，不以人的意志为转移。

(4)现代化并不等同于社会进步，不能把现代化看成人类理想目标的实现。作为一种历史进程，世界现代化（近代化）也有消极的一面，需要人类在探索中纠正失误，需要客观评价认识，如工业革命带来的环境问题、资源问题等。

(5)建立民族独立国家是现代化的前提，民族独立是现代化的产物。

真题例析

1.（2015·海南卷历史·21）近代中国在不同时期学习西方的侧重点各有不同，五四运动之前大致经历了从“器物”到“制度”再到“思想文化”三个层面的变化。这种变化主要缘于（　）

A. 对西学认知的程度

B. 社会变革进程的需求

C. 政府推行西学的力度

D. 传统文化势力的强弱

【解析】题目要求分析近代中国学习西方经历了从“器物”到“制度”再到“思想文化”三个层面出现的原因，A 项是对学习内容的表述，属于表现，故 A 项错误；之所以出现三个层面的学习，根本上是由于近代社会随着列强的不断侵略，中国的社会发展呈现出不同的需要，由抵御外来侵略到主张建立民主共和国，到实行民主、科学，故B项正确；当时的清政府反对学习西方的政治和思想，故C项错误；中国的传统文化在近代没有出现强弱变化，故D项错误。

【答案】B

2.(2015·广东卷文综·39)(27分)现代化理论研究传统社会向现代社会的转变。阅读材料，结合所学知识回答问题。

材料　18～19世纪，一些欧洲的社会学家以西方工业社会为对象，研究从传统社会到现代社会的发展规律。

二战后，现代化研究在美国兴起并形成完整的理论体系。该理论认为现代化的主要动力来自于内部，内部的障碍是发展中国家发展不顺利的根本原因；现代化实际上是西方化或者美国化的过程，20世纪是“美国的世纪”，这一理论得到美国政府的重视。

20世纪六七十年代以来，很多学者根据各国的具体情况，探讨不同国家走向现代化的模式。20世纪80年代，现代化理论从美国引进中国，不少学者开始将现代化概念和分析框架运用到社会科学研究中。

——据《传统与变迁——国外现代化及中国现代化问题研究》等

(1)概述18～19世纪西欧经济、政治发展的主要状况。(8分)

(2)结合材料和当时的国际背景，分析二战后美国政府为何重视现代化理论？(10分)

(3)为什么现代化理论能够在20世纪80年代被引进中国？运用这种理论进行历史研究时要注意什么？(9分)

【解析】

(1)关键是抓住时间“18～19世纪”、地点“西欧”，结合所学知识从经济、政治发展的主要状况概述即可，比如，政治上资产阶级代议制的确立和完善，工人运动兴起，经济上发生了两次工业革命，实现工业化，对外通过殖民扩张、战争、商品输出和资本输出建立了以西欧为主导的世界市场等。

(2)结合所学知识从二战后美苏冷战的国际环境，美国通过布雷顿森林体系和《关税及贸易总协定》，称霸世界的野心以及20世纪现代化理论的内容发展等角度回答。

(3)第一小问“原因”，结合20世纪80年代的国内和国际史实概括背景即可，十一届三中全会后提出改革开放的伟大决策，西方“现代化研究”为中国经济建设提供借鉴；思想解放、“双百方针”为史学研究提供宽松的社会环境；教育事业的发展推动中国对西方现代化历程研究的深入等。第二小问

“注意”,综合三则材料进行归纳,比如材料中“很多学者根据各国的具体情况,探讨不同国家走向现代化的模式”可以看出要结合本国的国情,从实际出发,持借鉴态度等。

【答案】

(1)状况:经济上,发生了两次工业革命,实现工业化;建立了西欧主导的世界市场。(4分)政治上,建立了资产阶级代议制;工人运动兴起。(4分)

(2)原因:二战后美国成为资本主义世界头号强国;美苏冷战;亚非拉地区民族解放运动兴起。(6分)现代化理论认为发展中国家应该“西方化”,鼓吹20世纪是“美国的世纪”,适应了美国称霸世界的需要。(4分)

(3)原因:中美正式建交;中国开始改革开放;思想解放。(6分)

注意:持借鉴态度,不能照搬,要结合本国的国情,坚持唯物史观。(3分)

第二章　全球史观

理论阐释

全球史观又称“整体史观”，它从世界历史的整体发展和统一性方面看待历史，认为人类历史的发展过程是从分散向整体发展转变的过程。世界各个地区、各种文明在各自和交互的发展中，逐步打破了孤立、分散状态，逐渐融合成密切联系的全球统一体，全球一体化进程是历史发展的客观主导趋势。这一转变始于新航路开辟。

整体史观以“社会空间”作为审视历史的基本单位。所谓“社会空间”，指的是与人们的日常生活密切相关的生活圈。这种生活圈可大可小，但当中的内容却直接影响到人类的每一个个体。

生产力的发展和世界各地区交往的发展是人类历史发展的两条主线，建立在生产力发展基础上的各地区交往的发展是推动人类社会从分散走向整体发展的决定因素。简单地讲，整体史观就是要把握人类社会横向发展的历史进程，在这一进程中重视交往、强调交往的作用，强调在全球范围内从整体上把握人类历史的演进，注重不同民族与国家之间的联系和互动。

备考点拨

复习备考时，主要应注意以下角度：

1. 注意整体史观考查历史的视角。

(1)从全球的视野和宏观历史学的角度去考查和研究世界历史。

(2)超越西方史学以国家为单位的叙事传统，从学术发生的角度颠覆“欧洲中心论”，以不同人群、社会、民族、国家之间的互动为切入点，开辟了考查世界历史的新视角。

(3)从纵向和横向角度，理解世界历史发展的不同阶段的特征及人类交往的历史，认识不同文明之间的相互关联和渗透。

(4)注意整体与局部的关系，如将中国历史发展置于世界历史发展大背景下考查认识。

2. 把握人类历史整体化的进程。

人类历史发展过程是从分散向整体发展转变的过程。这一转变开始于15世纪末16世纪初的新航路的开辟，到19世纪末20世纪初资本主义世界体系的形成标志着这一进程基本完成。当今经济全球化趋势的迅猛发展则是整体世界发展的深入阶段。

3. 树立“全球史观”观察问题的正确态度。

(1)树立一种全球意识。面对共同的全球性问题，有着共同的利益。这是不同文明间的对话何以可能和必要的根据。

(2)承认人类文明统一性的同时充分肯定其多样性。一切文明都是整个人类文明的组成部分，都同样对人类文明做出了贡献，并无高下、优劣之分，都有平等的权利和平等的地位参加文明间的对话。

(3)提倡宽容精神，要求各方相互理解和相互尊重不同文明，承认和容许不同文明间的差异。应做到“求同存异”，努力去寻求彼此间的共同点，把分歧暂时搁置，耐心地通过对话去缩小和解决分歧，即使一时不能达成一致，也应有善于等待和相互容忍的精神，不使矛盾激化而导致冲突。

真题例析

1.(2015·福建卷文综·21)17世纪上半叶，欧洲国家纷纷到亚洲进行殖民活动，引发了亚洲海上贸易格局的变化。对此，表述正确的是(　　)

A. 荷兰通过设立据点控制东亚海上商路

B. 英国打败法国垄断了对印度的贸易

C. 欧洲殖民扩张迫使中国放弃海禁政策

D. 世界贸易中心转移到西太平洋沿岸

【解析】本题在注意时间掌握的同时，要注意兼顾运用全球史观综合考量。结合时间“17世纪上半叶”可知，当时荷兰称霸，控制世界航运业，成为“海上马车夫”，故A项正确；英国打败法国是在18世纪“七年战争”，B项错误；17世纪上半叶当时中国处于明清时期，实行海禁政策，C项错误；世界贸易中心在15～16世纪新航路开辟后已经能移到大西洋沿岸，D项错误。

【答案】A

2.(2015·山东卷文综·40)(16分)史学研究方法影响人们对历史事件的认识和评价。阅读材料，回答问题。

材料一　英国的优越地位在18世纪归功于优越的政治制度……在19世纪初期则几乎完全归功于机械技术。在1740年，“效法英国”一词已经成为人们的口头禅，而到 1830 年，英国已成为“工业欧洲的老师”……

——C. W. 克劳利：《新编剑桥世界近代史》第九卷

材料二　表 3-1 为《世界近代史》和《全球通史：1500 年以后的世界》摘目

表 3-1

第一编　资本主义制度的产生 第一章　英国资产阶级革命 第二章　17～18 世纪欧洲大陆主要国家 第三章　美国独立战争和拉丁美洲各国独立战争 第四章　法国大革命 第五章　法兰西第一帝国 维也纳会议 第二编　进入工业资本主义时代 第三编　资本主义制度的确立 …… ——摘自刘宗绪：《世界近代史》（高等教育出版社 2011 年版）	第一编　1500 年以前诸孤立地区的世界 第二编　新兴西方的世界，1500～1763 年 第三编　西方据优势地位时的世界，1763～1914 年 （一）优势的基础 第十章　科学革命 第十一章　工业革命 第十二章　政治革命 一、政治革命的格局 二、英国革命 三、启蒙运动 四、美国革命 五、法国革命 …… ——摘自斯塔夫里阿诺斯著：《全球通史：1500 年以后的世界》（中国社会科学院出版社 1999 年版）

（1）据材料一，概括说明英国对于世界历史发展的重要贡献。（6 分）

（2）据材料二，指出两本著作对英国革命在世界历史上的地位有何不同认识。（4 分）

（3）依据材料二所反映的斯塔夫里阿诺斯研究历史的视角，说明近代西方是如何取得“优势地位”的。（6 分）

【解析】

（1）依据材料一中“英国的优越地位在 18 世纪归功于优越的政治制度”可得出君主立宪制的确立，为其他国家提供了政治上的示范；据材料一“在 19 世纪初期则几乎完全归功于机械技术”可得出工业革命促进了生产技术和社会经济发展，为其他国家提供了经济上的典范。

（2）依据材料二中两部著作《世界近代史》和《全球通史：1500 年以后的世界》摘目可以看出“前者是作为世界近代历史发展的开端认识的，而后者仅仅作为这一变化中的一次政治革命而已”。因此二者的不同认识可以归纳为前者强调英国革命的开创性，把它作为世界近代史的开端；后者也承认英国革命的重要性，但只把它作为政治革命的一部分。

(3)据材料二“第一编　1500年以前诸孤立地区的世界；第二编　新兴西方的世界，1500～1763年；第三编　西方据优势地位时的世界，1763～1914年”可以看出斯塔夫里阿诺斯从全球化的视角研究历史，西方“优势地位”是随着世界市场的形成逐步确立的。结合材料二“(一)优势的基础”可以看出它既是西方自身发展领先于世界的结果，也是西方对其他民族和地区侵略和掠夺的结果。

【答案】

(1)贡献：君主立宪制(代议制民主政治)的确立，为其他国家提供了政治上的示范；工业革命促进了生产技术和社会经济发展，为其他国家提供了经济上的典范。(6分)

(2)不同：前者强调英国革命的开创性，把它作为世界近代史的开端；后者也承认英国革命的重要性，但只把它作为政治革命的一部分。(4分)

(3)说明：斯塔夫里阿诺斯从全球化的视角研究历史，西方“优势地位”是随着世界市场的形成逐步确立的。它既是西方自身发展领先于世界的结果(西方开辟新航路、拓展世界市场，科技革命、政治革命、工业革命等都领先于世界)，也是西方对其他民族和地区侵略和掠夺的结果(西方殖民扩张不断扩大，亚非拉很多地区沦为其原料产地和商品倾销市场)。(6分)

第三章　文明史观

理论阐释

文明史观，通常被称为文明史研究范式，是研究历史的一种理论模式。文明史观认为，一部人类社会发展史，从本质上说就是人类文明演进的历史。人类创造、积累文明的过程及其所获得的成果是历史的基本内容。

人类文明由物质文明、精神文明和政治文明构成，三者在相互作用、协调互补中交替促进、共同发展，共同推动人类由低级走向高级。

1. 注意把握文明史观下历史发展的主要线索。

(1)从横向看，人类文明史的内涵包括物质文明、政治文明和精神文明；从范围上可以分成古希腊与古罗马文明、中华古代文明、西方资本主义文明、社会主义文明等若干系统。

(2)从纵向看，人类文明经历了渔猎采集时代、农业文明时代(包括新石器时代、青铜时代、铁器时代)、工业文明时代(包括手工工场时代、蒸汽时代、电气时代和信息时代)。

2. 文明史观下的文明是多方面的，不同国家、地区具有不同的文明特征，决定了世界文明的多元化特点。要注意抓住文明史观下古今中外的历史特征。

3. 文明史观构建中的正确态度。

(1)文明史观以社会生产力的发展为依据。

(2)重视至今仍有重大影响的文明成果。

(3)要正确评价各种文明成果，正确认识人类文明成果与代价的关系。

(4)以文明类型作为基本研究单位，承认文明的多元性。

(5)正确把握不同文明之间的关系。

(6)把中华文明纳入到世界文明中考查。

备考点拨

复习备考时，一要注意不同文明类型的特点与主要成就；二要注意不同类型的文明之间的交流、借鉴、融合与碰撞；三要抓住文明史观下古今中外的历史特征。

复习主要角度如下：

1. 教材所体现的文明史观框架：

	政治文明史(必修1)	经济文明史(必修2)	思想文化史(必修3)
含义	反映人类社会政治领域发展进程中的内容	反映人类社会经济和社会生活领域发展中的重要内容	反映人类社会思想文化和科学技术领域的发展进程及内容
近现代文明特征	法治取代人治，自主的公民取代被动的臣民	农业文明—工业文明；手工劳动—大机器生产；自然经济—商品经济	多样性和全球化(包含宗教、科技、文学艺术、思想潮流等)

2. 不同文明时代的东西方政治、经济、思想文明。

(1)农耕文明时代，中国君主专制中央集权、小农经济、儒家思想为主流的传统文化；西方的希腊罗马政治制度、工商业经济及人文精神的起源。

(2)工业文明时代，西方工业革命、欧美资产阶级代议制、人文精神的起源发展与近代科技文学艺术形式的发展；中国反抗外来侵略，借鉴西方政治文明成果，经济上卷入资本主义世界市场，中国民族资本主义诞生和曲折发展，文化上形成了近代中国的思想解放潮流。

(3)信息化时代，西方俄国走上社会主义道路，罗斯福新政和战后资本主义的变化，思想文化的多元化发展；中国选择了社会主义道路，曲折艰难地发展。

3. 同一国家或地区的不同时期文明的纵向整合。

如中国的政治文明发展历程、西欧的政治文明发展历程等。

4. 同一时期不同国家或地区文明的横向整合。

如：古希腊与古罗马政治文明的比较，古代东西方先哲苏格拉底与孔子的比较，17～18世纪中国明清民主思想与法国启蒙思想的比较，等等。

5. 同一时期同一国家或地区内部的三种文明间的整合。

如：中国明清时期的政治、经济、精神文明等。

6. 不同历史时期不同地区之间文明发展演变历程的比较。

如：古今中外政治文明的演变历程、古今中外经济发展模式及特点、古今中外思想演变历程等。

真题例析

1.(2015·福建卷文综·19)托马斯·卡伦德写道:“在历史的某个时刻,在欧洲郇(xún)窄的一隅,生活着近五百万陆地和海岛居民,他们所拥有的自然资源极其匮乏,却创造出了最原创、最绚丽的文化、商业、社会秩序和政治……闻名遐迩。”材料反映的是(　　)

A. 古希腊文明　B. 古罗马文明　C. 不列颠文明　D. 阿拉伯文明

【解析】根据材料“在欧洲郇(xún)窄的一隅”“自然资源极其匮乏”“却创造出了最原创、最绚丽的文化、商业、社会秩序和政治……闻名遐迩”等信息可以判断是古希腊文明。古希腊地点在欧洲,多山多岛,自然资源极其匮乏,发展工商业,形成民主政治,开启了西方民主政治的先河,故A项正确;古罗马当时地跨欧、亚、非三洲,不符合材料“在欧洲郇(xún)窄的一隅”,B项错误;不列颠文明不符合材料“却创造出了最原创、最绚丽的文化、商业、社会秩序和政治”,C项错误;阿拉伯不符合材料“在欧洲郇(xún)窄的一隅”,D项错误。

【答案】A

2.(2015·江苏卷历史·21)(12分)中华文明灿烂辉煌,对保持国家的稳定和统一发挥了积极作用。阅读下列材料:

材料一　对于一个旁观者来说,4世纪时世界历史的情况可能是这样:罗马帝国总算历劫而存,而中华帝国的时代已成为过去。可是中华帝国在罗马帝国已不复存在时最后重新组成。中华帝国为什么能恢复而罗马帝国却不能,一个原因可能是中国王朝比拜占庭帝国更充分地保留了帝国的传统。如果皇帝依靠不是按照出身或机遇而是按才干选拔的官僚知识分子行使权力,那他就会实行公正的道德的统治。中国的文字也比西方的拉丁文和希腊文有着更大的文化上的连续性。

——摘编自[美]费正清:《中国:传统与变革》

材料二　理学家提出“理”作为宇宙万物的本源,它以儒家的礼法、伦理思想为核心,吸收佛道思想中的精粹,形成了析理精微、论证明确的哲学体系,这是两汉的粗糙儒学所无法比拟的。理学家以儒家“圣人”为最高境界,充分肯定人的现实生活、道德精神的意义;它摒弃佛道所宣扬的彼岸世界,不相信灵魂不灭、轮回转世之说,而力求在现实世界中实现崇高的理想,所以它是一种理性主义的哲学。

——马克垚:《世界文明史》

请回答:

(1)概括材料一中有利于中国稳定和统一的因素。结合所学知识,指出"不是按照出身或机遇而是按才干选拔"所涉及的制度。(6分)

(2)据材料二,指出理学的积极作用。结合所学知识,简析儒学由"粗糙"趋向"精微"的原因。(4分)

(3)据上述材料,说明中华文明在传承和发展过程中所体现的基本特质。(2分)

【解析】

(1)第一小问"因素",据材料一"中国王朝比拜占庭帝国更充分地保留了帝国的传统"得出充分保留传统,据材料一"按才干选拔的官僚知识分子行使权力"得出合理选官,据材料一"实行公正的道德的统治"得出实行德政,据材料一"中国的文字也比西方的拉丁文和希腊文有着更大的文化上的连续性"得出汉字文化延续功能强;第二小问"制度",据材料一"4世纪时世界历史的情况",结合所学分析得出察举制(九品中正制)、科举制。

(2)第一小问"作用",据材料二中"充分肯定人的现实生活""力求在现实世界中实现崇高的理想"得出引导人们关注现实,据材料二"以儒家圣人为最高境界,充分肯定人的现实生活、道德精神的意义"得出有利于培养道德品质;第二小问"原因",据材料二"两汉的粗糙儒学""吸收佛道思想中的精粹"得出儒学受到佛道思想的挑战(冲击),据材料二"理学家提出'理'作为宇宙万物的本源,它以儒家的礼法、伦理思想为核心""形成了析理精微、论证明确的哲学体系"得出复兴儒学的需要(宋明理学家的学术创新),结合所学,从内外两个角度概括回答。

(3)据材料一"中国王朝比拜占庭帝国更充分地保留了帝国的传统""中国的文字也比西方的拉丁文和希腊文有着更大的文化上的连续性"得出延绵不断(尊重传统);据材料二"它以儒家的礼法、伦理思想为核心,吸收佛、道思想中的精粹"得出兼收并蓄(与时俱进)。结合所学,从传统、发展等角度概括回答。

【答案】

(1)因素:充分保留传统;合理选官;实行德政;汉字文化延续功能强。(4分)

制度:察举制(九品中正制);科举制。(2分)

(2)作用:引导人们关注现实;有利于培养道德品质。(2分)

原因:儒学受到佛道思想的挑战(冲击);复兴儒学的需要(宋明理学家的学术创新)。(2分)

(3)特质:延绵不断(尊重传统);兼收并蓄(与时俱进)。(2分)

第四章　社会史观

理论阐释

社会史观主要指从社会的角度观察历史，着重研究历史的结构和进程，注重分析研究广义的政治问题、经济问题、文化问题等社会问题，关注社会经济变迁及其对民众生存状态和风俗习惯的影响，关注社会的进步。社会史观认为，研究历史，不仅要“眼光向上”，关注“大人物”和“大事件”，而且还要“眼光向下”，关注“小人物”，关注与平民百姓芸芸众生息息相关的“小事件”“小人物”的历史，包括衣食住行、风俗习惯等，本质上体现了大众化、生活化的特点。

备考点拨

1. 明确社会史观包含的主要内容。

社会问题的核心是社会保障或社会福利及其相关问题。社会问题具有广泛性、综合性和阶段性等特点。

其研究领域主要包括社会变迁史、社会日常生活史、社会习俗史、家庭婚姻史、城市进化和人口流动史、社会保障史、社会政策史、人与环境关系史等。

2. 社会史观认为，历史应该是“所有人的历史”或称“社会习俗的历史”，其本质是大众化、生活化。

3. 重视历史上的社会问题与现实生活中的社会问题的内在联系。

研究历史上的社会问题要突出如何借鉴或吸取历史上解决社会问题的成功经验和失败教训来解决现实社会问题。

4. 归纳新课标教材涉及的社会史观问题，挖掘隐性的中外社会问题。

如：美国罗斯福新政稳定社会的改革措施、苏联新经济政策、中国20世纪60年代初国民经济的调整等，理解社会民生问题，明确当今世界面临的重大社会问题。

如：就业、社会保障、扶贫、教育、医疗、环保和安全等问题，分析历史上解决社会问题的主要措施及影响。

如：近代西方新航路开辟和西欧殖民扩张，从社会史观看，新航路开辟后，世界各地交流加强，各种物品交流、交换，增加了人类的食品种类，改变了人的饮食结构和生活习惯。

如：中国近现代社会生活的历史变迁，从社会史观看，近代以来中国社会的衣食住行和社会习俗发生了巨大的变化，从统治者上层到平民阶层、从个人到群体，衣食住行和社会习俗都发生了变化，逐步接受了近代文明的事物，这是社会的进步。

再如：注意梳理中外历史上社会转型问题、自然环境问题、动乱或战乱问题、人口迁移问题、社会生活的变迁问题、婚姻习俗变化等问题。

真题例析

1.（2015·江苏卷历史·11）图 3-1 是 1949 年 3 月美国记者伯恩斯拍摄于上海的两张照片。从中可以看出（　　）

疑似"偷棉花"的妇女被搜身

遛狗者和流浪儿

图 3-1

A. 民族工商业受到列强与官僚的双重挤压

B. 国民政府覆灭时上海陷入了混乱与动荡

C. 下层民众遭受了没有硝烟的侮辱与伤害

D. 中国社会萌生着反差强烈的富裕与贫穷

【解析】本题主要考查中国近代以来物质生活和社会习俗变迁的表现。照片人物是"偷棉花的妇女""流浪儿"，未涉及民族工商业发展状况，故 A 项错误；1949 年 4 月 23 日，解放军占领南京，统治中国 22 年的国民政府覆灭，与"1949 年 3 月"不符，故 B 项错误；图片反映了"富裕与贫穷"反差，但不是"1949 年 3 月"才"萌生着"，故 D 项错误；"偷棉花的妇女""流浪儿"反映了对下层民众的侮辱与伤害，照片中看不到战争场面，符合“没有硝烟”，所以C项正确。

【答案】C

2.(2015·广东卷文综·38)(25分)课程的变化反映了时代的变迁。阅读材料，结合所学知识回答问题。

材料一　中世纪后期，神学在西欧学校教育的统治地位发生动摇，一些新设学校特别注重对学生德智体美的教育，古典文学和自然科学课程地位明显提高。

——据《外国教育史》

材料二　课程设置是学校教育制度(学制)的重要内容，在中国近代学制中，与经学相关的中小学课程设置经历了如下变化(见表3-2)：

表3-2

癸卯学制 1904年颁布	读经讲经课和修身课(讲授伦理道德)只是必修课程中的两门，但分量仍很重。
壬子癸丑学制 1912～1913年颁布	取消读经讲经课
壬戌学制 1915年开始酝酿，1922年颁布	修身课改为公民课

——据《中国近代学制史料》

(1)材料一反映了当时怎样的社会思潮？这一思潮出现的历史背景是什么？(6分)

(2)材料二中“读经讲经课”讲授的是哪个学派的经典？经学在明清时期备受尊崇，其原因是什么？(6分)

(3)结合材料二，说明这一时期中国社会的变迁。(13分)(要求：信息的提取准确，调动和运用知识合理，逻辑清晰)

【解析】

(1)第一小问“思潮”，依据材料一中“中世纪后期”“西欧”“注重对学生德智体美的教育”等信息可知是人文主义思潮；第二小问“背景”，紧扣时间“中世纪后期”，结合所学中从政治、经济、思想文化等方面阐述，政治上中世纪西欧教育长期被教会垄断，经济上中世纪后期资本主义萌芽出现，思想上文艺复运动兴起、科技上近代自然科学产生等。

(2)第一小问“学派”，结合所学知识回答“儒家思想”(或理学)即可；第二小问“原因”，结合所学从理学对儒学的新发展有利于维护封建专制角度阐述即可。

(3)结合材料二概括这一时期中国社会的变迁是什么，然后结合所学知识和表格中课程设置的变化来进行阐述即可，比如，儒学地位下降，清政府学习西方坚持“中体西用”的思想，1904年学制中儒学地位有所下降；再比如，政治民主化进程加快，1912年，封建帝制被推翻，中华民国成立，取消读经讲经课；再比如，思想文化走向科学化、理性化，新文化运动倡导民主科学和新道德，五四运动反帝爱国，1922年新学制改修身课为公民课，等等。

【答案】

(1)思潮：人文主义。(2分)

背景：中世纪西欧教育长期被教会垄断；中世纪后期资本主义萌芽；文艺复运动兴起。(4分)

(2)学派：儒家。(2分)

原因：儒学已发展到理学阶段，更加适应封建统治者的需要；科举考试以儒家经典为主要内容。(4分)

(3)变迁：清政府学习西方进行改革，但仍坚持“中体西用”，1904年学制中儒学地位有所下降，但分量仍很重；(5分)1912年，封建帝制被推翻，中华民国成立，倡导民主共和，取消读经讲经课；(4分)新文化运动倡导民主科学和新道德，五四运动反帝爱国，1922年新学制改修身课为公民课。(4分)

第五章　生态史观

理论阐释

历史流变中人与自然、社会系统与自然系统的关系，是史学研究的一个重要领域。总结人类处理与自然关系的历史经验和历史教训，促进人与自然和谐相处与协调发展是生态史研究的主旨。生态史观是生态学和历史学“杂交”的产物，20 世纪 60～70 年代以来发展很快。

生态史观认为，史学研究应从关注历史上的人转换为关注历史上的人与自然及其二者的关系。生产力是沟通人与自然关系的桥梁。生产力是人类利用、改造和保护自然的能力。评估历史流变中人类的活动，应兼顾人类和自然(包括各物种乃至整个地球)、近期与远期、局部和整体的利益。维护社会系统与自然系统的动态平衡，是能思维有意识的人类不可推卸的责任。

备考点拨

1. 就人与自然的关系，马克思和恩格斯曾作出如下论断：

恩格斯说：“我们对自然界的全部支配力量就在于我们比其他一切生物强，能够认识和正确运用自然规律。”“不要过分陶醉于我们人类对自然界的胜利，对于每一次这样的胜利，自然界都对我们进行报复。”马克思说：“我们这个世界面临的两大变革，即人同自然的和解以及人同本身的和解。”

自然资源是人类生存发展的基础。几千年的文明史是人类不断地认识、开发和利用自然资源的历史，也是人与自然资源的矛盾不断加深的历史。在传统农业社会，存在着人口与土地等资源的矛盾。随着工业化进程的加快以及人口数量的增加，人口与矿产等资源的矛盾又进一步凸显出来。人口膨胀与自然资源短缺的矛盾，已经威胁到人类生存。要树立人类资源危机意识，促进人与自然和谐发展。

从长时段看，气候变化会影响人的活动，而人的生产与生活也影响了气候和环境。

自然界先于人和人的意识而存在，人类本身也是自然界的一部分，并受自然条件和自然规律的制约。

人能够认识自然界的规律，并以这种认识为指导改造自然界来满足人类的需要，人类的认识、活动对自然界产生直接与间接、积极与消极的多方面的影响，人们在改造自然的同时应更注意保护自然，以实现自身的可持续发展。人与自然的关系问题是人类共同面对的问题，只有合理地解决了人与人之间的利益矛盾，才能更好地解决人与自然的矛盾。

人与自然关系处于普遍的联系之中，因此我们对自然进行开发利用不仅要看到改造自然的有利后果，而且还要看到可能（产生）的不利后果；不仅要看到短期后果，而且还应看到长期后果；不仅要看到局部后果，而且还应看到整体或更大范围的影响。

2. 人与自然关系史。

(1)纵向梳理。

在渔猎时代，人类数量有限，生产生活方式原始，对自然的影响（保护和破坏）都十分有限。

在农业时代，人类利用和改造自然（首先是地表），从事农业生产，同时局部地破坏了生态环境。

在工业时代，人类更大规模更广泛地利用和改造自然，创造出巨大的物质财富，但也在更大程度更大范围内破坏了生态环境，造成严重环境污染和生态危机。

在未来时代（后工业时代或知识经济时代或信息时代），我们应充满信心地相信人与自然和谐相处的绿色时代一定会到来。

(2)横向梳理。

从人口与环境的关系、人与气候的关系、人与土地资源的关系、人与水资源（江河湖海等）的关系、人与生物资源的关系、人与矿产资源的关系等方面，更具体地分析人类在处理人与自然关系上的得与失。

真题例析

1.（2015·上海卷历史·35）某同学为写历史小论文设计了右侧提纲（见图 3-2），据此判断这篇论文的主题是（　　）

A. 能源革命与人类生活

B. 物质文明与环境问题

C. 科学进步与征服自然

D. 工业革命与社会转型

1. 动力来源与基础材料的革新
2. 人类与自然关系的转变
3. 科技发展对自然环境的破坏
4. 人类面对环境危机的应对之道

图 3-2

【解析】论文的四个提纲，一方面反映了人类物质文明的进步，另一方面反映了随之而来的环境问题，以及人类的应对措施，这总体上反映出物质文明与环境问题的关系，所以正确答案为 B 项；能源革命对人类生活的影响，没有完整体现论文的主题，故 A 项不准确；“征服自然”是人类对待自然的错误态度，故 C 项错误；工业革命只是人类物质文明进步的一部分，人类应对环境问题只是推动社会转型的因素之一，故 D 项不准确。

【答案】B

2.(2015・四川卷历史・13)(22 分)阅读材料，回答问题。

材料一

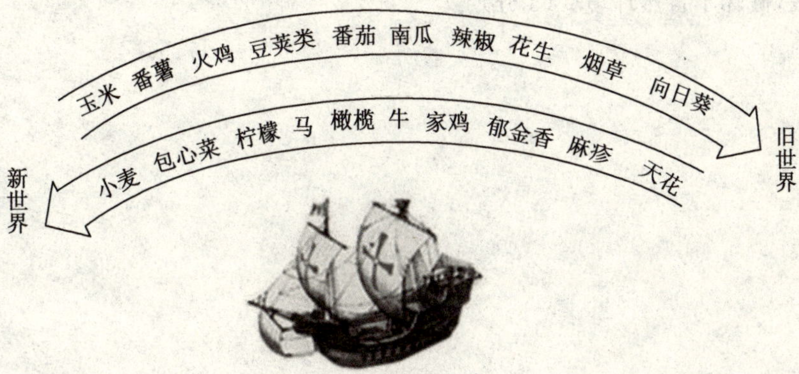

图 3-3

材料二　明朝后期，玉米、番薯等美洲粮食作物通过多种途径传入中国，逐渐得到推广。番薯“亩可得数千斤，胜五谷几倍”，玉米“种一收千，其利甚大”，大大缓解了“民食问题”，人们遂能腾出更多的时间、劳力和土地等去发展经济作物，社会生活的许多方面也因此深受影响。而粮食生产革命和人口爆炸互为因果，清代以来，人口压力不断增加，原本人烟稀少的广大山区，因为“老林初开，包谷不粪而获”和番薯“备荒第一物”的特性，玉米、番薯等栽种遍野，“生齿日繁”。“棚民租山垦种，阡陌相连，将山土刨松，一遇淫霖，沙随水落，倾注而下，溪河日淀月淤，不能容纳。”

——摘编自何炳棣、陈树平等的研究成果

(1)结合所学知识，以“交流与联系”为主题，解读材料一。(10 分)

(2)据材料一、材料二，结合所学知识，概述美洲作物传入对明清中国的影响。(12 分)

【解析】

(1)根据材料一中“新世界”“旧世界”和帆船图片等信息可知其表达的

是新航路开辟这一历史事件，结合材料一中新旧世界交流的主要事物从新航开辟的相关内容和历史意义这两个角度来解读作答。

(2)结合美洲农作物的特点，从对中国的农业、手工业、商业发展，以及人口变化，人们饮食结构、生活习惯，对自然环境影响等角度分析作答即可。

【答案】

(1)解读：新航路开辟；(2 分)新旧世界(或新旧大陆)之间物种交流、疾病传播；(4 分)物种交流密切了各地区联系；疾病传播给人类带来灾难。(4 分)

(2)影响：促进了农业、手工业和商业的发展。(3 分)促进了人口增长和人口流动。(3 分)改变了人们饮食结构及生活习惯。(3 分)土地资源过度开发，破坏了自然环境。(3 分)

第六章　革命史观

理论阐释

革命史观，就是从现实革命斗争的需要出发，从时代革命者的立场与视野来研究和品评以往革命斗争史中的事件与人物的一种历史观。革命史范式作为中国近代史学界从20世纪50～80年代占绝对主导地位的理论范式，其理论基础源于马克思主义关于社会基本矛盾的学说。

根据这一学说，在阶级社会里，两大对立阶级之间的矛盾，最集中地反映了社会发展阶段的基本矛盾，考查和研究阶级矛盾、社会基本矛盾的运动发展，便能把握住历史发展中最本质的内涵，揭示历史发展的内在规律性。

备考点拨

1. 运用革命史观看待中外历史的进程。

根据马克思主义关于社会基本矛盾的学说，梳理中外社会历史上引发社会革命或改革的主要矛盾，注意阶级社会里对立阶级之间的矛盾，认识不同国家或地区、不同历史阶段发展的历史特征，揭示历史发展的内在规律性。如中国近代110年就是一部民主革命的历史，是中国人民反抗外来侵略、争取民族独立的革命史，其中贯穿始终的主题线索就是社会矛盾的变化。

2. 理解革命史观考查的内涵和特点。

革命史观类题目并不是明显地考查革命史观的内涵，故这类题型具有隐性考查的特点，多是通过题目渗透着以革命史观看待历史事件或现象，考查其中蕴含的爱国主义、民族精神，从现实革命斗争的需要出发，从革命者的立场与视野来研究和品评以往革命斗争史中的事件与人物的一种历史观；同时与历史唯物史观相结合，揭示了社会发展的一般规律和阶级斗争的基本规律。

命题多在政治文明史中体现，但随着新史观的运用，政治、经济、思想文化相融合的趋势加强的情况下，革命史观渗透到各个领域。

3. 解答此类试题，还要注意以下几个方面：

(1)阅读题干情境，明确考查主题，充分挖掘题干情境所蕴含的有效信息，明确考查的历史事件或历史现象。

(2)运用革命史观的内涵，结合所学知识，找出符合题目要求的选项。

(3)从一个国家的民族精神与爱国主义角度来理解历史事件的作用和影响。

(4)切忌错误运用唯心史观、英雄史观来看待历史问题，犯以偏概全的错误。

(5)忌任意夸大阶级斗争的作用，过分突出历史上具有重大影响的政治事件，未能立足于社会生产力的角度看待社会发展的历史进程，忽视经济、社会、思想、文化、教育、科技等研究，具有强烈的政治取向。

真题例析

1.(2015·山东卷文综·19)史学研究受时代和社会环境的制约与影响。表3-3所列为1949～1978年间国内史学界发表的关于太平天国运动、义和团运动、戊戌变法和辛亥革命的专题研究论文数量，它反映了这一时期学者们研究的不均衡性。表中“丁”指的是(　　)

表3-3

研究专题	论文数量(篇)
甲	722
乙	287
丙	614
丁	96

A. 太平天国运动　B. 义和团运动　C. 戊戌变法　　D. 辛亥革命

【解析】此题主要考查史学理论中的史学观念——革命史观。1949～1978年间国内史学界受苏联史学界影响，史学研究的指导史观是阶级斗争史观，也就是革命史观。太平天国运动，以暴力形式进行的反封建反侵略的斗争，与当时的史学氛围相符合，不会是最少的，故A项错误；义和团运动也是以暴力形式进行的反封建反侵略的斗争，与当时的史学氛围相符合，不会是最少的，故B项错误；戊戌变法是通过改良的方式进行到维新变法，显然与当时的史学氛围不相符合，故C项正确；辛亥革命，以暴力形式进行的反封建斗争，与当时的史学氛围相符合，不会是最少的，故D项错误。

【答案】C

2.(2015·江苏卷历史·22)(13分)甲午之役,民族之殇。对此,史学家陈旭麓说:“深重的灾难同时又是一种精神上的强击。”阅读下列材料:

材料一　旅顺陷后,海军提督丁汝昌褫职,仍统海军驻威海,兵舰既弱,坐守而已。日舰集大连湾,将袭威海,先攻登州,陷荣成。日舰二十五艘环威海口外。海军方新败,并匿不出。汝昌恐北炮台不能守,命卸巨炮机件以归,免资敌,戴宗骞持不可。无何北台陷,宗骞奔刘公岛。日军踞炮台,以台之巨炮俯击澳内兵舰……海军水手并登岸,噪出,鸣枪过市,声言向提督乞生路,刘公岛中大扰。诸洋员请姑许乞降,以安众心,汝昌不可。军士露刃挟汝昌,汝昌仰药死。诸将推洋员托汝昌之名,作降书。日军受降。

材料二　当中国盛时,日本不敢与抗。咸丰庚申中英之战,败衅,英、法、俄、美并为有约之国,日本不得与……是役(甲午战争)后,日人资中国赔款以兴百政,培力既厚。俄、法、德以仗义归辽,责报殊奢,而中国复乖于应付,于是俄据旅顺、大连湾,英据威海卫,德据胶州,法据广州湾,以互为钤制。中国乃不国矣。

——以上材料摘编自杨松:《中国近代史资料选编》

请回答:

(1)据材料一,概括指出威海之战战场态势的特点,归纳北洋舰队失败的主观原因。(6分)

(2)据材料二,概括指出甲午战争中国战败所造成的危害。(3分)

(3)结合19世纪末20世纪初相关史实,对“深重的灾难同时又是一种精神上的强击”这一论断加以说明。(4分)

【解析】

(1)第一小问“特点”,根据材料一中“日舰集大连湾,将袭威海”“兵舰既弱,坐守而已”“海军方新败,并匿不出”可得出敌攻我守(被动挨打),根据材料一“先攻登州,陷荣成。日舰二十五艘环威海口外”“无何北台陷……日军踞炮台,以台之巨炮俯击澳内兵舰”可得出海陆交织(局处海嵎);第二小问“原因”,根据材料一中“海军方新败,并匿不出”可得出北洋舰队避战不出,根据材料一中“海军水手并登岸,噪出,鸣枪过市,声言向提督乞生路”“军士露刃挟汝昌”可得出将士贪生怕死,根据材料一中“诸洋员请姑许乞降”可得出洋员鼓动投降,根据材料一中“汝昌恐北炮台不能守,命卸巨炮机件以归,免资敌,戴宗骞持不可”“军士露刃挟汝昌,汝昌仰药死”可得出主帅指挥不力。

(2)据材料二中“于是俄据旅顺、大连湾,英据威海卫,德据胶州,法据广州湾,以互为钤制”,得出引发了列强瓜分中国的狂潮;据材料二“中国复乖于应付”“中国乃不国矣”得出大大加深了中国社会的半殖民地化；据材料二“是役(甲午战争)后，日人资中国赔款以兴百政，培力既厚”，得出刺激了日本军国主义的扩张野心。结合所学概括回答。

(3)围绕“是一种精神上的强击”，结合所学 19 世纪末 20 世纪初相关史实，从政治、经济、思想等角度回答：甲午战争客观上唤醒了国人的民族意识；推动了救亡图存运动；激发了政治变革思潮；加快了中国近代化(现代化)进程。

【答案】

(1)特点：敌攻我守(被动挨打)；海陆交织(局处海嵎)。(2 分)

原因：北洋舰队避战不出；将士贪生怕死；洋员鼓动投降；主帅指挥不力。(4 分)

(2)危害：引发了列强瓜分中国的狂潮；大大加深了中国社会的半殖民地化(民族危机的加深)；刺激了日本军国主义的扩张野心。(3 分)

(3)说明：甲午战争客观上唤醒了国人的民族意识；推动了救亡图存运动；激发了政治变革思潮；加快了中国近代化(现代化)进程。(4 分)

第七章 唯物史观

理论阐释

唯物史观,亦称"历史唯物主义",是人类社会发展一般规律的科学。科学的社会历史观和认识、改造社会的一般方法论,是关于人类社会发展普遍规律的科学,是无产阶级的历史观。历史唯物主义认为,社会历史的发展有其自身固有的客观规律,具有辩证的观点。

唯物史观的主要理论有:

1. 社会存在决定社会意识,社会意识又反作用于社会存在。

2. 在阶级社会中,社会基本矛盾表现为阶级斗争,阶级斗争是阶级社会发展的直接动力;阶级斗争的最高形式是进行社会革命,夺取国家政权。

3. 生产力和生产关系之间的矛盾、经济基础与上层建筑之间的矛盾,是推动一切社会发展的基本矛盾。

(1)生产力包括劳动者、劳动对象和生产工具。进入工业社会,生产工具主要表现为科技的进步,科学技术是生产力,成为推动社会发展的关键。

(2)经济基础是与生产力发展的一定阶段相适应的、在一定历史阶段占统治地位的生产关系各方面的总和。

(3)上层建筑是建立在一定经济基础之上的社会的政治、法律、道德、哲学、艺术、宗教等观点,以及同这些观点相应的政治、法律等制度和设施的总和。经济基础决定上层建筑,上层建筑对经济基础有反作用。

4. 社会发展的历史是人民群众实践活动的历史,人民群众是历史的创造者。

(1)人民群众是历史的创造者,是推动历史前进的决定力量。杰出人物在历史上的作用是以人民群众的作用为基础的。

(2)任何一个历史人物的产生都是时代造就的,是时代的必然,也就是我们常说的"时势造英雄"。任何一个历史人物的活动及其作用都受着历史发展规律即必然性的支配,而不能违背历史发展潮流,个人的作用无法改变历史发展的大趋势,个人只能顺应历史的发展。英雄人物在历史的发展中不起决定作用,但起促进作用。

5. 继承和发展。

对待历史文化遗产应该是批判地继承,在继承中发展。

(1)批判不等于对历史文化遗产的全盘否定。之所以要批判地继承,是因为历史文化遗产往往存在时代和阶级的局限。

(2)继承是为了发展,批判地继承和吸收传统文化遗产与外来文化,推陈出新。

(3)以古鉴今。总结历史,吸取历史的经验与教训,联系现实,面向未来,发展民族文化。

(4)反对绝对的否定与绝对肯定。

6. 原因和结果。

(1)一因多果:即一种原因引起多种结果。

(2)一果多因:即一种结果是由多种同时起作用的原因所引起的。

(3)互为因果:即同时存在历史整体中的多种因素的互相作用,更多地存在于历史的横向联系中。

7. 现象和本质。

(1)现象是指事物的外在联系和表面特征,是事物的外在体现。

(2)本质是指事物的根本性质,是组成事物的各要素之间的内在联系。本质决定现象。

8. 主要矛盾和次要矛盾。

(1)主要矛盾决定次要矛盾,在事物的发展过程中,主要矛盾解决了,次要矛盾也就迎刃而解了。

(2)通过分析社会矛盾的存在以把握人类社会历史的发展方向:全面厘清一个历史时期的社会主要矛盾,就能把握这一历史时期的使命,就能把握这一历史时期的发展方向。

9. 历史的偶然性与必然性。

(1)所谓必然性,也称"规律性",是指在事物发生、发展的过程中注定要发生的、人的主观意志无法改变的趋势。必然性是由事物内部的根本矛盾决定的。

(2)偶然性是指在事物联系和发展过程中的直接原因,不可能改变事物发展的总体趋势。

(3)要学会解读历史的偶然性和必然性。偶然造就必然,影响历史发展的必然性都是通过无数的偶然性事件表现出来的。当我们站到某一个历史时刻点上的时候,过去历史的进程和现在的现状似乎都成为了一种历史的必然。必然性在历史发展过程中居于支配地位，对历史进程的发展起着决定性作用，而偶然性对历史发展仅仅起加速或延缓的作用。

备考点拨

1. 利用历史唯物主义观点，梳理中外历史上重大历史现象或历史发展进程。

如：利用生产力与生产关系是人类社会的基本矛盾，理解两次工业革命与资本主义生产关系的调整和创新：第一次工业革命——自由竞争；第二次工业革命——垄断组织；垄断组织间的自由竞争加剧生产力与生产关系之间的矛盾——罗斯福新政。

如：利用阶级斗争理论分析理解战国百家争鸣中的不同思想流派代表不同的阶级利益：法家——新兴地主阶级；孔子、道家——没落的奴隶主阶级；墨家——小生产者、社会下层；孟子、荀子——地主阶级。

再如：利用社会存在决定社会意识的原理，理解宋元明清时期经济对思想文化的影响：商品经济发展——城市发展、市民阶层出现壮大——市民文学、工商皆本、经世致用思想出现等。

2. 唯物史观分析评价历史问题是客观看待历史的一种方法和标准，运用时应注意以下两个方面：

(1)注意审题和多角度看待历史。

①审清题意和解答要求，根据题目的命题角度和解答方向确定运用何种史学观点和理论进行全方位思考。

②平时学习中要多角度思考历史现象，注意常用的辩证唯物史观理论观点，如：社会存在与社会意识的关系、生产力和生产关系的矛盾、经济基础与上层建筑的矛盾、阶级斗争理论、人民群众是历史的创造者等。

③同时还要注意分析评价历史现象的方法，如主客观两方面、一分为二的辩证观点、全面与片面的观点等。

(2)注意防止看待历史问题的几种错误倾向。

①否认人民群众在历史中的创造作用，把个别杰出人物夸大为主宰历史的唯心主义历史观——英雄史观。

②任意夸大阶级斗争的作用，没有从生产力发展角度看待社会发展的进程。

③完全肯定或者完全否定某一历史人物或历史现象，犯了全面论或以偏概全的错误等。

真题例析

1.(2015·新课标全国II卷文综·33)由表3-4可以推知,19世纪70年代到20世纪初(　　)

表3-4　　英、美、法、德工业生产总和在世界工业生产中所占比例

年代	1870	1896～1900	1913
比例	78%	74%	72%

A. 欧美发达国家已经开始盛极而衰　B. 世界各地的工业化有所发展

C. 世界各国工业发展差距明显缩小　D. 世界经济结构发生重大变化

【解析】本题主要考查用辩证和历史的观点来看待世界工业化发展问题。从表3-4可以看出,英、美、法、德工业生产总和在世界工业生产中所占比例虽然是下降的,但幅度不大,仍占据垄断地位,欧美发达国家已经开始盛极而衰与表3-4不符,A项错误;英、美、法、德工业生产总和在世界工业生产中所占比例下降,反映出其他地区的工业生产总和上涨,即世界其他地区的工业化有所发展,故B项正确;从表3-4四国工业生产总和的比例无法得出各国工业发展程度,C项错误;第二次工业革命促进世界经济结构的变化,但与表3-4内容无关,D项错误。

【答案】B

2.(2015·江苏卷历史·23)(15分)生产流水线是美国工业生产组织形式的一种创新。阅读下列材料:

材料一　亨利·福特的创新是用于生产的流水线。放上零件的人不去固定它,放上螺栓的人不用装上螺帽,装上螺帽的人不用去拧紧它。正因为流水线有如此的速度,福特才得以在以后的十年中每年的生产量成倍地增长,并使零售价降低了三分之二。到1914年,路上行驶的每两辆汽车中就有一辆是福特汽车。　——摘编自韦尔奇:《美国创新史》

材料二　流水作业法的普遍采用推动了汽车时代的到来,从而引起了居住方面的革命……汽车的普及推动了一场社会革命,遏制了人口进一步向城市集中,从而使人口得以从饱和的城市向郊区扩散。

——李庆余:《美国现代化道路》

材料三　1921年,喜剧大师卓别林兴冲冲地参观了海蓝公园的福特工厂,并与福特在总装流水线旁微笑合影。当时人们把福特看作一个创造奇迹的大师,但在15年后,他已经成为劳动者的公敌。在《摩登时代》里,卓别

林毫不客气地讽刺了他的这位资本家朋友和残酷的流水线。这部默片时代的经典电影也是迄今为止对大机器生产的非人性批判得最深刻的一部。

——杜君立:《历史的细节》

(1)据材料一并结合所学知识,从工业发展的角度,指出福特“创新”产生的原因,简析其影响。(4分)

(2)据材料二并结合所学知识,分别说明工业革命以来汽车普及前后的人口移动趋势。(2分)

(3)据上述材料并结合所学知识,就“大机器生产的非人性”这一观点,从客观公正的立场写一篇小论文。(9分)(要求:观点明确;史论结合;逻辑严密;表述清晰。280字左右)

【解析】

(1)第一小问“原因”,据材料一“福特的创新是用于生产的流水线”“到1914年,路上行驶的每两辆汽车中就有一辆是福特汽车”,并结合所学第二次工业革命分析,得出大规模工业生产的需要;第二小问“影响”,据材料一“因为流水线有如此的速度”“使零售价降低了三分之二”得出劳动生产率提高,成本降低,据材料一“在以后的十年中每年的生产量成倍地增长”“路上行驶的每两辆汽车中就有一辆是福特汽车”得出产量增加,更多人使用汽车,据材料一“1914年”结合所学分析得出有助于垄断组织产生。

(2)据材料二中“遏制了人口进一步向城市集中”并结合所学工业革命,得出普及前由农村向城市移动(向煤铁生产地区移动),据材料二“使人口得以从饱和的城市向郊区扩散”得出普及后由城市向郊区移动。

(3)结合所学,从大机器生产的人性、非人性或兼而有之等角度论述,注意史论结合,逻辑严密。

据材料一中“十年中每年的生产量成倍地增长,并使零售价降低了三分之二”,据材料二中“推动了汽车时代的到来,从而引起了居住方面的革命”,据材料三中“当时人们把福特看作一个创造奇迹的大师”等得出大机器生产当中的的人性。而据材料三中“15年后,他已经成为劳动者的公敌。在《摩登时代》里,卓别林毫不客气地讽刺了他的这位资本家朋友和残酷的流水线”则得出大机器生产当中的非人性。

【答案】

(1)原因:大规模工业生产的需要。(2分)

影响:劳动生产率提高,成本降低;产量增加,更多人使用汽车;有助于垄断组织产生。(2分)

(2)普及前:由农村向城市移动(向煤铁生产地区移动)。(1 分)

普及后:由城市向郊区移动。(1 分)

(3)略。(9 分)

第八章　多元史观综合运用解读重大历史现象

1. 从多元史观看鸦片战争。

(1)革命史观：它是英国为打开中国市场而发动的侵略战争，使中国开始沦为半殖民地半封建社会。

(2)现代化史观：它客观上瓦解了中国的自然经济，促进了商品经济的发展，推动了中国经济近代化进程。

(3)整体史观：使中国卷入资本主义世界市场，打破了中国闭关锁国局面。

(4)社会史观：鸦片战争后，西式服饰、生活方式等传入中国，冲击了中国传统的社会习俗。

2. 从多元史观看中国近代通商口岸的开放。

(1)革命史观：它是西方列强对华商品输出和资本输出的基地，使中国经济主权受到严重损害，加速了中国半殖民地化进程，是列强殖民侵略的重要标志。

(2)近代化史观：它促进了中国自然经济的解体，是中国近代工业的诞生地和相对集中的地区，推动了经济的现代化。

(3)整体史观：它加强了中国和世界的联系，尽管是被动的，却使中国纳入了资本主义世界殖民体系，是资本主义世界体系的重要组成部分。

(4)文明史观：它是中国了解和学习西方近代工业文明的窗口，最早接受西方民主思想，也是中国农业文明最早开始转向工业文明的地方。

(5)社会史观：它是传统农业文明与近代工业文明最早交汇的地方，在思想观念、礼仪交往、生活习俗等方面都发生了重大变化，产生出相应的社会问题。

3. 多元史观解读洋务派"中体西用"的主张。

(1)近代化史观：打出的"自强"和"求富"旗号，冲击了"重农抑商"的陈腐观念，对中国的工业近代化、国防和军队近代化、教育近代化和外交近代化都起了一定的推动作用，开启了中国的近代化进程。

(2)整体史观：反映了新型的资本主义生产方式和思想观念对落后国家

和地区旧制度、旧思想的冲击，是西方工业文明向全球扩展的表现。

(3)文明史观：反映了封建传统文明与西方工业文明的冲突，以及当时中国人对西方文明既欣赏又排斥的矛盾心态，但毕竟承认了中学之不足，西学之所长，客观上使中国人的价值观由“传统人”开始向“现代人”转变。

(4)革命史观：洋务派出于地主阶级本能，目的在于维护封建的君主专制制度和纲常名教。

4. 不同史观下的辛亥革命。

(1)革命史观：辛亥革命是中国历史上第一次完整意义上的伟大的资产阶级民主革命。孙中山是中国民主主义革命的伟大的先行者。

(2)现代化史观：辛亥革命是一次深刻的现代化运动，它促进了中国政治、经济、思想文化的现代化。孙中山是中国现代化的先驱。

①政治上，推翻了清王朝，结束了中国两千多年的封建君主专制制度，宣告了封建君主专制统治时代的结束，建立了资产阶级共和国，迈出了中国政治从专制向民主转化的重要一步，是政治体制现代化的重大突破。

②经济上，临时政府的经济法令使民族资本主义经济在短短几年内有了显著增长，实业救国成为历史潮流。

③法制上，颁布了资产阶级民主宪法《中华民国临时约法》，确立主权在民、国民的自由权利、三权分立的政治体制、责任内阁制等，具有反对专制制度的进步意义。

④思想上，把西方资本主义学说演化为三民主义，并使人民获得了一些民主和自由的权利，民主共和的观念深入人心。

⑤文化教育上，理性化和科学化有了发展。

⑥社会生活上，自由、平等、友爱的风气兴起。

(3)整体史观：辛亥革命是世界资产阶级革命的组成部分，推动了世界(首先是亚洲)资产阶级革命的发展，中国与世界已紧密地相连。孙中山是中国近代放眼看世界的伟大智者。

(4)文明史观：辛亥革命促进了中国传统文明向现代文明的转变，在政治文明和精神文明中表现得尤为突出。它结束了封建帝制，建立了共和国，是具有重要意义的制度创新，是政治文明的重大成果；民主共和的观念深入人心，社会风俗习惯发生巨大变化，在精神文明建设方面取得巨大成果；它促进民族资本主义进一步发展，物质文明也取得重大成果。总之，辛亥革命是中华文明发展史上的一个重要里程碑。孙中山在中华文明发展史上占有重要地位。

5. 多种史观评价孙中山。

(1)革命史观:他是民主革命的先行者。

(2)现代化(近代化)史观:"他是中国现代化的光辉先驱。"

(3)社会史观:他是移风易俗的倡导者。

(4)全球史观(整体史观):他是有世界影响的政治家和革命家。

6. 近代中国社会生活的变迁体现的多种史观。

(1)现代化史观:既属于中国近代化(现代化)进程的组成部分(生产、生活方式和思想观念的变化),又推动了中国近代化的历史进程。

(2)全球史观:既体现了近代西方工业文明对人们生活和思想观念的深刻影响,又体现了中国近代工业发展、中西方文化碰撞和交汇的特点。

(3)社会史观:从大众衣食住行,风俗礼仪等多方面的时代变迁中,展现出丰富多彩的历史的大众化、生活化,是"所有人的历史"或称为"社会习俗的历史"。

7. 不同史观对"大跃进"和人民公社化运动的不同认识。

(1)整体史观:"大跃进"的一个重要特征,就是要求完成各种各样的高指标,而这些高指标的提出,与毛泽东在莫斯科提出的"十五年赶上并超过英国"的口号有着密切的联系。1957 年,在回应"苏联要 15 年赶超美国"说法时,谈到要让中国在 15 年内赶超英国。毛泽东的期望是通过群众运动等方式,使中国指标性工农业产品在产量上赶超英美发达国家。

(2)唯物史观:"大跃进"和人民公社化运动的主观愿望是希望尽快把我国建设成为社会主义强大国家,但是在盲目求快、急于求成思想的影响下,它忽视了客观经济规律。

(3)生态史观:"大跃进"运动中各地用土办法炼铁、炼钢,毁掉不少山林。在生态环境方面造成了植被覆盖率低,水土流失严重,生态环境恶化。

(4)社会史观:"大跃进"和人民公社化运动是我国探索建设社会主义道路中一次严重失误。期间,高指标、瞎指挥、浮夸风、"共产风"等错误大肆泛滥,工农业生产遭到极大破坏,国民经济比例严重失调,人民生活发生严重困难。

8. 多种史观评价新航路开辟。

(1)整体史观:新航路的开辟打破了各大洲之间的相对孤立状态,使世界日益成为一个相互影响、紧密联系的整体,资本主义世界市场的雏形开始形成。

(2)文明史观:新航路的开辟是新旧两个世界,亚洲、非洲、美洲和欧洲文明的交汇融合。

(3)近代化史观:新航路的开辟使人类活动的舞台由大陆转向海洋,改变了世界各区域文明之间的政治、经济、贸易、文化等联系的规模和性质,是人类社会走向近代化的最初起步。

(4)社会史观:新航路的开辟给西欧社会带来了发展机遇,促进了封建社会向资本主义社会的过渡,是人类历史的一个重大转折点;但是也给非洲黑人、亚洲人民和美洲印第安人带去了殖民灾难。

9. 从不同史观分析两次工业革命的影响。

(1)整体史观:两次工业革命中新型交通和通信工具的发明为世界各地联系的加强提供了物质条件,推动了整体世界的形成和发展。

(2)文明史观:工业革命是人类由农业文明向工业文明转变的转折点。

(3)现代化史观:工业革命推动了全球近代化,带来了政治上的法制化和民主化;经济上的工业化和城市化;思想文化上的科学化;社会生活上的文明化。

(4)社会史观:工业革命带来了严重社会问题;产生了相对贫困化问题(包括童工问题);城市化问题(如伦敦人口剧增);严重的集群性的社会问题;特殊人群(失业者、退休者、残疾人等)的生活保障、医疗健康、教育、住房、社会服务(社会工作)等问题。

(5)生态史观:工业革命虽然推动了社会生产力发展,给人们生活带来了巨大便利,但也造成了环境的恶化和资源的过度消耗,影响了人类的可持续发展。

10. 认识俄国十月社会主义革命不只用革命史观。

(1)革命史观:十月革命是人类历史上第一次取得胜利的社会主义革命,建立了第一个无产阶级领导的社会主义国家。

(2)全球史观:十月革命沉重打击了帝国主义的统治,极大地鼓舞了国际无产阶级革命运动和殖民地半殖民地被压迫民族的解放运动。

(3)近代化史观:十月革命改变了俄国历史的发展方向,开创了社会主义现代化的新模式。

11. 认识罗斯福新政可采用的史观。

(1)现代化史观:罗斯福新政通过国家干预的手段,调整美国的经济模式,缓和了经济危机,探索了资本主义国家现代化的新模式。

(2)整体史观:罗斯福新政标志着资本主义告别了自由放任政策占统治地位的时代,迎来了以国家干预为特征的国家垄断资本主义时代。同时,罗斯福新政、苏俄新经济政策、中国的改革开放反映了社会主义与资本主义的相互借鉴,说明市场和计划都是调节经济的手段。

(3)社会史观:罗斯福通过加强社会救济工作,强化社会保障、加强社会立法等措施有效地解决了经济危机带来的严重社会问题(失业、贫困、流浪等),缓解了社会紧张局势。

(4)生态史观:罗斯福新政减少农业种植面积、修建田纳西水利工程等措施保护了美国的生态环境,保证了可持续发展。

第四单元　高考历史题型解析与分类指导

试题的难易与考试的题型有密切关系。对思维能力要求低的题型，当然容易，相反，则难度就会增加。同样的思维能力要求，熟悉的题型就感觉容易，相反，难度就会增加。高考命题专家，也时常通过调整题型，来控制高考试题的难度。因此，考前对一些重要题型进行热身训练，是确保高考正常发挥的重要环节。

高考历史全国新课标卷，在选择题与非选择题的题型设置上，分设的类别非常多，但是近年来考查比较多的题型相对集中。本单元，我们将着重进行高考历史题型解析，并进行分类指导。

第一章　选择题题型解析与分类指导

选择题一直是高考中最常见的命题方式，在历史高考中，选择题占有相当比例，比如在全国卷高考文科综合历史试题中，选择题共 12 道，计 48 分，占整个历史部分的近 50%；其他各地的一些自主命题中，也占有很大比重，且选择题具有分值大、较容易得分等特点，决定了历史是否能得高分的一个关键点，因此要引起广大师生的关注与重视。

新课标以来，历史高考选择题已一改以往只是教科书原文"搬家"的单一形式，注重了结合历史学科的主干知识创设新情境、新问题，考查学生依据已有的历史知识独立地分析、理解、归纳概括、判断、推理、迁移等多方面的能力，这就使选择题的考查功能囊括了除直接的文字表述外的所有《考试说明》中的学科能力，而成为能全方位多层次考查学生能力的重要题型。

选择题的做题，总体而言要注意，一切从题干出发，紧抓核心词，学会找特殊标志词，善用排除法，把握好时间要素，注意条件限定语（对回答内容的限制），区分运用好多种新史观，慎重修改尤其是非审题因素的修改等是突破历史高考题的关键。

高考历史全国卷选择题题型主要包括下列十类：

文字材料型选择题（含史料主旨型选择题、文字材料情境型选择题、文字材料论证分析型选择题等三类）、图表型选择题（含图片类材料选择题、漫画类材料选择题、地图类材料选择题、表格数据类材料选择题等四类）、逆向型（又称"否定型"）选择题、历史概念型选择题、因果关系型选择题、比较型选择题、探究型选择题、组合型选择题、史观史研型选择题、评价型选择题。

第一节　文字材料型选择题

【题型解读】材料型选择题是材料解析题的客观答法。材料式的选择题，其形式一般多是在题干中提供一则或数则材料，要求考生在读懂材料的基础上，透过材料发现其背后的历史事实，按照题干的指向和要求，找出正确选项。备选项为对材料的判断和解释，要求考生对备选项中的解释是否与材料所提供的有效信息相一致作出判断。

此类题主要是考查考生的材料处理和历史阐释两大能力。由于近几年来历史学科试题特点主要是："选材于现实问题和重大问题，结合学科的主干设置新情景、新问题，强调理论联系实际，还将提供数据、图表等信息让考生进行分析判断，以考查学生运用基础知识和利用信息分析、解决实际问题的能力。"材料型选择题的特点正好与试题特点吻合，所以此类题型将会是考试的重点、重头戏。

此类题型解题时要注意：

首先要"三审"题干，明确题目要求：一审限制词——明确考查的范围；二审中心词——明确考查的内涵、外延；三审关键词——明确考查的意图。

答题时一般采用信息推断法：读懂材料，提取有效信息，由表及里，去伪存真，结合教材知识迁移分析。要注意关注细节：有时材料太长，观点隐藏在后半部分，需要完整阅读；有时设问为否定式，需要标记设问关键词；常见的名词在材料中有特定含义；注意材料中的时空限制和材料出处。

思考过程中要"三辨"备选项，以确定最后答案：一辨是否符合历史史实；二辨是否符合题干内容；三辨是否与题干要求有必然的逻辑联系。

此类题型一般又分为三种：史料主旨型选择题、文字材料情境型选择题、文字材料论证分析型(结论型)选择题。

一、史料主旨型选择题

【命题特点】史料主旨类选择题是以历史典籍碑刻类(如经典著作、历史文献、地方史志、名人文集或名言、报纸杂志、铭文碑刻等)、文学作品类(如诗歌、小说、剧本、楹联、歌谣)以及最新的考古发现报告等截取的文字材料作为载体而设计的考题，具有史料来源广、原始性强、命题思路新、考查能力强、历史主旨鲜明的特点。

一般此题型的结构特点有两种形式：一是在题干上引入史料创设新情境，并根据材料配置备选项；二是在题干中设置历史概念、历史事实、历史结论、阶段特征等观点，在备选项中设置材料，要求学生根据史料的内容和题干的要求进行甄别判断。

【高考例析】

1.(2015·新课标全国Ⅰ卷文综·34)1935年8月，美国国会通过法案，其中规定凡是满65岁的退休人员，根据原工资水平每月可获得一定数额的养老金，与该规定属于同一法案的是( )

A. 制定公平经营章程

B. 建立失业保险制度

C. 提供农副产品补贴

D. 规定最低工资水平

【解析】本题考查罗斯福新政。由材料信息“年满65岁的退休人员，每月可获得一定数量的养老金”可知，这体现的是罗斯福新政中的社会保障内容，结合所学知识可知建立失业保险制度属于社会保障，所以本题正确答案为B项。A项是规范工业生产，C项是调整农业生产，D项是调整劳资关系，故均可以排除。

【答案】B

2.（2015·新课标全国Ⅰ卷文综·29）《申报》“时评”栏目曾评述说：“今之时局，略似春秋战国时之分裂。中央政府之对于各省，犹东周之对于诸侯也，南北相攻，皖直交斗，滇蜀不靖，犹如诸侯相侵伐也。”这一时局出现在（　）

A. 太平天国运动时期　　B. 义和团运动时期

C. 辛亥革命时期　　D. 北洋军阀统治时期

【解析】本题考查北洋军阀统治时期的时代特征。材料中“皖直交斗”的关键信息说明了当时皖系军阀和直系军阀正在混战，结合所学知识可知，这应该是北洋军阀统治时期，所以本题正确答案为D项。依据材料和所学知识可知，A项“太平天国运动时期”、B项“义和团运动时期”和C项“辛亥革命时期”均不符合材料信息。

【答案】D

【技巧点拨】解答一般运用“读、找、联、析”四步法解答。所谓“读”就是阅读题干文字史料，明确题目立意及考查的角度，解读史料信息及反映的主旨内涵；“找”是确定解答的关键词，即求答项，明确求答的方向；“联”是根据解读史料，确定题目考查的主干考点，关联所学知识，分析思考史料有效信息；“析”是据题干信息，迁移历史知识和结论，分析备选项是否符合题干史料和题意要求，最后确定出符合题意的答案。

二、文字材料情境型选择题

【命题特点】文字材料情境型选择题一般是依托教材主干知识或重要历史现象，运用文字材料叙述历史现象或历史结论，题干或选项中引入教材以外的史实，创设新的问题情境，要求考生据所学知识加以分析判断，然后得出历史结论或者论证历史现象的题目。这类题目具有情境新、结论新的特点。

【高考例析】

1.(2015·新课标全国Ⅰ卷文综·30)1933年到1937年上半年,国民政府军属委员会先后统筹完成了江宁、镇江、虎门、马尾、连云港等重要塞区的建设,又大规模地构筑了京沪、沪杭、豫北、晋北、绥东等侧重于城市和交通线防御的工事。它反映了国民政府(　　)

A. 力图防范各地兴起的反蒋运动

B. 对日持久防御作战的战略意图

C. 全力“围剿”红军的企图

D. 试图削弱各地军阀的实力

【解析】本题考查国民政府抗战准备。材料体现了国民政府在1933～1937年,在沿海战略要地和重要城市以及交通线布置防御工事。结合所学知识可知,此时中日民族矛盾日益上升,从防范的地理方向来看,不是针对各地兴起的反蒋运动和红军,也体现不出“削弱各地军阀”的意图。这实质上反映出国民政府针对日本作出持久作战的战略意图,所以本题答案为B项。

【答案】B

2.(2015·新课标全国II卷文综·25)汉宣帝曾称:“与朕共治天下者,其唯良二千石(郡太守)乎!”后来帝王反复重申上述观念。这主要体现了(　　)

A. 地方吏治是国家安定的重要因素

B. 中央集权与地方分权之间的矛盾

C. 汉代地方行政制度为后代所沿用

D. 历代帝王将汉宣帝作为治国榜样

【解析】从材料可知汉宣帝强调的是天子与称职郡守能维护天下稳定,后被历代帝王重申,可知古代重视地方官吏的管理,故A项正确;材料中没有体现出中央和地方权力关系的变化,故B项错误;“良二千石(郡太守)”意思是称职的郡守,后来帝王采用的是维护官吏清廉的观念,而不是采用汉代的地方行政制度,故C项错误;D项与“后来的帝王反复重申上述观念”不符,故D项错误。

【答案】A

【技巧点拨】解答此类题与文字史料型选择题相似,但又有极大的不同。文字史料选择题多是紧扣史料的主旨信息,理解史料蕴含的观点或者历史结论，而文字材料情境型选择题是理解题干材料，判断其反映的历史现象或结论，材料只是试题的依托。一般运用读、联、析三步法解答。

(1)读：通过阅读题干，搞清楚材料情境的内容及相关的人物或事件，理解材料所述情境的历史时代或历史现象，确定历史现象所涉及的历史背景。

(2)联：根据题干情境，关联相关历史现象或历史阶段特征，回忆所学的历史现象的本质及历史发展规律进行思考。

(3)析：在判断和关联历史知识的基础上，分析各备选项的内涵及其与题干情境的关系，运用历史本质、历史发展规律的相关知识，进行判断和选择。

三、文字材料论证分析型选择题(结论型选择题)

【命题特点】文字材料论证分析型选择题(结论型选择题)一般是指运用史料文献、图表等材料创设新颖的历史情境，以此为依托，设计考查角度分析论证历史现象或历史问题，主要考查考生的“获取和解读信息、调动和运用知识、描述和阐释事物、论证和探讨问题”的学科能力，具有创新性、情境性、综合性、开放性、时代性的特点。

这类题型有两种形式：一是题干一般为教材中未出现的历史结论，选项为所学史实，需要判断论证史实是否符合题干结论；二是题干为简略的历史事件或历史现象，备选项是依据这些历史事件或历史现象得出的结论，需要分析判断选项的结论是否符合题干反映的信息。

【高考例析】

1.(2015·新课标全国Ⅰ卷文综·24)《吕氏春秋·上农》在描述农耕之利时不无夸张地说：一个农夫耕种肥沃的土地可以养活九口人，耕种一般的土地也能养活五口人。战国时期农业收益的增加(　　)

A. 导致畜力与铁制农具的使用

B. 抑制了手工业和商业的发展

C. 促进了个体小农经济的形成

D. 阻碍了大土地所有制的成长

【解析】材料信息强调一个农夫“耕种肥沃的土地可以养活九口人”“耕种一般的土地也能养活五口人”，这实质上是在肯定小农经济对农耕的促进作用，因此农业收益的增加进一步促进了个体小农经济的形成，C项正确。春秋末年，铁犁和牛耕的出现，有利于生产力的提高，A项表述与材料因果关系颠倒。农业收益的增加有利于手工业和商业的发展，且材料未体现出战国时期农业抑制了手工业和商业的发展，B项错误。小农经济规模小且脆弱，再加之土地私有易导致土地兼并，从而有利于大土地所有制的增长，D项错误。

【答案】C

2.（2015·新课标全国II卷文综·27）明成祖朱棣认为，北京“山川形胜，足以控四夷，制天下”，将都城从南京迁至北京。这一举措客观上（　）

A. 推动了国家政治统一进程

B. 促进了跨区域贸易的繁荣

C. 抑制了区域性商帮的形成

D. 改变了南北经济文化格局

【解析】从北京“山川形胜，足以控四夷，制天下”可知明成祖定都北京目的是促进国家统一，A项是明成祖的主观目的，不是客观影响，故A项错误；中国古代实行重农抑商政策，因而促进跨区域贸易繁荣不是明成祖的主观想法，属于定都北京带来的客观影响，故B项正确；商帮是明清时期形成的，没有因定都北京而发展受到限制，故C项错误；南北经济文化格局的改变是随着经济重心南移而形成的，经济重心南移在南宋时期完成，与材料时间不符，故D项错误。

【答案】B

【技巧点拨】此类试题的解答一般可分为三步进行：

(1)通过对题干历史结论或史实的理解，联系迁移所学知识进行分析。

(2)通读题干，分清楚历史结论或史实的时代背景，迁移相关的人物或事件进行分析判断。

(3)分析各备选项的内涵及其与题干的关系，找出符合题目要求的选项。

解答这类题目一般采取以下两种方法，此外还有史实支撑法、概念分析法等。

(1)史论结合分析法。应用于以具体的历史事件设计的命题，如某重大事件的主要目的、根本原因、客观原因、主观原因、重大影响等，根据试题的内容，联系辩证唯物主义和历史唯物主义基本原理进行分析，通过将具体的史实同基本理论相结合进行分析从而确定最佳选项，即用理论解决实际问题。

(2)具体特征分析法。应用于考查基本历史理论的命题，或者某一阶段、历史时期社会特征的命题，在做题时要联系具体的历史事件和现象进行针对性的分析，得出能体现历史发展趋势的规律性内容，即用史实证明结论。

第二节　图表型选择题

【题型解读】历史图表题是以图片、表格和历史地图等作为载体，借助于具体图表所蕴含的历史信息，考查学生对图表的材料处理能力、判断分析和透过现象看本质的能力及灵活迁移所学知识的能力而命制的一种重要题型，具有试题新颖直观；内涵丰富，信息含量大；形象理解与抽象思维巧妙地结合等特点。近几年高考大量将图表作为材料引入试题，扩大了历史资料来源，活跃了命题的形式。

解答本类题型的基本思路是：

第一步，要仔细读图表，对图表要"三看"：一看图表所反映的时间、空间，界定答题范围；二看图表反映的问题实质，确定答题方向；三看图表的关键信息，尤其是一些关键的图标、数字信息，明确内涵和外延。

第二步，要高度关注提示语，提示语是指题干中的限定词和答题要求等，图表类题目中的提示语是解题的关键，很大程度上也是最终答案的组成部分。

第三步，捕捉图表中潜在的动态信息，即读出图表中所蕴含的变化、态势等。

第四步，联系所学知识，利用阶段特征，分析图表信息的真实性、有效性，最后综合判断，得出答案。

此类试题一般又分为四种：图片类材料选择题、漫画类材料选择题、地图类材料选择题、表格数据类材料选择题。

一、图片类材料选择题

【命题特点】图片类材料选择题以历史文物、人物、事件的历史图片为依托，综合考查多项能力，既有图片的处理能力，也有原因分析的历史阐释的能力，对考生认识历史发展特征和逻辑推理能力也有较高的要求。

【高考例析】

1.（2015·天津卷文综·7）图4-1为美国特种部队游骑兵75团的徽章。徽章下方有国民革命军"青天白日"图案和"缅甸之星"标志，这一设计最能体现的史实是（　　）

图4-1

A. 美国支持国民党军队打内战

B. 美国多次发动侵略战争

C. 二战期间中美合作抗日

D. 中国远征军入缅作战

【解析】本题考查对图片材料的综合分析。由图片“GO YEARS OF ‘LEADING THE WAY’”“WORLD WAY”内容可知该图片内容涉及到第二次世界大战(1939～1945 年)，美国支持国民党军队打内战(1946～1949年)与此题时间不符，故 A 项错误；此题与美国发动侵略战争无关，故 B 项错误；从美国特种兵徽章下方有国民革命军“青天白日”图案和“缅甸之星”标志可知二战期间中美合作抗日，故 C 项正确；中国远征军入缅作战体现了中国和缅甸，但是没有体现美国，故 D 项错误。

【答案】C

2. (2015·北京卷文综·19)图 4-2 是四幅新中国不同时期的宣传画。按画中主题体现的时间先后顺序，排列正确的是( )

图 4-2

①豪情满怀迎跃进　②女民兵与样板戏

③第一部宪法颁布　④欢庆香港回归

A. ①②③④　　B. ②③①④　　C. ③①②④　　D. ④②③①

【解析】①“豪情满怀迎跃进”，“大跃进”发生于 1958 年；②“样板戏”出现于“文革”时期，即 1966～1976 年；③第一部宪法颁布是 1954 年；④香港回归发生于 1997 年，据时间排序，选择 C 项符合题意。

【答案】C

【技巧点拨】解答这类选择题，对图片要“三看”：一看图片的时间、空间，界定答题范围；二看图片反映的问题实质，确定答题方向；三看图片的关键信息，明确内涵外延。对被选项要“三思”：一要思考每一个被选项是否符合历史事实，排除不符合图片反映史实的选项；二要思考是否符合题干要求，排除不符合题干要求的选项；三要思考是否与题干有必然逻辑联系，排除与题干无关紧要的选项。

二、漫画类材料选择题

【命题特点】漫画类材料选择题多以反映历史事件或现象的漫画等为依托，综合考查学生判读图片、提取信息和阐释历史的能力。该类试题新颖直观；内涵丰富、信息含量大；形象理解与抽象思维巧妙地结合等特点，主要考查学生获取漫画蕴含的历史信息、判断分析和透过现象看本质的能力。

【高考例析】

1.（2015·福建卷文综·20）图 4-3 是有关美国邦联政府、议会与州关系的一组漫画。该组漫画反映了（　　）

图 4-3

A. 邦联政府拥有征税权与财政权

B. 邦联议会须扩大法定权力

C. 邦联政府各项活动须听命于各州

D. 邦联议会财政支出须各州批准

【解析】邦联政府实际上是一个松散的各州联合体，没有一个主权国家应有的宣战、媾和、签约、发行货币、借债、征兵和征税等权力，故 A 项错误；从第三幅图可以看出，邦联议会须扩大法定权力，故 B 项正确；从前两幅图可以看出，邦联政府各项活动须得到各州的支持，不是听命于各州，故 C 项错误；邦联议会是各州的一个协调机关，其财政支出须各州批准说法不正确，故 D 项错误。

【答案】B

2.（2015·新课标全国Ⅰ卷文综·32）图 4-4为古罗马正义女神像。它体现了罗马法的诸多原则，如高擎的秤体现的是裁量公平，手握利剑体现的是法律的强制力。据此，双眼蒙布所体现的原则是，法官审案应（　　）

图 4-4

A. 主要依据道德良知

B. 侧重听取证人证言

C. 不受表象迷惑洞察事实真相

D. 排除一切干扰遵从民众意愿

【解析】本题考查古代罗马法的司法公平原则。双眼蒙布所体现的是司法公正的原则。法官审案主要依据法律判断，而非道德良知，故 A 项错误；法官审案侧重听取证人证言或遵从民众意愿，不能保证司法公正，故 B、D 项错误；正义女神双眼蒙布体现出，法官在审案时要抵御各种利益或情感的诱惑，以洞察事实真相，来作出公正的判决，故 C 项正确。

【答案】C

【技巧点拨】解答这类选择题，首先要具备丰富的历史知识和想象能力；其次要具有较强的观察与分析辨别能力，要准确理解漫画蕴含的信息，确定时代及主题寓意，并在此基础上深刻理解漫画的哲理和喻义。

对备选选项要“三判”：

一是判定每一个备选项是否符合所反映的史实，排除与之相悖的选项；

二是判定各备选项是否符合题干要求，排除与题干要求不符的选项；

三是判定各备选项是否与题干有必然的逻辑联系，排除与题干无关的选项。

三、地图类材料选择题

【命题特点】地图类材料选择题是将题干中的历史地图作为重要的命题材料，并依据历史地图提供的主题信息而设计的一种题型。由于历史地图展示了过去人们的活动空间、进程和特征，包含了丰富的历史信息，故具有考查学生空间想象、读图获取历史信息，形成历史多层次、全方位的联系的能力。

它主要包括战争形势图、布局图、疆域图、交通路线图、经济分布图等。

【高考例析】

1.（2015 · 四川卷文综 · 12）图 4-5 是 20 世纪 50 年代朝鲜半岛形势图。该图可以反映出（　　）

A. 冷战格局的扩展

图 4-5

B. 马歇尔计划的实施

C. 美苏的直接对抗

D. 联合国势力的扩张

【解析】题干中的 20 世纪 50 年代朝鲜半岛形势图显示的朝鲜战争的情况，朝鲜战争是第二次世界大战后以美苏冷战为背景的第一次局部战争，是冷战格局的扩展，故 A 项正确；马歇尔计划援助欧洲经济复苏的经济措施，与朝鲜战争无关，故 B 项错误；在朝鲜战争中苏联并没有直接参战，故 C 项错误；朝鲜战争与联合国势力的扩张之间没有联系，故 D 项错误。

【答案】A

2.（2015 · 江苏卷文综 · 9）图 4-6 中带★处反映了 20 世纪初期某类组织的分布状况。它们的历史作用是（　）

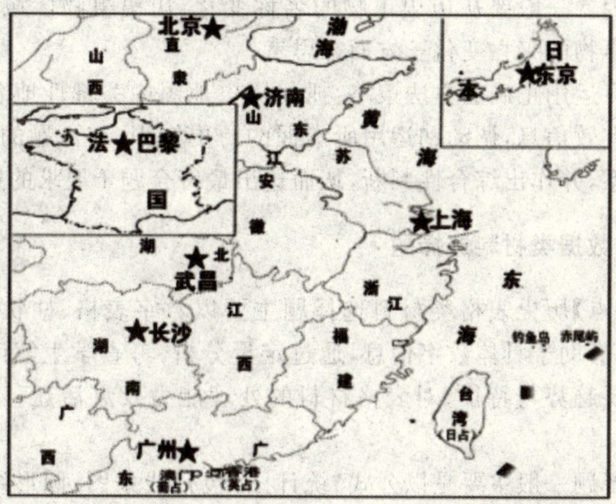

图 4-6

A. 促成了资产阶级革命政党建立

B. 奠定了中国共产党成立的基础

C. 推动了新文化运动的深入发展

D. 掀起了国民革命运动的高潮

【解析】1894 年，孙中山在檀香山建立中国第一个资产阶级民主革命团体兴中会，随后民主革命团体纷纷出现，1905 年，孙中山等在日本东京组建了资产阶级革命政党中国同盟会，但图中未涉及檀香山，与“20 世纪初期”也不尽相符，故 A 项错误；图中带★处与共产主义小组的分布一致，以此为组织基础，1921 年中国共产党第一次全国代表大会在上海召开，故 B 项正确；

1915 年，陈独秀揭开了新文化运动的序幕，《新青年》成为新文化运动的主要阵地，北大成为新文化运动的主要活动基地，而 1919 年五四运动大大促进了马克思主义的传播，马克思主义开始指导中同革命，并建立了中国共产党早期组织，时间顺序不对，故 C 项错误；1923 年中国共产党第三次全国代表大会通过中国共产党与中国国民党合作的决定，1924 年召开有共产党员参加的中国国民党第一次全国代表大会，这标志着国共两党合作形成，国民革命运动高潮迅速到来，图片反映了中国共产党成立前的早期组织，时序不对，故 D 项错误。

【答案】B

【技巧点拨】解答此类型选择题要注意两点：

一是要通过对图中自然地理名称、政治地理名称及变化，经济和政治地理区域范围及变化等所反映的信息来判定该图所反映的历史事物、历史特征或形成原因。一般要从历史事物的名称变化、历史事物区域范围的变化和新旧历史事物的兴亡变化三方面来思考。

二是注意运用正确的方法策略：抓住历史地图中关键性地名、国家和区域分界线等有效信息，调动和运用所掌握的历史知识，与试题的相关信息建立有效的联系，并作出综合性判断，从而选出最符合题干要求的选项。

四、表格数据类材料选择题

【命题特点】历史表格类材料选择题主要以数字表格、柱状图及坐标曲线等为载体，借助于具体数字信息，通过定量分析，考查学生解读图表信息、把握历史发展趋势与特征、对表格材料的处理能力及灵活迁移所学知识的能力。

这类选择题一般主要是以公式、统计图，包括线条图、圆形结构图、各种柱状图、函数图像图、动态曲线图等多种形式为载体，尤以政治、经济史命题较多。

【高考例析】

1.（2015·新课标全国Ⅰ卷文综·27）表 4-1 呈现变化反映了（　　）

表 4-1　　河南、江苏两地科举考试状元人数

	唐	宋	明	清
河南	15	16	2	1
江苏	7	8	17	49

A. 理学的影响力不断扩大　　B. 经济发展促进文化兴盛
C. 中原地区经济急剧衰退　　D. 政治重心南移趋势明显

【解析】本题主要考查古代中国的经济与文化的关系。材料反映了从唐朝到清朝河南地区的状元人数越来越少，而江苏的状元人数越来越多，这说明自唐代以来随着经济重心的南移，文化重心随之发生南移，故B项正确。理学兴起于河南，故A项错误；中原地区经济发展速度落后于南方，但并没有急剧衰退，故C项错误；从唐宋至明清时期，政治重心逐渐北移，故D项错误。

【答案】B

2.（2015·海南卷历史·11）表4-2为1800～1900年欧洲和中国在世界制造业产量中所占份额（%）。据此可知（　）

表 4-2

地区＼年份	1800	1830	1860	1880	1900
欧洲	28.0	34.1	53.6	62.0	63.0
中国	33.3	29.8	19.7	12.5	6.2

A. 传统手工业在中国越来越占据优势
B. 中国所占份额减少缘于制造业衰退
C. 工厂的出现加速了欧洲工业化发展
D. 工业化是欧洲超越中国的主要原因

【解析】随着列强的侵略，中国的小农经济开始解体，因此传统手工业在中国越来越占据优势的说法不符合史实，故A项错误；中国所占份额减少主要在于欧洲工业革命后，制造业迅速发展，而非中国制造业衰退，故B项错误；工厂的出现是工业化发展的表现，不是推动欧洲工业化发展的原因，故C项错误；从材料中可以看出1800～1900年欧洲和中国在世界制造业产量中所占份额欧洲明显多于中国，这主要是因为欧洲完成了工业革命，故D项正确。

【答案】D

【技巧点拨】在解答本题型时，要按照以下四步来进行：

第一步，要仔细读表格，对表格要"三看"：一看表格所反映的时间、空间，界定大体范围；二看表格反映的问题实质，确定答题方向；三看表格的关键信息，尤其是一些关键的数字信息，要特别注意围绕数据而展开的描述性的语言、时间变化与数据变化的关系、数据变化的特征与原因等。

第二步，要高度关注提示语，包括题目和出处当中的提示语、题干中的限定词和具体的答题要求等，这是解题的关键，很大程度上也是最终答案的组成部分。

第三步，捕捉表格中潜在的动态信息，即读出表格中所蕴含的变化、态势等。

第四步，联系所学知识，利用阶段特征，分析信息的真实性、有效性，最终综合判断，得出答案。

同时还要注意两点：

一要注意数据表格图形式的不同，不同图表有其特定的技术要求和特点，适合不同的内容，有不同的优势，在提取信息时应根据其特点有针对性地提取信息。

二要注意反映不同历史内容的数据表格图，如政治、经济、思想文化等类型。

第三节　逆向(否定)型选择题

【题型解读】逆向型选择题，又叫“否定型选择题”，要求选出不正确的选项。所以要特别注意逆向思维。

解答此类题的基本思路往往是采用逆推法，即根据题意，首先找出与题目要求不相符的三个备选项，剩下的备选项就是符合题目要求的答案。当然，也可用正向思维法或排除法。

【命题特点】题干部分往往采用否定式的提示或限制，题干中常用的提示语有“不是”“不正确”“不包括”“错误的”“无关的”“不属于”等，主要是通过考生在考试中的思维惯性来设置答题陷阱来考查考生的仔细审题能力和细致阅读能力、准确理解历史的思维品质等。

【高考例析】

1.(2015·江苏卷文综·3)景帝时，司马相如的赋没有引起天子注意。武帝时，“相如既奏大人之颂，天子大悦，飘飘有凌云之气，似游天地之间”“言语侍从之臣……朝夕论思，日月献纳”。成帝时，奏御者千有余篇。由此，对赋的理解不正确的是(　　)

A. 契合时代的文化需求　　B. 为统治者“润色鸿业”

C. 宣扬道家的无为思想　　D. 为阅读者“铺陈气势”

【解析】西汉司马相如是汉赋的代表人物，汉赋辞藻华丽，手法夸张，表现出大一统时代恢弘的文化气度，与“武帝时”相符，故A项正确，不符合题意;"武帝时……相如既奏大人之颂,天子大悦""侍从之臣……朝夕论思,日月献纳""成帝时,奏御者千有余篇",表明为统治者服务,故B项正确,不符合题意;"武帝时"加强中央集权,已改变道家的无为思想为积极有为,故C项错误,符合题意;赋多用铺陈叙事的手法,故D项正确,不符合题意。

【答案】C

2.(2015·浙江卷文综·14)下列选项不能体现宗法制及其影响的是(　　)

A."封建亲戚,以蕃屏周"

B."谱牒不立,则传久而失宗"

C."父死子继,兄终弟及"

D."内举不避亲,外举不避仇"

【解析】"封建亲戚,以蕃屏周"体现是分封制,分封制与宗法制互为表里,故A项正确,不符合题意;"谱牒不立,则传久而失宗"体现家谱在家族传承中的作用,故B现正确,不符合题意;"父死子继,兄终弟及"体现是宗法制中世袭的特点,故C项正确,不符合题意;"内举不避亲,外举不避仇"说明不依靠亲族关系来选官,体现不出宗法制影响,故D项错误,符合题意。

【答案】D

【技巧点拨】

(1)抓题干关键词:解答该类试题的关键是要抓住题干中的否定词,这些词语的设置有的比较明显,如"不正确的""错误的""不可能发生的"等;注意"错误的就是符合题意的答案"这一原则来确定出最后的答案。

(2)运用解答的主要方法:

①排除法:通过排除符合史实和历史逻辑关系的选项得出符合题意的选项。

②直选法:根据自己对历史史实、历史结论的准确理解和认识,直接确定符合题意的选项。

③推理法:题目略有难度,暂不能确定某个选项的正误时,假定某一选项正确,然后根据历史史实、结论与历史逻辑关系进行按照历史推理,得出正确答案。

第四节　历史概念型选择题

【题型解读】概念型选择题主要依据基本历史概念来命题,是对历史基本概念进行阐释的选择题，主要考查学生对历史概念的再认再现和理解阐释能力，要求学生对历史概念，尤其是概念的内涵与外延进行准确理解，并对其内在规律和本质属性进行准确把握。

历史概念是根据历史背景、存在的表现和产生的影响三部分概括而形成的。由于历史概念是史实的抽象和概括，它上承史实，下联规律，反映着错综复杂的历史发展过程，因此，它既能考查知识水平的高低，又能考查出考生学科能力的强弱，所以高度重视对历史概念的考查是近几年来高考的突出特点。

学习时要准确地理解和把握历史概念，要注意按照历史概念的结构要素(背景要素，内涵要素，评价要素)对教材内容进行阅读分析。结构化的知识容易抗拒遗忘，便于迁移且能够有效地提高分析问题、解决问题的能力。

【命题特点】在题干中大多提出一个基本概念，选项多是对这一概念的阐释或解释，正确选项多是立足于对历史概念内在规律和本质的把握。题干中常见提示语有“内容是”“标志是”“性质是”“特点是”“最准确的理解是”等。命题多数会在选项表述上采用混淆手法，或偷梁换柱，或以偏概全，或以末代本、因果倒置等。这类题目考查形式主要有三种：

一是题干概念类，即题干提供一个概念，选项提供与概念相关的四个阐释，要求从中找出一个最符合题干概念的阐释；

二是选项概念类，即题干提供某种现象的阐释，选项提供四个概念，要求从中找出符合题干阐释的概念；

三是隐形概念类，即题干和选项均不出现概念，但解题时要用到历史概念，在做题时多采用逻辑推理法，即结合相关的知识结论来判断选项是否符合题意。

【高考例析】

1.(2015·新课标全国Ⅰ卷文综·33)18世纪中叶，一位英国内阁成员在议会发言中说：“诸位都知道，媾和与开战的权力是由国王掌握的……我们的宪法始终表明，国王在决定和平与战争时有权力让议会参与，也有权力不让议会参与。没有哪位明智的国王真的会冒险不让议会参与。”表明在当时英国(　　)

A. 光荣革命成果受到侵蚀　　B. 立宪政体未能阻止国王专权

C. 内阁依旧为国王所控射　　D. 国王仍旧保留某些名义权力

【解析】本题考查英国的君主立宪制。材料信息体现的是18世纪中叶时英国国王还掌握媾和与开战的权力，但是“没有哪位明智的国王真的会冒险不让议会参与”，也就是说国王必须要让议会参加才能行使媾和与开战的权力。本题表明的现象是当时英国国王仍旧保留某些权力，但是必须让议会参加才能行使，实质上说明了在君主立宪制下，国王成为“统而不治”的“虚君”。所以本题正确答案为D项。由材料信息可知，光荣革命的成果并没有受到侵蚀，故A项错误；材料信息没有体现出国王专权，故B项错误；此时责任内阁制已经形成，国王不能控制内阁，故C项不符合史实。

【答案】D

2.(2015·新课标全国II卷文综·28)奕䜣力倡洋务，又因在兄弟中排行第六，被称为“鬼子六”；洋务派官员丁日昌被称为“丁鬼奴”；郭嵩焘在一片冷嘲热讽中出任第一任驻英公使。这反映了(　　)

A. 洋务运动与传统的观念发生冲突

B. 崇洋媚外行为遭到社会鄙视

C. 洋务派改器物不改制度受到批判

D. 西方列强侵略激起国人抵制

【解析】本题考查对洋务运动的理解。材料反映的是当时的国人对倡导洋务或与洋务有关的人和事件持轻视反对态度，体现出传统观念对外来事物的排斥，故A项正确；倡导洋务和出使国外不是崇洋媚外的行为，故B项错误；材料中没有体现洋务运动只学器物，不学制度而受到批判，故C项错误；国人抵制洋务不是因受外国侵略而产生的爱国情感，而是对外来文明的抵触，故D项错误。

【答案】A

【技巧点拨】在解答概念选择题时，要注意在准确把握历史概念内涵和外延的基础上，对概念进行定量和定性的分析。

所谓定量分析，就是对历史概念的时间、空间位置、适用范围等在量度上的界定。

所谓定性分析，就是对历史概念的性质、本质等属性上的界定，进而在对历史概念进行定性定量的分析识记后，灵活自如地应对概念选择题的考查。

做题时往往需要根据考查角度运用以下方法综合解答。

(1)背景法。根据对题干概念的准确理解，联系教材相关知识背景，直接选取合适的答案。此方法对考生能力要求较高，适用于对概念牢固掌握的同学。

(2)等级法。概念的内涵和外延根据其概括的范围存在着明显的等级性，根据概念等级作为推理依据，凡在等级上高于或低于考查概念的选项都可排除。

(3)定性法。根据概念的内涵进行定性分析，凡是与题干概念性质不同的选项就淘汰，如：题干提供的经济方面的概念，而某选项的阐释却是政治方面的内容，明显可以排除。

(4)定量法。根据概念的外延进行定量分析，如：题干概念的外延只适用于中国，那么关于对世界历史叙述的选项就可以淘汰。

(5)理论法。理论概念往往联系着唯物史观、辩证法的基本观点和方法，比如生产力与生产关系、经济基础与上层建筑的辩证关系原理、阶级分析方法等，这些基本观点和方法往往可以作为解答概念型选择题的基本方法。

(6)推理法。推断四个选项间的逻辑关系，选取最广泛的或最深刻的选项。

第五节　因果关系型选择题

【题型解读】因果关系型选择题主要考查历史事件和历史现象的原因和结果，主要考查学生分析理解、演绎推理、归类概括、类比提炼等学科能力。

这种题型往往是根据材料将历史事件中存在着的各种不同因素(原因、条件、结果等)列出，要求考生根据题目指向要求(根本的、直接的、主要的、次要的、主观的、客观的等)找出与上述因素相对应的背景、原因、目的、结果。

【命题特点】此类题的基本结构大致有两种表现形式：

一种是题干列出了某一历史结果，备选项中列出原因，在试题中常出现的标志性词语有“原因是”“目的”“是为了”“是因为”等，而在考查原因时又多进行细化，如考查“根本原因”“直接原因”“历史原因”“主观原因”等。

另一种是题干列出的是历史原因，备选项列出的是结果，在试题中常出现的标志性词语有“影响”“结果”等。

【高考例析】

1.(2015·新课标全国Ⅰ卷文综·25)两汉时期，皇帝的舅舅、外祖父按例封侯；若皇帝幼小，执政大臣也主要从他们之中选择。这被当时人视为“安宗庙，重社稷”的“汉家之制”。汉代出现外戚干政的背景是(　　)

A. 皇帝依靠外戚抑制相权　　B.“家天下”观念根深蒂固

C. 母族亲属关系受到重视　　D. 刘氏同姓诸侯王势力强大

【解析】本题主要考查汉代政治制度。据材料信息可知，年幼的皇帝往往封外戚(舅舅、外祖父)为列侯，用他们来辅政，以达到加强皇权的目的，这正说明了皇帝的母亲亲属关系受到重视，故C符合题意。材料“执政大臣也主要从他们之中选择”，表明外戚也可能掌握相权，但并未说明重用外戚是为了抑制相权，故A项错误；“家天下”观念强调的父系血缘关系，反对外戚干政，故B项错误；刘氏同姓诸侯王反映的是父系血缘关系，与外戚干政无关，故D项错误。

【答案】C

2.(2015·新课标全国Ⅰ卷文综·35)世界银行在1968年的贷款项目为62个，贷款总额为9.5亿美元；1981年贷款项目为266个，贷款总额为124亿美元。出现这一变化是因为(　　)

A. 新兴独立国家大量增加　　B. 各国关税税率明显降低

C. 美国西欧经济实力下降　　D. 世界贸易组织大力推动

【解析】本题考查世界银行的职能。结合所学知识可知，世界银行的职能之一是为发展中国家提供贷款或帮助，所以本题正确答案为A项。依据所学知识可知，“各国关税税率明显降低”得益于关贸总协定，故B项与世界银行无关；经历“滞涨”后，20世纪80年代美欧经济开始复苏，特别是欧共体推动了西欧经济快速发展，故C项错误；而世界贸易组织成立于1995年，因此D项错误。

【答案】A

【技巧点拨】解答因果关系型选择题时需注意如下几点：

(1)要正确理解有关概念的含义，区别客观原因和主观原因、主要原因及次要原因、直接原因及间接原因、历史原因及根本原因等。

(2)要注意历史事件间的内在联系，全面分析和把握影响历史发展的因素。

(3)做题时要准确把握题干与选项间的逻辑关系，弄清二者谁是因谁是果，并联系教材，注意区别根本原因和直接原因、主观原因和客观原因、内因和外因、主要原因和次要原因、历史原因和现实原因等概念，再根据题目的要求进行分析判断，最后选出正确的结论。

(4)解答此类题的基本方法主要有：

①根据时间顺序判断因果关系，时间在前的一定是因。

②运用基本原理判断，如社会存在决定社会意识(社会存在是因，社会意识是果)、生产力决定生产关系、经济基础决定上层建筑等。

③限定词法，即要正确理解相关概念的含义，能够正确区别客观原因和主观原因、主要原因与次要原因、直接原因与根本原因等。

第六节　比较型选择题

【题型解读】比较型选择题就是把两个或两个以上具有可比性的历史概念、事件、人物或观点等放在一起，找出其相同点或不同点。通过比较历史事件、历史现象、历史人物，考生在剖析历史的过程中认识历史、掌握知识，同时培养自己多角度、多层次的思维能力。

该题型主要要求考生对重要的历史现象、历史事件、历史人物进行较为全面的分析、对比，认识相关历史事实之间的联系与区别，形成正确的历史概念。

【命题特点】题干中常用的提示语有“不同”“相同”“共同”“相似”等。

这种类型的试题一般分成两大类：一类是要求比较出历史事物共同点的，可称为“求同型”；另一类是要求比较出历史事物的不同点，可称为“识异型”。

从形式上看，比较型选择题有隐形和显性之分，显性比较题在题干中一般有“相同点”“不同点”“共同之处”“相似之处”“最大的不同点”“最根本的不同点”“本质上的相似处”等词语出现；隐形比较题则没有相对明确的提示语。

从内容上看，这类选择题既有对历史事件或历史现象的表面问题进行分析比较的，也有对历史事件或历史现象的本质问题进行分析比较的，后一种更常见。

【高考例析】

1.（2015·新课标全国Ⅰ卷文综·28）1852年，一位在华英国人在报告中称，英国商人运往伦敦的中国生丝是以“无用的”曼彻斯特上等棉布包裹的。而在此之前，用于包裹的主要是中国产的土布。包装布的变化反映了当时（　）

A. 中国的土布质量粗糙

B. 英国的棉布价格更具优势

C. 中国生丝在英国畅销

D. 英国棉布在中国滞销

【解析】本题考查晚清经济结构的变化。两次鸦片战争期间，由于外国商品的输入，中国的自然经济虽然开始解体，但是由于自然经济的强烈抵制，外国商品在中国出现了滞销现象，这才导致英国商人用滞销的棉布包装生丝。所以本题正确答案为D项。此时中国自然经济虽然开始解体，但土布质量并不是粗糙，故 A 项不符合史实；英国棉布确实物美价廉，但英国商人不可能因此把它当作“无用的”东西用于包装，故 B 项错误；材料反映的现象是英国商人包装布的变化，而不是中国生丝是否畅销，故 C 项不符合材料主旨。

【答案】D

2.（2015 · 新课标全国 II 卷文综 · 32）17 世纪 60 年代，茶叶在英国只是上流社会的消费品；到 18 世纪末，茶叶已成为普通民众的日常消费品。这反映了当时的英国（　　）

A. 等级观念明显淡化　　B. 崇尚东方的生活方式

C. 贫富差距日益缩小　　D. 扩大了与东方的贸易

【解析】茶叶的普及属于社会经济和文化现象，体现不出等级观念淡化这一结论，故 A 项错；中英两国文化差异较大，对东方生活方式向往不会成为英国社会的普遍认识，不是对材料中茶叶逐渐普及现象的合理解释，故 B 项错误；随着 18 世纪中期英国工业革命的开始，贫富差距不是缩小，而是日益拉大，故 C 项错误；由于英国殖民扩张和工业革命，加大了对东方的贸易，使茶叶大量流入英国，导致茶叶价格下降，成为普通民众也可消费的产品，故出现材料变化，D 项正确。

【答案】D

【技巧点拨】解答此类选择题，应在牢固掌握历史基础知识的基础上进行。要通过掌握基础知识熟悉比较的内容，准确地把握历史事件、历史现象及历史人物的内涵和外延，对历史知识进行系统整理，把握事件发生的前因后果、内在联系，从而构建历史知识的结构体系，在此基础上再进行比较。具体答题时要做到：

一审：仔细审题，明确题干要求，注意题干考查的角度，弄清题意究竟是让“求同”还是让“识异”，对“求同型”比较选择题，可采用找反例法来解答，即选项只要不符合比较对象中的任意一个，即可排除，只有都符合的才可以选择；对“识异型”的比较选择题，则要按照题目要求仔细辨别判断，找出正确的选项。

二联：联系教材中相关的知识，抽取、储备与题意相关的知识，并注意联系历史理论进行分析判断对比，如共性与个性原理、矛盾的特殊性和普遍性关系原理、量变与质变关系原理等。

三比：明确比较对象，确立比较项，即找准比较的角度，如比较历史事件一般从背景、性质、方式、特点、结果、影响等方面思考，把备选项和题干进行联系比较，先看备选项的表述是否错误，再看备选项观点是否符合题干考查的角度。

第七节　探究型选择题

【题型解读】探究型选择题是以开展研究性学习为问题情境，要求依据科学的价值标准，辩证地、历史地分析事件，对有关历史问题和观点进行探究，并综合运用所学知识、观点、方法与技能解决相关问题，具有开发性或探究性的特点。

【命题特点】试题的设问多为“探究的主题是”“□□应为”“符合××探究主题的材料是”或者其他探究类问语等。

【高考例析】

1.(2015·新课标全国Ⅰ卷文综·31)表4-3为新中国第一个五年计划期间中国、美国、英国主要工业指标年均增长速度的比较。据此可以推知(　　)

A. 中国原有工业基础很薄弱

B. 冷战制约美英工业发展

C. 中国重工业发展急躁冒进

D. 美英传统工业产业衰落

表4-3

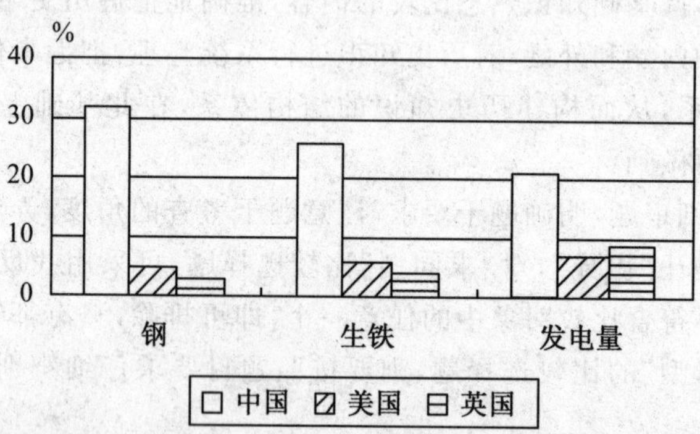

【解析】本题主要考查新中国成立后的经济建设。从图表可以看出，在“一五”计划(1953～1957年)期间，中国钢、生铁和发电量的增长率大大超过英、美两国，这是因为中国在原有工业基础薄弱情况下“一五”计划优先发展重工业，A项正确。冷战下的东西方对抗不会制约美英工业发展，而军备竞赛等促进了重工业发展，故B项错误；中国优先发展重工业是两极格局下巩固国防的需要，急躁冒进出现于“大跃进”期间，故C项错误；美英传统工业产业年均增长速度不及中国，是因为其已经确立优势地位，达到较高水平，与产业衰落无关，故D项错误。

【答案】A

2.(2015·新课标全国II卷文综·35)如果以“两极格局的确立与解体”为题撰写专著，贯穿全书的主线应该是，美苏两国(　　)

A. 根本利益的趋同　　B. 军事冲突的加剧

C. 国家实力的消长　　D. 敌对意识的淡化

【解析】各国的根本利益是维护本国利益，不会出现趋同，故A项错误；两极格局下以冷战为主，世界局势虽然紧张，但两极格局的确立与解体不是以军事冲突的加剧为主要趋势，故B项错误；两极格局的形成和美苏争霸态势的演变到苏联解体、两极格局瓦解等事件，体现的是美苏两国实力的较量，故C项正确；两极格局下美苏关系紧张对抗和缓和交替出现，敌对意识的淡化不是贯穿两极格局确立与解体的主线，故D项错误。

【答案】C

【技巧点拨】解答此类试题，要注意：

(1)要阅读探究情境，明确主题，充分挖掘探究情境所蕴含的有效信息，明确研究的主题。

(2)要利用史实支撑法等分析备选项，找出符合题目要求的选项。这类题目解答多用阶段特征分析法、史实支撑法、理论分析法等。

第八节　组合型选择题

【题型解读】组合型选择题是将同一类历史事件或现象按一定关系进行组合的选择题。该题型一般由三部分组成：表述关系的题干；根据题干要求以数字序号列出的三个或三个以上的事件或现象；由不同数字序号组成的备选项。有些还要求将有关事件或现象按一定关系(时间、区位、逻辑关系)排序组合等。

【命题特点】该题型最大特点是信息容量大，不仅可考查多个知识点，而且还能多角度、多层次地考查学生的逻辑思维能力、分析能力以及归纳和比较能力。在高考历史命题考查中有不可替代的作用。

组合型选择题按其解答要求可以分为排序型和排除型两种：前者要求对备选小项中给出的历史事件按照发生的时间顺序进行排序；后者要求根

据所学知识对备选小项是否符合题意的要求进行排除，然后确定正确的答案。

【高考例析】

1.(2015·浙江卷文综·17)历史发展既有传承又有创新。表4-4所列信息，按朝代(唐、宋、元、明)先后排列正确的是(　　)

表4-4

①	通政司、复社、都察院、风力水车
②	政事堂、北门学士、内作使绫匠、高转筒车
③	枢密院、土司、木活字、监察御史
④	中书门下、三司使、《武经总要》、草市

A. ②③④①　　B. ②④③①　　C. ③②①④　　D. ④②①③

【解析】①通政司、复社、都察院、风力水车出现于明朝；②政事堂、北门学士、内作使绫匠、高转筒车出现于唐朝；③枢密院、土司、木活字、监察御史出现于元朝；④中书门下、三司使、《武经总要》、草市出现在宋朝，依照唐、宋、元、明顺序排列，选择B项符合题意。

【答案】B

2.(2015·四川卷文综·7)1935年国民党五届一中全会通过的《确定国民经济建设实施计划大纲案》，明确了“建设国民经济，必须为全盘之统制”的政策。该政策(　　)

①受国家干预经济思潮影响　②消除了列强经济压迫

③有利于构建战时经济体制　④遏制了官僚资本势力

A. ①③　　B. ①④　　C. ②③　　D. ②④

【解析】根据题干中“1935年通过《确定国民经济建设实施计划大纲案》”这一信息可知国民政府开始制定出了对国民经济建设进行计划指导的政策，这与国家干预经济的理论相符合，故①正确；1935年中国仍然没有改变半殖民地半封建社会的性质，依然处于列强的压迫之下，故②错误；1935年面对日本的侵略，中国民族危机进一步加深，国民政府加强对经济的管制，有利于对即将到来的全面抗战进行战时经济体制的建立，故③正确；国民政府加强对经济的管制，有利于官僚资本的膨胀，故④错误，选择A项符合题意。

【答案】A

【技巧点拨】组合型选择题根据其不同类型，运用的方法也不一样。

(1)对排序型选择题,主要的技巧有:一是确定首尾法。就是说对于要排序的几个小项,在掌握基础知识的前提下,能够确定哪一个排在首位或末尾,都可以大大降低这种试题的难度。二是确定某两个或几个小项的位置关系。如果在解答过程中,我们可以确定某个小项和另外小项的先后关系,即可把不符合这种关系的选项排除,这样也可以将试题答案判断出来。

(2)对排除型选择题,主要的技巧是排除法,即将我们能确定正确或错误的选项固定或排除,然后观察选项,往往可以顺利地将试题解答出来。只要排除某一个小项,答案即可"水落石出",即使我们对小项所涉及的知识没有完全掌握的情况下照样解答对题目。

第九节　史观史研型选择题

【题型解读】此类选择题主要考查学生客观认识、分析历史问题的学科能力。

【命题特点】史观史研型选择题多是以引用某些著名史学家、历史哲学家的话语或者某些关于史学理论研究新趋向的史学话语作为题干,简单地考查史学思想、历史观、历史编纂学、史料学、史学方法论等的理解运用;此外还有一种是提供史料或历史观点,考查史料学的研究与运用。

【高考例析】

1.(2015·新课标全国II卷文综·30)1938年,日本侵略者在北平设立"中国联合准备银行",发行"联银券",流通于平、津、鲁、豫等地;同时还发行了大量不具备货币性质的"军用票",流通于市场。日本侵略者上述行径的目的是(　　)

A. 扰乱国统区金融秩序　　B. 转嫁战争负担

C. 封锁抗日根据地经济　　D. 强化物资管制

【解析】抗日战争爆发后平、津、鲁、豫等地相继被日军占领,"国统区"与史实不符,故A项错误;日本发动侵华战争的目的是为转嫁国内经济危机,实行的侵华政策是以战养战,故可知其发行"联银券""军用票"是为获得中国的物资维持战争,故B项正确;流通"联银券""军用票"的地区是敌占区,故C项错误;材料体现的是流通的货币,没有体现对物资的管理,故D项错误。

【答案】B

2.(2015·广东卷文综·19)一位哥伦比亚学者在"纪念美洲发现——

两个世界文明汇合500周年国际学术讨论会”上说，“黄金和白银的作用只是使两个大陆之间的距离更加遥远了”。由此可知（ ）

A. 该学者关注殖民掠夺的后果

B.“两个大陆”指的是美洲和非洲

C. 黄金和白银阻碍了世界市场的形成

D. 该会议讨论的是英国人登陆美洲的意义

【解析】结合所学可知，美洲新大陆的发现加强了“两个世界文明汇合”，也给殖民地带来深重的灾难，加剧了美洲殖民地和欧洲的差距，因而“黄金和白银的作用只是使两个大陆之间的距离更加遥远了”，故A项正确；“两个大陆”指的是美洲和欧洲，故B项错误；黄金和白银推动了世界市场的形成，而不是阻碍，故C项错误；最早发现美洲新大陆的是西班牙王室支持的哥伦布船队，该会议讨论的应该是西班牙人登录美洲的意义，故D项错误。

【答案】A

【技巧点拨】解答此类试题，要注意：

(1)要明确试题考查方向和能力。根据题目题干和解答要求，确定命题的角度和思路，确定题目考查的主题和方向，如分清是对史学思想还是历史史观、是史料鉴别运用还是史学研究方法的考查等。

(2)要解读题干材料，提取材料的关键信息，迁移或依托所学历史知识，运用所知史学知识、史学理论，分析各备选项或设问，据题目要求运用必要的史学知识、史学研究方法、史观解答。

第十节　分析评价型选择题

【题型解读】历史学习的目标之一是在掌握史实的基础上形成一定的认识和结论。分析评价型选择题是考查学生评价能力的题型之一，主要考查学生对历史概念、历史现象和重大事件、历史人物、历史观点和历史结论等进行分析、判断和评价能力，完全符合新课改下学生能力培养的目标，因而受到命题者的青睐，成为课改区高考的重点题型。

【命题特点】分析评价型选择题侧重对历史概念、历史观点和历史结论等进行分析、判断和评价，不着眼于“是什么”而着眼于“为什么”。其常见命题形式有：一是主体＋评价类，即题干给出被评价的主体，选项提供对该主体的评价，从中选择出最合适的评价，经常呈现的形式是“关于某某（可以是历史现象、历史人物、历史概念）的评价（或者说法、解释、表述、分析）正确（或错误）的是”。二是评价＋主体类，即题干给出对某事物的评价，选项提供与评价相关的主体，从中选择最合适的主体。

【高考例析】

1.（2015·新课标全国Ⅰ卷文综·26）宋代东南沿海地区出现了一些民间崇拜，如后来被视为海上保护神的妈祖、被视为妇幼保护神的临水夫人等，这些崇拜得到朝廷认可，后世影响不断扩大。这反映出（　　）

A. 东南沿海经济社会影响力上升

B. 女性地位逐渐得到提高

C. 朝廷不断鼓励海洋开发

D. 统治思想与民众观念趋向一致

【解析】本题考查宋代沿海经济发展的影响。题干材料反映了与沿海经济有关的民间崇拜得到朝廷（官方）认可，这正说明了东南沿海经济日益受到统治者重视，其社会影响力也必然因此上升，故A项符合题意。宋代受理学影响，女性社会地位低下，对女性神话人物的民间崇拜，并不意味着女性地位的提高，故B项错误；中国古代实行防御性的海洋政策，政府不鼓励海洋开发，故C项错误；朝廷认可东南沿海地区民间崇拜，是维护统治的需要，不能表明其统治思想与民众观念趋向一致，故D项错误。

【答案】A

2.（2015·新课标全国Ⅱ卷文综·31）到1952年底，新中国已建立多所俄文专科学校，北京大学、清华大学等多所高校和一批中学开设了俄文课程，许多中小城镇也掀起了学习俄语的热潮。这是我国当时（　　）

A. 外交政策转变的需要　　　　B. 计划经济体制的需要

C. 文化教育改革的需要　　　　D. 国家发展战略的需要

【解析】新中国成立后实行“一边倒”外交政策，倒向苏联为首的社会主义阵营，促进全国人民学习俄文，但A项不如D项表述全面，故A项错误；我国借鉴苏联经验实现计划经济，会导致全国各地学习俄文的现象，但B项不如D项表述更全面，故B项错误；文化教育改革是要建立完整的教育体系，不会引发“许多中小城镇也掀起了学习俄语的热潮”，故C项错误；建国后我国发展战略是与苏联建交，效仿苏联经验，引进苏联的技术和资金，为顺利进行一五计划和三大改造，培养大量懂俄文的人才，故D项正确。

【答案】D

【技巧点拨】下列方法可以单独使用，也可以结合使用，具体情况具体分析。

(1)理论法。这是解答此类题目最常用的方法。对历史的评价离不开历史理论和方法的支撑，许多题目命制的目的就是考查学生对基本的历史理论和方法的掌握情况，因此学生应该掌握一些基本的历史理论（如生产力和生产关系、经济基础和上层建筑等辩证关系原理）。

(2)推理反证法。结合相关历史知识对主体与评价间的逻辑关系是否成立进行逐一推理分析，然后再将题干与所选选项进行反向推理证明，找出最符合题意的选项。

(3)史论结合法。弄清结论和史实的关系，根据题干给出的结论，分析其与选项中的史实的关系，然后进行综合分析。

(4)直选法等方法有时也会用到，如解答非组合型否定式评价型选择题常用此法。

第二章　非选择题题型解析与分类指导

要答好历史非选择题，总体上而言，要注意以下几点：

首先，要看问题，认真审题，做到带着问题去看材料，有的放矢，特别要弄清楚每一个题目中包含着几个小问题，不要遗漏问题。同时，要适当注意材料中的一些“边角零料”——材料出处、材料文字中的注释、括弧中内容、时间(朝代、皇帝)等，这些环节往往意味着相应的一些“暗示”或“限制”。

然后，要细读材料，要关注材料的多样性呈现——文字、图片(画作、照片等)、表格、柱状图、曲线图等，在阅读后三类材料时，务必关注“纵”“横”两个角度，找出事物变化的“转折点”在哪里，并找出变化的阶段和发展的趋势。同时在材料中划出与问题相关的文字，并结合小题分值与材料中的关键词等，提取有效信息(读懂文字，关注标点符号设置，划分层意，多点概括)。

最后，将划出的材料进行归纳、概括、总结，注意条理清晰与学科语言运用，要将材料中的文字变成全面、简洁、概括的文字，原则上不能摘抄原文，特别是文言文。

同时还要注意，一定要在规定的答题区域内答题，严禁调换答题区域并画箭头表示之类，并且要注意书写，做到字迹端正、排列整齐、疏密得当、卷面整洁，语句要通顺、语言表述要准确、严谨、简练等，还要在形式上做到“三化”——段落化，一问一段，直观简明；要点化，一个得分点一句话；序号化，问题和要点应标上序号等。

第一节　题型解析与分类指导

一、文字材料型解析题

【题型解读】文字材料解析题基本结构一般是由文字材料和问题组成，注重在题干中引入一些材料创造新的问题情境，结合材料设计选项，是一种富有历史学科特色的非客观性试题。

【命题特点】该类型试题具有材料来源广、信息容量大、能力层次高、考查功能强等特点，旨在考查学生运用已学过的知识，从文字材料中解读、分析、汲取、整理出具有史学价值的信息，考查学生阅读、运用所学知识分析说明历史现象和历史观点、客观描述和阐释历史实物的规律、特征，分析、比较、归纳、评价论证历史问题，独立地对历史问题和历史观点提出不同看法、认识等学科能力。

【高考例析】(2015·新课标全国II卷文综·40)阅读材料完成下列要求。

材料一 《孟子》中记载了孟子与其学生关于法律问题的讨论。学生问："舜做了天子后，假如其父杀人，舜的法官该怎么办呢?"孟子回答："抓起来就行了。"学生又问："难道舜不阻止法官吗?"孟子说："舜怎么能阻止呢?法官是按职责办事。"学生问："那舜又该怎么办呢?"孟子说："舜应当放弃天子之位，毫不顾惜。然后偷偷地背上父亲逃到海边住下，一辈子都很快乐，把曾经做过天子的事情忘掉。"

——据《孟子》

材料二 公元前399年，苏格拉底被雅典陪审法庭以亵渎神明和蛊惑青年的罪名判处死刑。他与他的弟子们都认为判决不公。当弟子们安排苏格拉底逃走时，他却认为，虽然逃走是一种正义，但审判过程符合雅典法律程序，遵守合法的判决也是正义的要求，而且是更大的正义，因为如果他不服从判决，就等于践踏法律，倘若人人都以自己认为的正义为借口而任意践踏法律，社会秩序将混乱不堪，城邦将无法存在。最终他选择在弟子面前饮下毒药，从容赴死。

——摘编自(古希腊)柏拉图:《苏格拉底的申辩》等

(1)根据材料并结合所学知识，概括孟子和苏格拉底的法制观念。

(2)根据材料并结合所学知识，说明两种法制观念产生的社会背景及其共同的历史价值。

【解析】

(1)第一小问"孟子法制观念"，从材料一中孟子说"舜怎么能阻止呢?法官是按职责办事"可概括孟子的法制观念是治国需要法制，权力不能干预执法，从孟子说"舜应当放弃天子之位，毫不顾惜。然后偷偷地背上父亲逃到海边住下，一辈子都很快乐，把曾经做过天子的事情忘掉"可知孟子的观念是当法律与人伦冲突时，维护人伦;第二小问"苏格拉底法制观念"，从材料二"遵守合法的判决也是正义的要求"，可概括苏格拉底的法制观念是守法是正义行为，从"倘若人人都以自己认为的正义为借口而任意践踏法律，社会秩序将混乱不堪，城邦将无法存在”，可概括苏格拉底的观念是法制关乎城邦存亡，从“审判过程符合雅典法律程序，遵守合法的判决也是正义的要求”“最终他选择在弟子面前饮下毒药，从容赴死”，可概括苏格拉底的观点是法律至上，严格守法。

(2)第一小问“背景”，结合孟子生活的战国时期和苏格拉底生活的古希腊时期的政治、经济、思想文化等史实，分别总结二者法制观念形成的背景；第二小问“价值”，总结二者法制观念对当时和后世的共同作用即可。

【参考答案】

(1)孟子：治国需要法制；权力不能干预执法；当法律与人伦冲突时，维护人伦。

苏格拉底：守法是正义行为；法制关乎城邦存亡；法律至上，严格守法。

(2)社会背景：战国时期，各国变法图强，法律的权威地位逐渐确立；宗法观念的影响；儒家伦理思想的影响。古希腊，工商业相对繁荣；城邦民主政治高度发达；各种社会思潮活跃；法律作用突出。

历史价值：他们的法制观念分别对中国和西方法制发展产生深远影响；是人类思想发展史上的宝贵遗产。

【技巧点拨】

(1)一个前提：读懂、弄通和透彻理解材料。尤其是古文史料，必须明确其中的主题概念，说明的主要问题，而后弄清文字史料体现的历史主题。

(2)两个原则：一是立足材料，二是联系课本。首先是立足材料，材料所展示问题的角度不一定与课本完全相同；联系课本是必要的，应该把材料所反映的内容与课本所学的相关知识挂钩，运用所学的知识和观点进行评论和解析。

(3)两个充分：一是充分获取有效信息，二是充分利用有效信息。所谓有效信息是指回答问题、解析材料利用的信息，这是答好文字材料题的关键，因此充分利用有效信息去解答问题，同样是得分的保证。

(4)五个步骤：读(审题)→找(关键信息)→接(嫁接相关知识)→转(转换文字材料信息和知识)→答(组织答案，要做到要点化、序号化、段落化、提示化)。

具体而言，要做到以下几点：

(1)拿到试题首先关注在“阅读下列材料，回答问题”之前是否有句子，如果有，不管句子长短，首先关注它，因为这段话往往是下列几段材料的中心思想或命题立意，也是联系教材知识的切入点。

(2)关注材料出处的诸多信息，如时间、人物、该人物派别立场等。

(3)同时,关注问题的设问。

①审提示语,确定答题思路:“依据或根据材料”,答案就在材料中;“依据材料并结合所学知识”答案为材料加教材知识;“结合所学知识或直接问问题”答案在教材中。在组织答案时,将教材中关于该知识点的关键表述写入答案。

②审限定词:注意时间、空间、角度、程度等限定。

③审中心词:提炼材料的中心内容。

④审求答词:找出要求回答的具体方面,并注意固定思维模式(原因、背景类注意从政治、经济、思想三方面考虑;评价、影响类注意从积极、消极方面考虑;比较类试题注意从相同点、不同点方面考虑)。

⑤审设问内部的关系,如并列、递进、因果关系等。

(4)获取有效信息。首先根据开头结尾法,找到并概括出这段材料的中心思想,然后再分层(常以句号、分号、省略号为单位),依次归纳各层的中心意思(依据关键词)。针对较长的句子甚至可采取语文中的划分句子成分的办法,先分解该词、句,逐一解释(进行理解)后再综合。

(5)特别提示。

①高考阅卷是不倒扣分的,换句话说是阅卷老师从错误中找正确答案,所以,在时间允许的情况下,可以多角度、更全面地把与该知识点相关的知识答上,即注意答案的覆盖面要广,但每个要点不必过于深入分析(除非题目要求)。

②关注问题赋分,高考评分标准一个得分点要么是1分,要么是2分,很少有3分的得分点,这样我们可以根据分值确定有几个要点(一般而言一个得分点最少2分)。

③把你认为最重要的、最有可能的得分点写在第一个!高考阅卷工作量很大,让阅卷老师第一眼就看到你的得分点!

二、图文材料混合型解析题

【题型解读】图文材料混合型解析题是高考命题的主要题型之一,是指以历史文字材料、图片、表格作为题目材料主体的非选择题。

【命题特点】这种试题往往引用古今中外的历史史料或当今的历史评论、丰富多彩的历史图片、表格等,主要考查考生阅读材料,解读历史图片、表格,获取有效信息并运用所学知识分析归纳、评述论证问题的能力。

【高考例析】(2015·新课标全国II卷文综·41)阅读材料,完成下列要求。

材料　　表 4-5　1950～2008 年我国部分节假日一览表

法定假日天数　年份 节假日	1950	1995	2000	2008
元旦	1	1	1	1
春节	3	3	3	3
劳动节	1	1	3	1
国庆节	2	2	3	3
星期日	1	1	1	1
星期六	—	1	1	1
清明节	—	—	—	1
端午节	—	—	—	1
中秋节	—	—	—	1

表 4-5 能够反映我国节假日变化的多种趋势。指出其中一种变化趋势并说明形成的历史原因。

【解析】

观察表 4-5，找出我国节假日变化的趋势，例如从 1950 年与 1995～2008 年，法定假日总天数从少到多，小长假出现和增多，从 2008 年开始成为法定假日的传统节日种类增多等，选取任一趋势，结合史实对变化趋势的原因进行说明。

【参考答案】

评分说明：正确指出材料反映的一种变化趋势，如法定假日总天数从少到多、成为法定假日的传统节日种类增多、小长假出现和增多等，根据史实对变化趋势原因的说明充分恰当。

示例：趋势：改革开放后法定假日总天数从少到多。

原因：实行改革开放，社会、经济发展迅速；人民生活水平不断提高，休闲娱乐需求增加；增加假日成为促进经济发展的一种手段；政府更加注重民生。

（“示例”只作阅卷参考，不作为唯一标准答案）

【技巧点拨】解答图文材料型解析题，关键在于对文字材料、历史图片、表格的有效解读。所谓有效解读，就是能够准确地把握文字、图片、表格蕴含的历史信息，并结合所学知识解答问题。

从文字材料、历史图片中获取有效信息的方法可以参照“文字材料型选择题”和“图表型选择题”的方法。不同的是，图文型非选择题要求把获得的信息转化成文字答案，因此对考生综合能力要求更高。解读图表时，注意图表蕴含的时间、地点、历史人物或现象，并对信息内容进行分析整合，形成综合性的信息解读，包括历史阶段性发展状况与特征、现象与本质、因果关系、内在联系等方面。

三、主题型材料解析题

【题型解读】主题型材料解析题就是围绕某一个主题为中心(主线)，运用图文材料，设置问题，考查学生对主题所涉及的历史主干知识的再认再现能力，以及运用所学知识和学科理论分析、归纳、概括历史问题的能力。

【命题特点】此类试题具有“小切口、小跨度或大跨度、深分析”的特点，其设问都是围绕一个中心主题(主线)，由表及里、由浅入深，层层推进、层层发问、逐次诱导，较好地考查学生微观和宏观理解认识问题的能力，也是近年高考命题考查较多的题型。

如 2013 年新课标全国卷第 40 题以海洋的利用为切入点，主要考查古代和近代海洋利用概况；2013 年山东文综卷第 28 题以 20 世纪中国社会发展的阶段特征为背景，探讨了文化教育发展与社会发展的关系问题；2012 天津年文综第 13 题考查从古代到近代天津的发展变化题、2012 年江苏单科第 23 题对西方社会福利制度的考查、2012 年新课标全国文综卷第 40 题对近现代城市化的考查等，这些试题都属此类。

【高考例析】(2015 · 新课标全国 I 卷文综 · 40)阅读材料，完成下列要求。

材料一　在历史中，儒学一直在发展与创新。唐代韩愈以周公、孔子的继承者自居，排斥佛、道，鄙薄汉代以来的儒学，认为周公、孔子之道在孟子之后已经断绝。他在《原道》中说：“吾所谓道也，非向(先前)所谓老与佛之道也。尧以是传之舜，舜以是传之禹，禹以是传之汤，汤以是传之文、武、周公，文、武、周公传之孔子，孔子传之孟轲。轲之死，不得其传焉。”他的这一主张被宋代儒者接受并发扬。当代学者认为韩愈开了宋代“新儒学”的先河。

——摘编自卞孝萱等：《韩愈评传》

材料二　19 世纪末，康有为撰写《新学伪经考》《孔子改制考》二书，认为汉代以来儒者奉为经典的《周礼》《左传》等书，是汉代学者为王莽篡汉而伪造的，影响恶劣，导致“中国之民，遂二千年被(遭受)暴主夷狄之酷政”。他主张回归孔子所编定的《诗经》《礼记》等原典，理解真正的儒学精神。在他看来，孔子是一位伟大的改革家，《春秋》便是孔子为“改制”而创作的。他甚至用西学来解释《春秋》，认为《春秋公羊传》中的“三世”说为：“始于据乱(世)，立君主；中于升平(世)，为立宪，君民共主，终至太平(世)，为民主。”

——摘编自张海鹏等编：《中国近代史》

(1)结合材料一及所学知识，指出汉代儒学与孔孟儒学的不同之处，并概括宋代理学在哪些方面对儒学有所发展。

(2)根据材料一、材料二并结合所学知识，指出韩愈、康有为关于儒学认识的共通之处。

(3)我们应当以什么样的态度对待孔子与儒学？

【解析】

(1)第一小问“不同之处”要联系所学，孔孟思想多站在下层人民的角度约束统治者的行为，而董仲舒则是神话君主权威，约束人民；第二小问“发展”应紧扣“新儒学”的内涵思考，从推崇忠孝节义、强调个人修养的角度回答。不能从宏观视角把握儒学发展的阶段性特征及其内容是失分的根源所在，准确识记基础知识一直是备考的不二法门。

(2)材料信息“唐代韩愈以周公、孔子的继承者自居”“主张回归孔子所编定的《诗经》《礼记》等原典”“汉代学者为王莽篡汉而伪造的，影响恶劣”是解题关键信息。不能立足材料信息归纳提炼答案而是天马行空的胡乱编造答案是失分的主要原因。

(3)从辩证、发展、继承等角度回答。要注意认识评价应注意弘扬主流价值观、肯定正能量的原则。

【参考答案】

(1)不同之处：孔孟思想是仁政、民本、教化，而汉儒强调天人感应、君权神授，三纲五常。

发展：更加重视《论语》《孟子》，重视思辨，强调个人的修养与完善。

(2)回归原典、回归孔孟，否定后人的附会、杜撰之说，主张探寻儒学的精神实质，借助儒学为现实服务。

(3)应历史地看待孔子与儒学，不应盲目地肯定或否定；将真实的孔子与神圣化的孔子区别开来；借鉴其精华，摒弃其糟粕。

【技巧点拨】解答此类试题除了运用材料解析题的一般方法外，还要注意做到以下两点：

(1)紧扣主题，注意递进式材料解析题每个设问之间的递进关系。

解题时要特别要注意其逐步递进的关系，设问与设问之间是有秩序地推进，设问之间的答案互相关联着，前一问对后一问有直接的影响，甚至下一个设问就是上一个设问的间接或直接的答案。把握了设问之间的这一层微妙关系，可以引导自己正确的思维方向。

(2)注意解答顺序和思维逻辑顺序。

这类题目答好第一问是关键，解答第一问时要注意对材料进行多角度思考，发掘材料的显性和隐性含义，全面考虑问题的正反两方面。同时要注意思维的逻辑程序，先答什么，后答什么，要想清楚。如果是一材多问的题目，对解题思路要求则更高，因此要重视解题思路的培养。

四、比较分析型材料解析题

【题型解读】比较分析型材料解析题是命题者以两则以上不同时间、不同空间条件下的历史事物、历史现象或不同历史人物的材料，要求考生用类比和对比的方式，分析背景，判明异同，评论得失，透过历史现象看本质，探究历史发展的共同性和特殊性的一种题型。

【命题特点】这种题型同时也体现了主题考查的特点，主要通过文字型、表格型等资料考查学生获取信息，运用所学知识分析比较、概括归纳、评价历史现象的能力。

【高考例析】(2015·海南卷历史·28)(14分)根据材料并结合所学知识回答问题。

材料　表4-6为美国《邦联条例》和1787年宪法内容比较表。

表4-6

	《邦联条例》	1787年宪法
立法机构组成	一院制国会	由参议院和众议院组成国会
立法机构成员的构成与产生	每邦在国会的代表2～7人;各邦立法机构按年度指派代表	每州2名参议员，由各州州议会选举产生;各州选民选举产生的众议员组成众议院
行政首脑	无	合众国总统
征税权以及征税方式	诸邦有征收税金，向其他邦征收关税的权力	国会有权规定并征收税金、关税、输入税和货物税;征税法案应首先在众议院提出
批准生效	交给诸邦的立法机构审议，如果同意，授权他们在国会的代表批准	经9个州制宪会议批准，即足以使本宪法在各批准州成立

——摘编自(美)米尔奇斯等:《美国总统制》

(1)根据材料并结合所学知识，概括指出与邦联制相比联邦制有何特

点。(6分)

(2)根据材料并结合所学知识,说明美国确立联邦制的意义。(8分)

【解析】

(1)根据图表中立法机构的构成中两者的比较,得出联邦制下有参议院和众议院组成的国会,立法机构健全;据材料中“国会有权规定并征收税金、关税、输入税和货物税;征税法案应首先在众议院提出”得出联邦制下国会的权力加强,享有征税权;据材料中邦联制下无行政首脑,而联邦制有合众国总统,得出实行总统制。

(2)结合课本知识可知,联邦制的确立改变了美国成立之初松散的邦联制的弊端,实行中央集权和地方分权相结合,有利于加强政府的权力,并且为美国经济的发展提供了保障。

【参考答案】

(1)特点:立法机构健全,国会拥有征税权,权力加强;成为单一主权国家;实行总统制。(6分)

(2)意义:加强了中央政府的行政权力,合理划分中央与地方权力:联邦制成为新的国家结构形式;推动了资本主义发展。(8分)

【技巧点拨】做此类题目除了要具有牢固扎实的基础知识外,还要注意以下两点:

第一,根据设问确定类型,是类比,还是对比?是显性,还是隐性?这是把握答题大方向的问题,不可出错,否则会出力不讨好。

第二,要建立比较项,这是解题的关键,也是解题过程中最难的一个环节。显性比较题比较容易,因为题目有限定的比较项,如“背景、内容、性质、影响”等。对隐性比较题,就需要学生自己确定比较项,然后搜集比较所需的材料,一方面要从大脑知识库中搜寻相关理论,另一方面又要搜寻与题目相关的论据。

五、史观史研型材料解析题

【题型解读】史观史研型材料解析题是通过新材料创设问题情境,运用所知史学研究方法、思路,结合各种史观进行解读材料,运用所学知识分析、判断、论证、评价历史现象的一种新题型。

【命题特点】注重考查学生多角度、多层次认识历史现象的能力,是培养学科素养、综合分析能力和中学历史学习延伸到高一级学校能力培养的一种尝试。

【高考例析】(2015·福建卷文综·38)(36分)阅读下列材料,回答问题。

材料一　1969年1月，共和党人尼克松就任美国总统。当时正值美国面临着二战结束以来最为严峻的形势。越南战争的沉重负担，国内政治、经济以及社会危机的加深，使美国在同苏联争霸中，日益处于不利的地位……1971年6月，尼克松又在堪萨斯的一次讲话中提出今天世界上有“五个力量中心”(美国、苏联、西欧、中国和日本)的看法。为了适应这种新的形势，并改善美国在同苏联争霸中的不利处境，尼克松决定要在中国“为自己找个可以依靠的有利地位”。

——摘编自方连庆:《战后国际关系史》

材料二　1972年2月尼克松访华，跨出了改善中美关系的第一步。2月28日，中美双方在上海发表了《联合公报》，这是中美关系的一个重要转折点。标志着中美两国关系进入了一个新时期，这对世界形势的发展产生了深远的影响。此后，双方的贸易、科技和文化往来逐渐增多。与此同时，为进一步促进两国关系的正常化，中美双方政府官员也在不断进行接触。

——摘编自谢益显:《中国外交史》

材料三　二战结束后，日本政府长期执行追随美国、敌视中国的政策。20世纪50年代以来，随着中日两国民间贸易和人员往来的增多，日本各界人士要求恢复中日邦交的呼声越来越高……1972年2月尼克松访华对日本产生极大的震动。日本把美国的这种举动视为“越顶外交”……1972年9月29日，中日两国建立外交关系。

——摘编自王圣心:《当代国际关系》

材料四　田中首相来我国访问，揭开了中日关系史上新的一页。在我们两国的历史上，有着两千年的友好来往和文化交流……值得我们珍视。但是，自从1894年以来的半个世纪中，由于日本军国主义者侵略中国，使得中国人民遭受重大灾难，日本人民也深受其害。前事不忘，后事之师，这样的经验教训，我们应该牢牢记住。

——摘自《周恩来政论选》

(1)据材料一，概括尼克松决定要在中国“为自己找个可以依靠的有利地位”的原因。(8分)

(2)据材料二并结合所学知识，指出中美关系走向正常化的关键问题是什么？怎样理解《联合公报》的发表是中美关系的一个重要转折点？(8分)

(3)据材料三并结合所学知识，日本对美国“越顶外交”的举动作何反应？分析日本对华政策为什么会出现这样的重大改变。(10分)

(4)综合材料三、四并结合甲午战争以来中国百年史，试从日、中两方面阐释周恩来所指出的“前事不忘，后事之师”的含义。(10分)

【解析】

(1)根据材料一“越南战争的沉重负担,国内政治、经济以及社会危机的加深,使美国在同苏联争霸中,日益处于不利的地位”可以归纳为越南战争的沉重负担;国内危机加深;美苏争霸中处于不利地位;根据材料一“1971年6月,尼克松又在堪萨斯的一次讲话中提出今天世界上有‘五个力量中心’(美国、苏联、西欧、中国和日本)的看法”可以归纳为世界向多极化趋势发展,中国成为世界五个力量中心之一。

(2)第一小问“问题”,根据所学知识可知是台湾问题;第二小问“理解”,根据材料二“双方的贸易、科技和文化往来逐渐增多,与此同时,为进一步促进两国关系的正常化,中美双方政府官员也在不断进行接触”可以归纳为两国官方与民间往来逐渐增多。再结合所学,《联合公报》的发表意味着两国关系开始走向正常化,中美两国结束长期敌对状态。

(3)第一小问“反应”,根据材料三“日本把美国的这种举动视为‘越顶外交’……1972年9月29日,中日两国建立外交关系”可知是日本赶在美国之前与中国建立外交关系;第二小问“原因”,根据材料三“20世纪50年代以来,随着中日两国民间贸易和人员往来的增多”可以归纳为中日民间往来增多,“日本各界人士要求恢复中日邦交的呼声越来越高”可以归纳为日本各界要求恢复中日邦交,“1972年2月尼克松访华对日本产生极大的震动”可以归纳为中美两国关系的缓和。还可以结合所学知识,从中国国际地位提高等角度作答。

(4)注意题干要求“结合甲午战争以来中国百年史”。从日本方面,根据材料四“自从1894年以来的半个世纪中,由于日本军国主义者侵略中国,使得中国人民遭受重大灾难,日本人民也深受其害”作答;从中国方面,应该吸取教训,铭记历史,开创未来等等,只要言之有理即可得分。

【参考答案】

(1)原因:越南战争的沉重负担;国内危机加深;美苏争霸中处于不利地位;世界向多极化趋势发展;中国成为世界五个力量中心之一。(答对其中4点即可,8分)

(2)问题:台湾问题。(2分)

理解:中美两国结束长期敌对状态;两国关系开始走向正常化;美国承认台湾是中国的一部分;两国官方与民间往来逐渐增多。(答对其中3点即可,6分)

(3)反应:日本赶在美国之前与中国建立外交关系。(2分)

原因:中美两国关系的缓和;中日民间往来增多;日本各界要求恢复中

日邦交;中国国际地位的提高(中国恢复在联合国的合法席位)。(8分)

(4)日本:甲午战争及20世纪30年代的侵华战争等给中国人民带来深重灾难;日本人民也深受其害;应深刻反省侵略历史;以史为鉴,珍爱和平。(6分)

中国:甲午战争以来,面对列强的侵略,中国人民进行了长期的反侵略斗争;铭记历史,开创未来。(言之有理,可酌情给分)(4分)

【技巧点拨】这类题目在能力要求上相对较高,故解答这类题型要运用多种方法,发散思维,全面考虑问题的解答。

(1)首先阅读材料,明确设问,确定问题考查的主题及涉及的知识点,确定解答的方向及所涉及的主要历史事件及现象。

(2)据设问和思考,确定研究的主题,迁移所学历史知识,运用所知史学观点将题目涉及的历史现象和问题置于史学研究和新史观角度下分析。

(3)据题目材料信息,筛选所运用的知识和史学研究、史学观点进行分析历史现象,特别是运用辩证唯物史观和历史唯物史观客观分析评价历史问题。

(4)解答此类题目要注意不同历史人物对历史现象的看待,首先要注意其生活时代和阶级立场,同时要注意看待历史现象的客观性与主观性,一分为二辩证地看待历史现象的影响。

六、观点评述论证型材料解析题

【题型解读】观点评述论证型材料解析题,是开放性探究题目的一种类型,也是类似于历史论文型的开放性题目,就是命题者运用一段或几段材料,要求结合所学知识,归纳判断材料中的几种观点,支持哪一种或者判断其正确与否,试题也没有明确的答案,只是提出评分参考意见的试题。

【命题特点】其特征具有开放性、独特的角度;对有关历史知识进行多方位、多层次考查;答案一般具有非唯一性和不确定性,注重对过程的评价,且允许和鼓励学生发表自己的见解,利于考生思维空间的拓展和对考生创新精神的考查。

【高考例析】(2015·新课标全国卷Ⅰ文综·41)阅读材料,完成下列要求。

材料　有历史学者为说明近代以来科学技术在生产力发展中的作用,引用了如下公式:

生产力=科学技术×(劳动力+劳动工具+劳动对象+生产管理)

这一公式表明,科学技术有乘法效应,它能放大生产力诸要素。

——摘编自齐世荣总主编:《世界史》

请运用世界近现代史的史实，对上述公式进行探讨。（说明：可以就科学技术与公式中一个或多个要素之间的关系进行论证，也可以对公式进行修改、补充、否定或提出新公式，并加以论述。要求观点明确、史论结合、史实准确。）

【解析】

本题属于开放性试题，解答得分的关键是读懂材料并能准确全面地理解历史概念，要围绕“世界近现代史的史实”论述“科学技术在生产力发展中的作用”的公式，注意要求观点明确、史论结合、史实准确，运用历史学科语言组织答案。

该题全面考查学生阅读和获取信息、调动和运用知识、描述和阐释事物以及论证探讨问题的多种能力。

按照历史唯物主义的基本原理，生产力是人类征服和改造自然的能力，由劳动者、劳动工具和劳动对象以及生产组织形式等要素构成。该公式主要表明了科学技术对于提高生产力的贡献，近代以来科技作为第一生产力，使生产力各要素的效益发生增殖（代数性倍增），这是对材料公式的理解；而本题的落脚点还要运用史实探讨，可以依据世界近现代史上的两次工业革命和第三次科技革命的相关史实，选取科学技术与公式中一个或多个要素之间的关系进行论证。只要认可其中一个关系，并进行合理的论证即可。当然，也可以对公式进行修改、补充、否定或提出新公式，要求史论结合、言之有理即可。

【参考答案】

评分说明如下：

	论证	修改、补充、否定或提出新公式
一等 12～9分	①准确、充分运用世界近现代史史实。 ②对公式中要素与科技间的关系阐述明确，逻辑严密。	①观点明确，理由充分。 ②能够准确、充分运用世界近现代史史实予以说明，逻辑严密。
二等 8～5分	①能够运用世界近现代史史实。 ②对公式中要素与科技间的关系有一定认识，逻辑关系较清楚。	①观点明确，理由充分。 ②能够运用世界近现代史史实予以说明，逻辑关系较清楚。
三等 4～0分	①运用世界近现代史史实不够准确或不能够运用史实。 ②对公式中要素与科技间的关系认识不清或没有认识，逻辑关系不清。	①有观点，运用世界近现代史史实不够准确，逻辑关系不清。 ②观点不明确，缺少论证。

【技巧点拨】

(1)阅读材料,概括归纳材料观点,根据自己所掌握的知识为依托,以正确的历史观和世界观为基础,对材料反映的历史人物、历史事件的观点作出判断。

(2)运用历史唯物主义和辩证法的观点,从宏观和开放的视角重新审视历史现象、历史人物,以从容与平和的心态,公正、客观地分析评价材料所反映的历史事件、历史人物的观点。

(3)解题时,要从历史角度出发,注意“史由证来,证史一致”“论从史出,史论结合”的特点,有据、有理、有情;呼吁正视历史,引以为训;要灵活运用正确的观点、方法,注意历史与现实的结合;要尽量围绕材料观点的判断,达到论点新、角度新,评论、论述恰到好处。

(4)应该重视的是:

①亮明观点。用词一定要确定,比如我认为……正确、我认为……错误等。正确、错误之后一定要用明确的语句把观点表述清楚。要对材料进行提炼概括,尽量不要照抄材料原文。(关键词可以抄下来)

②用史实来论证这个观点。史实要注意多角度分析。

思路一:政治、经济、文化、外交、社会生活。

思路二:内因、外因。

思路三:国际因素、国内因素。

思路四:与该事件有关联的多个主体(国家或组织)等。

思路五:主观、客观。

不同问题适用不同思路,审题时要先整理出思路再写答案,不能想一句写一句。史实与观点要紧密结合,要准确运用所学知识,表述要准确,层次要清晰。

③用理论来论证这个观点或写总结性语言。(这个结论一定要结合题目的内容写出,一般不要照搬政治课所学的原理,但要以政治课上所学原理为思路、为依据,用历史的语言来表达。)

(5)观点评述论证型材料解析题基本答题方法与思路列表归纳总结

类型	要求	思路
提炼观点评论	①紧扣评论对象,观点明确; ②合理引用史实,进行多角度评论; ③论证充分,逻辑严密,表述清楚。	①观点是什么?②是否合适? ③为什么?(用具体史实结合当时背景说明) ④总结。

续表

类型	要求	思路
从某一概念出发对某一观点阐释认识	①观点明确； ②能有机结合材料并充分利用中外史实，多角度论证观点； ③逻辑严密，论述充分，表达清晰。	①观点是什么？②是否合适？ ③怎么样？(阐明认识) ④为什么？(用具体史实结合当时背景说明) ⑤总结。
评论一种历史现象	①观点正确，史论结合，能充分运用所给材料； ②对题目相关要求分述完整并作出总体性评价； ③文字通顺，逻辑严谨。	①叙述情况(要求完整)； ②变迁的原因； ③总体性评价(说明了什么？)
对一事谈认识	①对材料进行抽象提炼； ②结合史实进行论述。	①是什么？②为什么？③说明了什么？

第二节　历史非选择题分类答题方法总结

一、分析、理解、说明观点题，探究题、评述观点题

1. 要求：观点明确，史论结合。

2. 步骤：

第一步指出观点，并作解释(解释观点的含义)，注意观点要明确。

第二步说明理由：①理论解释；②史实论证(史论结合)。

二、运用某某观点，评价某某事件等

1. 现代化史观(近代化史观)、全球化史观、文明史观、社会史观(生活史观)、革命史观等。

2. 辩证的观点、发展的观点、历史的观点、分阶段评价、生产力决定生产关系、经济基础决定上层建筑、政治反作用于经济、思想是政治经济的反映、现象和本质的观点等等。

三、背景、原因类试题的答题思路

1. 该类试题的设问特点主要包括：

(1)限定性设问，如：这一现象出现的历史、社会、经济、政治根源(原因)

是什么，根本、主要、直接原因是什么等。

(2)宽泛性设问，如：该事件发生的历史背景、历史条件、历史因素有哪些等。

2. 答题思路主要是：

(1)在没有限定词的情况下，历史背景、条件、因素、依据、原因等可从(国际、国内)政治、经济、思想文化等方面思考。

(2)根本原因：政治层面的根本原因从经济层面入手，生产关系层面的根本原因从生产力入手，上层建筑层面的根本原因从经济基础入手，社会意识形态的根本原因从社会存在入手，一切历史事件存在和发展的根本原因从内因入手，相同属性事物存在和发展的根本原因从历史规律入手。

(3)主观原因和客观原因：

主观原因：一般从领导某事件的阶级、阶层的主观目的、动机、决策或政策、方针等方面进行思考。

客观原因：一般从自然或社会环境(形势)、经济状况、政治现状等方面思考。

3. 对“原因”类问题的解答一定要注意其两个限定：

(1)要看其时空限定，即所问“原因”是何时何事的原因，定位其时间和知识范畴，才能有效地进行知识的调动和运用，从而进一步全面准确地归纳各种因素。

(2)要看其程度限定词，即“主要”“直接”“根本”“主观”“客观”等，围绕这些限定性词语，才能有效地获取信息，克服所答非所问的现象。

四、内容、措施类试题的答题思路

1. 内容类试题设问的呈现形式主要有：

反映了什么内容，主要内容是什么，基本内容是什么，核心内容是什么，内容有哪些，等等。

2. 措施类试题设问的呈现形式主要有：

具体措施有哪些，核心措施是什么，哪一项措施，采取了怎样的措施，采取了哪些重要举措，采取了哪些具体措施，采取了哪些应对措施，等等。

3. 该类试题的答题思路：

主要是采用三步法，即审清设问、提取材料中的有效信息并联系所学知识、组织答案。

(1)审清设问。明确设问要求，根据设问方向精读材料是获取有效信息的捷径。

(2)提取材料中的有效信息并联系所学知识。阅读完全部材料后，根据设问从材料中最大限度地提取有效信息，并找出材料与教材的结合点；提取材料有效信息时要特别注意材料的开头和结尾、材料的出处、材料的注释或说明。

(3)组织答案。要注意按问作答；克服思维定势，坚持论从史出；运用辩证唯物主义、历史唯物主义观点答题；答案书写要规范和条理清晰。

五、影响、作用类试题的解题思路

1. 影响、作用类试题的设问一般有以下两种：

(1)限定性的设问，如产生了什么样的消极影响，有何积极影响，在政治上、经济上的影响，对世界、中国的政治、经济、思想等方面产生了怎样的影响等。

(2)宽泛性的设问，如产生了什么影响、其历史作用如何等。注意需要一分为二地分析消极影响和积极影响或消极作用和积极作用。

2. 答题的基本思路是：

(1)国内(政治＋经济＋思想文化)＋国际(政治＋经济＋思想文化)。

(2)可从政治、经济、文化等方面思考。

政治影响：可从政治格局、制度革新或调整、政权更替、政策制定或改变、新的阶级产生等方面思考。

经济影响：可从生产力、生产关系、经济结构、经济格局等方面思考。

文化影响：可从思想、科技、教育、文学艺术等方面思考。

3. 现实影响和深远影响：

(1)现实影响：是指对当时产生的直接作用，表现为目的或动机实现的影响，等同于直接影响。

(2)深远影响：是指对后世产生的影响，具体表现为影响的时代性、历史趋势(如生产力的发展、社会发展趋势等)。

4. 主观影响和客观影响：

(1)主观影响：可从主观目的(动机)、决策或政策、方针、经验等方面思考。

(2)客观影响：可从自然或社会环境(形势)、经济现状、政治现状、科技(生产力)等方面思考。

5. 积极影响和消极影响：

当试题没作特别规定时，要一分为二地分析事件产生的积极影响和消极影响，其主要依据是是否促进社会发展、历史进步。

6. 主要影响和次要影响：

要分清主次影响，即以积极影响为主，还是以消极影响为主。

六、特点、特征类问题答题思路

1. 历史特点特征类试题的设问中一般含有以下词语：主要特点、新特点、时代特点、基本特点、共同特点、不同特点（各自特点）、共同特征、不同特征。

2. 回答该类问题时，应明确问题涉及的主体是什么，然后根据材料中的信息及问题赋分的多少，决定是从某一方面还是从某几个方面思考并总结特点。

3. 一般来说，根据要素概括特点，可从以下几个方面考虑：

(1)背景——某事件发生前是否产生了新的经济因素、阶级力量，是否采用特殊的方式作准备，是否受外部因素影响等，如明清之际活跃的儒家思想形成的背景，与以往儒家思想产生和发展的背景相比，其特点是资本主义萌芽的产生。

(2)时间——发生时间的早晚、经历时间的长短等方面，如英国资产阶级革命与法国大革命相比，具有爆发时间早、经历时间长的特点。

(3)目的——为某个阶级或某部分人服务或具有多重目的等，如辛亥革命和太平天国运动同属旧民主主义革命，但从目的来说，辛亥革命具有新的特点（从经济上说，是为资本主义发展开辟道路；从政治上说，是要建立资产阶级统治，挽救民族危亡）。

(4)过程——相关准备、发生的变化（领导力量、力量对比、领域范畴的扩大等）、是否顺利、最突出的地方、其中的重大事件发展等，如法国共和政体确立的过程与英国、美国政治制度的确立相比，就具有艰难曲折的特点（从1789年到1875年，共和势力与封建势力经历了近百年的斗争）。

(5)内容（措施）——产生依据、体现某种思想、最突出的特点、包括的方面、侧重的方面、实行的办法等，如《资政新篇》的内容，最突出的特点就是体现了学习西方、发展资本主义的思想。

(6)程度——完成或实现的情况、是不是彻底、局限性等，如近代德国与英国相比，都确立了君主立宪制，但德国君主立宪制具有不彻底性。

(7)范围——包括地域、领域等，如1929～1933年资本主义世界经济危机与以往的危机相比，就具有范围广（波及地域广、涉及的经济部门多）等特点。

(8)性质——是否具有时代特征、双重性质、性质发生变化等，如二战爆发时主要是帝国主义之间的战争，后来演变为国际反法西斯战争。

(9)影响——影响的广度、深度，积极影响和消极影响等，如中国共产党第十一届三中全会作出了把党和国家的工作重心转移到经济建设上来和实行改革开放的伟大决策，中国历史进入社会主义现代化建设新时期，会议的影响直至今天，并将继续影响中国，因此该会议具有影响深远的特点。

七、启示、认识类问题的解题思路

1. 启示、认识类试题的设问一般含有如下词语：认识、启示、说明、看法、见解、感想、观点；借鉴、经验教训、态度；建议、主张等。

2. 根据对答案的思维要求，认识、启示类设问可以分为三类：

(1)认识、观点、看法、感想、说明类：侧重于从是什么、反映了什么、怎么样的角度来进行回答。

解答这类题目，一要掌握辩证唯物主义和历史唯物主义原理，如把历史现象放在特定的环境中去思考，坚持生产力标准和实践标准，但一般要从题目及前面的问题答案内容入手，归纳总结出一些规律性认识，不能脱离题目泛泛而谈；二是探因寻果，如“怎样认识清初统治者的经济措施”，在回忆清初经济发展的“果”的基础上，用这个“果”来认识“因”：清初的经济措施有利于减轻农民负担，调动农民的生产积极性，从而促进社会经济的恢复和发展，因而是正确的，但其动机是为政府增收、巩固封建统治服务的。这样答案就出来了。

(2)借鉴、建议、主张、态度、见解类：侧重于从要怎么样的角度回答。

(3)启示(一般从经验、教训方面思考)类：从要怎么样、不要怎么样两面分析。

3. 启示认识类试题的作答要注意以下几点：

(1)点出定性认识。对材料及前面几问进行系统归纳，找准“题眼”根据自己的理解将材料涉及的历史问题的相关因素初步分出“益”“害”两方面。

(2)抓关键，切要害。对材料涉及的内容进行分析提炼，上升到理论高度。

(3)组织答案，注意与现实相联系，尤其是长效热点，最新重大热点等。

4. 另外，根据认识、启示所涉及的相关知识内容，解答时可从以下几点考虑：

(1)政治方面，可从国情、领导阶级及其实施的方针策略、群众支持或拥护程度等方面思考。

以两次国共合作为例，得出的认识有：国共双方的矛盾斗争有其必然性，但只要从民族和国家利益出发，就能实现合作，推动中国革命的发展；中国共产党必须掌握领导权和武装力量，坚持以斗争求团结；国共两党“合则两利，分则两伤”，祖国统一是历史发展的必然。

(2)经济方面，可从经济规律(如生产关系的调整一定要与生产力发展水平相适应，尊重客观经济规律)、符合国情、及时调整政策等方面思考。

(3)文化方面，可从以下三点思考：

如何对待，从在批判中继承、发展等方面思考。

如何认识，从文化活动或思想的地位、对国内和国际的影响等方面思考。

从与经济、政治的关系方面思考。

(4)口号、观点、方针方面，可从口号、观点、方针产生的背景、影响等方面思考。

(5)外交方面，可从外交政策的改变取决于国家实力、国家利益，国家间的合作有利于各国的发展等方面思考。

第五单元　中外历史大事年表

中　国		外　国
先秦(远古～公元前 221 年)		
远古时期	原始农业与动物驯化;房屋与制陶;村落定居生活;原始崇拜与原始艺术;无等级观念、无阶级、平均。	
	尧舜禹实行禅让制; 良渚玉器; 《鹳鱼石斧图》、刻画符号、傩戏。	约公元前 2000～约前 1400 年,克里特文明,古希腊文明起源。
夏:约公元前 2070～约前 1600 年	禹建立夏朝、阳城;夏启开始王位世袭制; 二里头文化(青铜);耒耜锄耕; 《夏小正》制定。	
商:约公元前 1600～前 1046 年	汤建立商朝; 盘庚迁殷(前 14 世纪);内外服制度; 神权和王权结合,神权色彩; 青铜时代(礼器和兵器); 最早的商人和货币; 甲骨文、“殷历”;关于日食最早的记录。	公元前 16～前 12 世纪,迈锡尼文明; 公元前 12～前 9 世纪,黑暗时代。
西周:公元前 1046～前 771 年	武王伐纣灭商,建立西周,镐京;分封制和宗法制;井田制度(国有)和“工商食官”;集体耕作;斜纹提花织物;青铜时代;甲骨文、金文。	

续表

中国		外国
春秋时期：公元前770～前476年	周平王东迁洛邑，建立东周；礼崩乐坏、诸侯争霸，分封制和宗法制遭到破坏，县制出现；井田制瓦解和土地私有制兴起；管仲改革；公元前594年鲁国“初税亩”； 铁犁牛耕开始出现并逐步推广，自耕农（个体耕作）出现；芍陂；出现冶铁（春秋晚期）和钢技术；私商出现；老子（春秋末年）、孔子、第一部诗歌总集《诗经》；《孙子兵法》（春秋晚期）；九九乘法表；优伶（艺人）。	公元前8世纪，古希腊城邦出现，是孕育民主的摇篮； 公元前594年，梭伦改革，为雅典民主政治奠定基础； 约公元前6世纪，乔达摩·悉达多创立佛教； 公元前509年，罗马共和国建立； 公元前509年，克利斯提尼改革，确立雅典民主政治。
战国时期：公元前475～前221年	国君称王；秦国郡县制形成； 土地私有制以法律形式确立，商鞅首倡“重农抑商”政策； 都江堰和郑国渠； 金属货币、商业中心； 百家争鸣、孟子、荀子、庄子、韩非子、墨子、楚辞《离骚》； 司南、《石氏星表》；帛画《人物龙凤图》。	公元前449年，罗马颁布《十二铜表法》； 公元前443～前429年，伯里克利改革，雅典民主政治“黄金时代”； 公元前5～前4世纪，欧洲人文主义起源：智者学派，普罗塔哥拉（人是万物的尺度）、苏格拉底（知识即美德，认识你自己）、柏拉图、亚里士多德； 公元前286年，阿奎里亚法（现代民事侵权法的开端）。
秦汉、魏晋南北朝时期（公元前221～589年）		
秦朝：公元前221～前206年	嬴政、咸阳，秦统一、中央集权制度：皇帝制度、中央地方制度（三公九卿、郡县）、选官监察制度（军功授爵、殿最）、法律制度等；统一货币（秦半两、圆形方孔钱）文字（小篆）和度量衡、长城、灵渠；焚书坑儒。	

续表

	中国	外国
西汉：公元前 202～8 年	汉高祖(刘邦)、长安；(西汉初)郡国并存，丞相位高权重；景帝七国之乱；汉武帝设中朝、推恩令、酎金夺爵、董仲舒“罢黜百家，独尊儒术”(儒学成正统)、察举制、刺史；张骞出使西域(前 138 年、前 119 年)；牛耕普及，曲柄锄、赵过推广耦犁、出现了代田法、井渠、田庄、《氾胜之书》；冶铁业用煤炭、漕渠、白渠、坎儿井、丝绸之路；全国商业中心形成；造纸术发明；候风地动仪；隶书(成熟并通行于汉魏)，草书(汉初)；中国现存最早的医书《黄帝内经》；汉赋，司马相如；太学。	公元前 27 年，屋大维(元首制)建立罗马帝国(帝国时期，万民法作用逐渐显现)； 1 世纪，耶稣创立基督教； 392 年，基督教成为罗马帝国官方宗教； 2 世纪，托勒密的“地心说”。
东汉：25～220 年	光武帝(刘秀)、洛阳；州郡县制度；一牛挽犁、王景治理黄河；水排鼓风、青瓷已出现；蔡伦改进造纸术；楷书形成，行书形成；张衡地动仪浑象仪、《九章算术》成书；张仲景《伤寒杂病论》四诊法；华佗五禽戏麻沸散。	
魏晋南北朝：220～589 年	九品中正制实行；三省制；北魏孝文帝改革(484 年)(吏治、均田、494 年迁都、汉化)；曹魏翻车、成熟白瓷、灌钢法、草市； 北魏贾思勰完成《齐民要术》；祖冲之圆周率；顾恺之创作《女史箴图》、《洛神赋图》以形写神；汉字书法进入自觉阶段，“书圣”王羲之(东晋)完成《兰亭序》；三教并立，儒学受到挑战但儒学吸收佛、道精神，有新发展。	395 年，罗马帝国分裂；476 年，西罗马帝国灭亡，欧洲中世纪开始；西欧各地盛行庄园经济；文化发展受到封建神学的钳制；拜占庭帝国(395～1453 年)； 5 世纪末，法兰克王国建立；6 世纪，《民法大全》标志罗马法体系完善。

续表

中国		外国
隋唐(公元 581～907 年)		
隋朝:581～618 年	三省六部制确立; 科举制形成; 隋炀帝开凿大运河(605 年); 隋代到唐初,延续均田制。	
唐朝:618～907 年	高祖(李渊)、长安;玄武门之变、贞观之治、开元盛世、安史之乱、藩镇割据、完善三省六部制和科举制、设道监察;出现曲辕犁(江东犁),出现立井水车和高转筒车、设渠堰使;重农抑商松动;坊市制、市舶司、扬一益二、草市、邸店、柜坊、飞钱;官营手工业内部出现“和雇匠”;私营纺织作坊兴起、缂丝技术;唐三彩(陶)、越青邢白(制瓷业成为独立生产部门)、唐朝晚期釉下彩绘、原始青花瓷,中国瓷器大量出口;草市逐渐演进为地方商业中心,城市繁荣;三教合一;雕版印刷《金刚经》、发明火药(唐末用于军事);唐诗繁荣,李白、杜甫、白居易;书法注重规范法度又强调个性(楷书一欧阳询、颜真卿、柳公权,草书一张旭、怀素);吴道子《送子天王图》、阎立本《步辇图》;唐传奇(小说)。	7 世纪初,穆罕默德创立伊斯兰教; 632～945 年,阿拉伯哈里发政教合一帝国; 645 年,日本大化改新; 800 年,查理曼帝国建立; 843 年,查理曼帝国一分为三,逐渐形成法兰西、德意志和意大利三个封建国家。
五代十国、辽、宋、夏、金、元(公元 907～1368 年)		

续表

中国		外国
北宋:960～1127年	宋太祖(赵匡胤)、东京(开封);宋太祖加强中央集权,杯酒释兵权、中央设中书门下(参知政事)枢密院(二府)盐铁度支户部(三司)设谏院(评议宰相)、地方设通判转运使文臣做知州、布兵强干弱枝(三冗二积);不抑兼并、租佃关系日益普遍;坊市制的突破和城市商品经济繁荣;北宋理学兴起,程颐、程颢;毕昇活字印刷术;指南针航海;词的兴起:柳永、苏轼;书法追求个性而忽略法度(宋四家,行书);文人画(注重意境)、风俗画(张择端《清明上河图》);话本、南戏;宋辽澶渊之盟(1005年);王安石变法(1069～1085年)。	11世纪中期,欧洲一些城市共和国出现; 11世纪中期～13世纪末,英、法、俄等君主国兴起; 1050～1300年,欧洲农业革命,贸易的复兴和城镇的勃兴。
南宋:1127～1279年	经济重心南移完成;棉花种植及棉纺织技术推广至闽粤等地区;冶铁用煤(石炭);五大名窑(地方瓷窑体系);“瓷都”(景德镇);重农抑商有所放松;商业经济发展;出现最早纸币(交子);海外贸易发展迅速、造船业发达。理学集大成:朱熹《四书章句集注》;陆九渊创立心学;李清照、辛弃疾、陆游;“残山剩水”马远(马一角)、夏圭(夏半边)。	12世纪,大学创办; 12世纪,《一千零一夜》定名。

续表

	中国	外国
元朝：1271～1368年	世祖(忽必烈)、大都，1276年统一；中央中书省、地方行省制度、宣政院(管理西藏和少数民族事物)、澎湖巡检司(管理台湾)、御史台(监察)；青花瓷技术成熟；彩瓷时代；黄道婆革新纺织技术；海外贸易比较发达；泉州(世界第一大港)；纸币广泛流通；元曲，关汉卿、马致远；元杂剧的形成和兴盛；行书赵孟頫；王祯，《农书》木活字、转轮排字盘；郭守敬，简仪《授时历》；珠算法；王冕《墨梅》、黄公望《富春山居图》。	1215年，英国《大宪章》，限制王权开始； 1265年，英国议会开端(议会传统形成)； 14世纪前期，奥斯曼土耳其帝国兴起； 14世纪，意大利出现资本主义萌芽。
明、清前期(公元1368～1840年鸦片战争前)		
明朝：1368～1644年	太祖(朱元璋)、南京—北京；明太祖废丞相制(废中书省)权分六部，设殿阁大学士，加强君主专制集权；明成祖设内阁制；明宣宗设票拟和披红；废行省设三司(都司、布政司、按察司)、厂卫制、八股取士、给事中(监察)、《大明律》；蚕桑、棉花经济作物扩大，出现烟草、马铃薯、玉米等；丝织业进入鼎盛时期，苏州和杭州是著名的丝织业中心；焦炭冶铁；五彩和斗彩瓷、棉布成为主要衣料(中后期)、私营手工业占据主导地位；江南出现最早资本主义萌芽；会馆与商帮(徽商、晋商)；王阳明发展心学；铜活字印刷；自动爆炸火药武器；"先驱"徐光启《农政全书》；李时珍《本草纲目》；宋应星《天工开物》；明四大奇书、三言二拍；郑和七下西洋(1405～1433年)；1553年，葡萄牙攫取澳门居住权；张居正改革(1572～1582年)，全面推行"一条鞭法"(1581年)；1624年，荷兰入侵台湾；1636年，后金改国号为清。	14～16世纪，意大利文艺复兴，薄伽丘创作《十日谈》； 1487年，迪亚士发现好望角； 1492年，哥伦布航队到达美洲； 1497年，达伽马经好望角到达印度； 1500年前后，世界市场开始形成； 1519～1522年，麦哲伦的船队实现环球航行； 1543年，哥白尼"太阳中心说"； 15～19世纪，黑奴贸易给非洲带来巨大的损失和灾难； 1566～1609年，尼德兰革命； 1588年，英国打败"无敌舰队"，成为海上霸主； 1600年，英国东印度公司成立； 16世纪，马丁·路德揭开宗教改革序幕； 16世纪，近代商品和证券交易所的出现。 17世纪，荷兰商业殖民帝国("海上马车夫")。

续表

中国		外国
明末清初	明清工商业市镇发展； 都市中的商业区相当繁华； 批判君主专制、提倡经世致用、追求个性的思潮（李贽、黄宗羲、顾炎武、王夫之的进步思想）； 明清小说。	17世纪初，伽利略自由落体定律，发明天文望远镜； 1640年，英国爆发资产阶级革命； 1651年，英国《航海条例》，引发英荷战争； 1687年，牛顿发表《自然哲学的数学原理》，创立经典力学； 1688年，英国"光荣革命"； 1689年，英国《权利法案》颁布；英国君主立宪制度确立；
清前期：1644～1840年鸦片战争前	清世祖顺治、北京；康乾盛世、维护统一（平定三藩、1681年收复台湾、1684年设台湾府，1689年《尼布楚条约》、平定准噶尔部叛乱）；清初设内阁六部、议政王大臣会议；康熙设南书房；雍正军机处设置——君主专制达到顶峰；粉彩和珐琅瓷器；农产品商品化、经济作物普遍种植；广泛使用白银、地域性商帮（徽商和晋商）、工商业城镇兴起；实行"闭关锁国"政策，阻碍了资本主义萌芽的滋长；"文字狱"；八股取士；明清小说《三国演义》《水浒传》《西游记》《红楼梦》；京剧：开始形成于乾隆时期"四大徽班"进京，正式形成于道光时期（1840年）左右；1662年，郑成功收复台湾；1727年，清朝雍正设置驻藏大臣；1757年，清政府限定中外贸易只准在广州一处进行（广州十三行、闭关锁国）；1771年，土尔扈特部重返祖国；1839年，虎门销烟。	1701年，英国《王位继承法》，进一步确立了议会至上原则和君主立宪制； 1721年，沃波尔第一任首相，责任内阁制形成； 1763年，英法战争英国大获全胜，英国确立了海上霸主地位（18世纪下半叶）； 1765年，哈格里夫斯发明珍妮机，揭开工业革命序幕； 18世纪，启蒙运动高潮伏尔泰、孟德斯鸠、卢梭、康德； 1775～1783年美国独立战争； 1785年，瓦特改良蒸汽机； 美国1787年宪法； 1789年，法国资产阶级大革命，颁布《人权宣言》； 1792年，法国瓦尔密大捷、法兰西第一共和国成立；1799年，拿破仑雾月政变执政； 18世纪末～19世纪30年代，浪漫主义文学（雨果、雪莱、海涅）美术（德拉克罗瓦）音乐（贝多芬、约翰·施特劳斯）； 1804年，《拿破仑法典》颁布； 1807年，美国人富尔顿发明汽船； 1814年，英国人史蒂芬孙发明蒸汽机车； 1825年，世界上第一条铁路在英国建成； 1831年，法拉第电磁感应； 19世纪30年代，现实主义文学：巴尔扎克； 1832年，英国议会改革（工业资产阶级）； 19世纪三四十年代法国、英国和德意志爆发大规模工人运动。

续表

	中 国	外 国
清后期：1840～1912年	1840～1842年，鸦片战争，签订中英《南京条约》及附件，中国开始沦为半殖民地半封建社会； 中国自然经济开始解体，物质生活、风俗习惯开始受到西方影响，交通通信媒介工具的进步； 新思潮的萌发(林则徐组织编译《四洲志》、魏源编撰《海国图志》)； 1851～1864年，太平天国运动； 1856～1860年，第二次鸦片战争； 1858年，中俄、中美、中英、中法《天津条约》； 1860年，中俄、中英、中法《北京条约》； 19世纪60～90年代，洋务运动兴起，以自强和求富为旗号，刺激民族资本主义发展； 洋务派提出“中体西用”思想； 早期维新派出现(王韬、郑观应等)； 1861年，曾国藩创办中国第一家官办军用企业——安庆内军械所； 1865年，李鸿章在上海创办江南制造总局； 70年代前后，民族工业和民族资产阶级开始形成； 70年代，洋务派提出“寓强于富”口号，开始创办民用工业； 1865年第一艘轮船、1866年试办邮政、1877年有线电报、1882年电话、1896年电影放映、1906年无线电报、铁路的发展； 1891年、1898年，康有为分别发表《新学伪经考》《孔子改制考》；	1840年前后，英国完成工业革命； 1848年革命，《共产党宣言》发表，马克思主义诞生； 19世纪中期，资本主义世界体系初步形成； 1859年，达尔文《物种起源》； 1861年，俄国农奴制改革； 1861～1865年，美国内战； 1866年，德国工程师西门子大功率发电机； 1868年，日本明治维新； 1869年，托尔斯泰《战争与和平》； 19世纪60～70年代，印象主义画派出现； 1870年，普法战争爆发；法兰西第三共和国建立； 1871年，巴黎公社，鲍狄埃《国际歌》； 1871年，统一的德意志帝国成立，德意志帝国宪法； 1875年，法兰西第三共和国宪法，从法律上确认共和政体； 1876年，美国人贝尔发明电话； 19世纪六七十年代，第二次工业革命：电气时代(电力、内燃机的广泛应用)； 1879年，美国人爱迪生发明电灯； 1882年，爱迪生在纽约创建美国第一个火力发电站；

续表

	中国	外国
清后期：1840～1912年	1894～1895年，甲午中日战争和《马关条约》，中国社会半殖民地化程度大大加深； 甲午战争后，民族工业初步发展，“设厂自救”“实业救国”； 1895年，严复翻译出版《天演论》； 1896年，大清邮政局成立，发行大龙邮票； 1897年德国强占胶州岛，掀起列强瓜分狂潮； 1898年，维新变法运动，义和团运动兴起； 1899年，张謇创办大生纱厂，美国提出“门户开放”、在华“利益均沾”； 1900年，八国联军侵华； 1901年，《辛丑条约》，中国半殖民地半封建社会形成； 1901年～1911年，“清末新政”； 1903年，清政府设立商部，社会上兴起实业救国热潮； 1905年，同盟会成立和三民主义；电影《定军山》首映成功，中国电影开始起步； 1909年，冯如制成中国的第一架飞机； 1911年，辛亥革命（武昌起义），辛亥革命后出现中山装，“断发（反清色彩）易服”、废止缠足、新式礼仪。	1895年，卢米埃尔兄弟发明电影； 1895年，意大利人马可尼发明无线电通信技术； 1897年，德国工程师狄塞尔发明柴油机； 19世纪末20世纪初，世界市场最终形成，资本主义进入垄断阶段； 1903年，莱特兄弟制成飞机上天； 1900年，普朗克量子论； 1905年、1916年，爱因斯坦相对论； 20世纪初，现代派文学艺术的兴起。

续表

中国		外国
中华民国(公元 1912～1949 年)		
中华民国：1912～1949 年	1912 年元旦，中华民国成立；2 月 12 日清帝退位；3 月袁世凯北洋军阀统治；《中华民国临时约法》； 民族资本主义短暂繁荣(1912～1919 年，30 年代)； 1913 年，孙中山二次革命； 1915 年，尊孔复古“二十一条”；新文化运动(陈独秀上海《青年杂志》)；护国运动；提倡国货； 1918 年，李大钊发表《布尔什维主义的胜利》等文章，马克思主义开始传入中国； 1919 年，五四运动爆发，新民主主义革命开始； 1920 年，中国首条空中航线北京一天津航线开通； 1921 年，中共成立； 1922 年，中共“二大”； 1924 年 1 月，中国国民党一大召开、国共第一次合作实现；旧三民主义发展为新三民主义； 1924～1927 年，国民革命运动； 1925 年 3 月 12 日，孙中山逝世； 1925 年，国民政府成立； 1926 年，国民革命军出师北伐； 1927 年 4 月，“四一二”政变；“七一五”政变；南昌起义；秋收起义；井冈山革命根据地建立(中国式革命道路)； 1928～1945 年，毛泽东思想的形成； 1931 年，有声电影《歌女红牡丹》公映；“九一八”事变； 1932 年，日本制造“一·二八”事变； 1936 年，长征结束；西安事变； 1937～1945 年，抗日战争。	1913 年，美国人福特发明流水线生产组织方式，开创现代汽车工业； 1914～1918 年，第一次世界大战； 1917 年，俄国爆发二月革命。十月革命胜利，建立世界第一个社会主义国家； 1918～1921 年，苏俄战时共产主义政策； 1919 年初，巴黎“和平会议”举行； 20 世纪 20 年代，英国人贝尔德发明电视； 1921～1928 年，苏俄新经济政策； 20 世纪 20～30 年代，苏联的工业化与农业集体化； 1929～1933 年，资本主义世界经济危机； 1933～1939 年，罗斯福新政； 1933 年，希特勒上台组阁，逐步建立法西斯专政； 1936 年，斯大林模式形成； 1937 年，毕加索创作《格尔尼卡》； 1939 年：《苏德互不侵犯条约》，德国突袭波兰二战全面爆发； 1939～1945 年，第二次世界大战。

续表

	中　国	外　国
中华民国(公元1912～1949年)		
中华民国:1912～1949年	20世纪30～40年代,日伪政权掠夺沦陷区经济资源; 20世纪30～40年代,中国官僚资本统治地位的确立; 1934～1936年,红军长征; 1935年1月,遵义会议;电影《渔光曲》在国际上获奖;中共发表八一宣言"停止内战,一致抗日"; 12月,"一二·九"运动、瓦窑堡会议。 1937年,"七七"事变、红军改编为八路军和新四军、《国共合作宣言》发表抗日民族统一战线正式形成、"八·一三"事变、淞沪会战、太原会战、平型关大捷、洛川会议、南京大屠杀、重庆陪都; 1938年,徐州会战台儿庄战役,武汉广州失守转入相持阶段、《论持久战》发表; 1940年,百团大战;毛泽东发表《新民主主义论》; 1941年,潘家峪惨案、皖南事变; 1942年,延安整风; 1945年4～6月,中共"七大"召开,确立毛泽东思想为党的指导思想;日本宣布投降;重庆谈判,"双十协定"签字; 1946年,全面内战爆发; 1947年6月,刘(伯承)邓大军挺进大别山; 1948年,辽沈、淮海、平津三大战役; 1949年,七届二中全会召开、北平谈判、渡江战役、南京解放(国民政府覆灭,新民主主义革命取得基本胜利)、新政协会议《共同纲领》、新中国成立、与苏联建交;	1942年:《联合国家宣言》发表反法西斯联盟成立、中途岛海战、斯大林格勒战役胜利; 1943年,意大利投降、开罗会议(《开罗宣言》)、德黑兰会议; 1944年7月,布雷顿森林体系建立; 1945年:雅尔塔会议、德国日本投降、联合国成立; 1946年,世界银行成立; 1946年,丘吉尔在富尔顿发表演说; 1946年,世界上第一台计算机诞生; 1947年,国际货币基金组织成立;《关税与贸易总协定》在日内瓦签字; 1948年,关贸总协定实施; 20世纪中后期,以电脑、原子能、航天技术、生命科学为代表的第三次科技革命兴起; 1947年,杜鲁门发表演说,提出"遏制共产主义";美苏"冷战"开始、"马歇尔计划"、欧洲"共产党和工人党情报局"成立; 1948年,朝鲜分裂;柏林危机;以色列建国; 1949年,"经互会"成立、北约成立、德国分裂。

续表

<table>
<tr><th colspan="2">中　国</th><th>外　国</th></tr>
<tr><td colspan="3">中华人民共和国(1949年至今)</td></tr>
<tr><td>改革开放前:1949～1978年</td><td>1952年土地改革摧毁两千多年的封建土地制度;
1953年,过渡时期总路线提出、一五计划实施、开始社会主义改造、和平共处五项原则、抗美援朝结束;
1954～1956年,建国初期三大政治制度;
独立自主和平外交政策、三大外交方针;
1954年,第一部社会主义宪法;
1954年,日内瓦会议;
1955年,万隆会议"求同存异";
1956年,中共"八大"召开制定正确路线;三大改造基本完成,社会主义制度基本确立;《论十大关系》;"长期共存,相互监督""双百方针";
1957年,《关于正确处理人民内部矛盾的问题》;武汉长江大桥建成、"一五"计划超额完成;
1958年,建设总路线、"大跃进"人民公社化运动、反右扩大化;
1961年,正式通过对国民经济实行"调整,巩固,充实,提高"的八字方针,纠正"左"的错误;
1964年,第一颗原子弹爆炸成功;
1965年,人工合成结晶牛胰岛素在中国首次实现;
1966～1976年,文化大革命;
1967年,第一颗氢弹成功爆炸;
1970年,中国第一颗人造卫星"东方红一号"成功发射,中国进入航天时代;
1971年,"九一三"事件、基辛格访华、中国恢复联合国合法席位;
1972年2月,尼克松访华;
1972年,田中角荣访华,中日邦交正常化;
1973年,袁隆平成功培育出南优2号杂交水稻;
1977年,恢复高考;
1978年,关于真理标准问题的讨论;
1978年底,十一届三中全会召开,把党的工作重点转移到社会主义现代化建设上来的战略决策;
1978年,开始实施家庭联产承包责任制。</td><td>1954年,世界上第一台彩色电视机制造成功;
1951年,欧洲煤钢共同体成立;
1950～1953年,朝鲜战争;
1955年4月,亚非国家召开万隆会议;
1955年,华沙条约成立,两极格局正式形成;
20世纪50～70年代,发达资本主义国家经济高速增长的"黄金时代";
20世纪五六十年代,摇滚乐在欧美流行;
1953～1964年,赫鲁晓夫改革;
1956～1972年,日本发展为世界经济大国;
1957年,苏联发射人造地球卫星;
1958年,欧洲经济共同体、原子能共同体成立;
1961～1973年,美国发动越南战争;
1961年,不结盟运动形成;
1962年,古巴导弹危机;
1964年,勃列日涅夫改革;
1967年,欧共体成立;二战后美国等国家资本主义发展的新变化;
1967年,东南亚国家联盟成立;
1969年,互联网产生;
1969年,"阿波罗－11"号登月飞船成功在月球上着陆;
20世纪70年代,美国经济陷入"滞胀",凯恩斯主义失灵;
20世纪70年代,西方爆发能源危机。</td></tr>
</table>

续表

	中 国	外 国
改革开放后:1978 年至今	1979 年 1 月,中美正式建交;《告台湾同胞书》;“一国两制”的伟大构想; 1980 年,深圳、珠海、汕头、厦门经济特区建立; 20 世纪 80 年代初,邓小平全面阐述“一国两制”构想; 1980 年,《党和国家领导制度的改革》; 1981 年,“叶九条”《关于台湾回归祖国,实现和平统一的方针政策》; 1982 年,修订《中华人民共和国宪法》、十二大“中国特色的社会主义”、与民主党派的 16 字方针、“一国两制”入宪; 1983 年,邓小平提出“三个面向”、废除人民公社、开放沿海港口城市、“银河一Ⅰ号”; 1984 年,成功发射第一颗试验通信卫星、《中华人民共和国民族区域自治法》颁布、以城市为重点的经济体制改革展开; 1985 年,开辟沿海经济开放区、邓小平提出和平与发展是当代世界两大主题; 1986 年,“863 计划”、《义务教育法》; 1987 年,中共十三大对邓小平理论作了系统概括,提出社会主义初级阶段的理论; 1988 年,明确提出“科学技术是第一生产力”; 1988 年,海南建省,全岛开放为经济特区; 1989 年,《中华人民共和国城市居民委员会组织法》颁布。	20 世纪 80 年代,日本开始谋求政治大国地位; 1981 年,美国第一架航天飞机试飞成功; 1985 年,戈尔巴乔夫实行“加速发展战略”进行经济政治改革; 1986 年,国际和平年; 1989 年,东欧剧变、亚太经合组织建立; 1990 年,民主德国[illegible]联邦德国,两德统一; 1991 年,苏联解体[illegible]束,形成一超多强格[illegible]; 1993 年,欧盟成立; 美国“新经济”(1993~2000 年); 1994 年,北美自由贸易区成立; 1995 年,世界贸易组织取代关贸总协定; 1999 年,欧元正式启动; 1999 年,科索沃战争爆发; 2001 年,“9·11”事件发生; 2002 年,欧元正式流通; 2002 年,东盟自由贸易区正式启动; 2002 年,阿富汗战争; 2003 年,伊拉克战争; 2003 年,《世界经济发展宣言》(又称《珠海宣言》); 20 世纪总趋势:政治多极化、经济全球化和经济区域化、文化多元化; 世纪之交,克隆技术的发明与人类基因库计划的实施;互联网在社会生活中普遍应用。

续表

	中 国	外 国
改革开放后:1978年至今	1990年,开放浦东、海峡交流基金会成立、海峡两岸关系协会成立、“九二共识”、南方谈话、中共“十四大”提出建立社会主义市场经济体制; 1994年,中国正式接入互联网; 1995年,提出“科教兴国”战略; 1997年,中共“十五大”召开,把邓小平理论作为党的指导思想写入党章; 1997年7月1日,香港回归; 1998年,《中华人民共和国村民委员会组织法》颁布; 1999年,依法治国写入宪法、澳门回归、中国加入人类基因组计划; 21世纪初,社会主义市场经济体制基本建立; 2001年,中国加入世贸组织;亚太经济合作组织第九次非正式会议召开;上海合作组织成立; 2002年,“三个代表”重要思想在中共“十六大”上确立为党的指导思想写入党章; 2003年,成功发射“神州五号”飞船;上海开通世界第一条商业性磁悬浮列车; 2005年,连战访问祖国大陆、《反分裂国家法》; 2006年,青藏铁路全线贯通; 2008年,第29届北京奥运会、两岸三通完全实现; 2010年,上海世博会。	